A Corporação
que Mudou o Mundo

NICK ROBINS

A Corporação que Mudou o Mundo

Como a Companhia das Índias Orientais
Moldou a Multinacional Moderna

Tradução
Pedro Jorgensen

Rio de Janeiro | 2012

Copyright © Nick Robins 2006. Esta edição de *A Corporação que mudou o mundo* publicada originalmente pela Pluto Press, Londres, 2006. Esta tradução é publicada em acordo com a Pluto Press Ltd.

Título original: *The Corporation that Changed the World: How the East India Company Shaped the Modern Multinational*

Capa: Sérgio Campante

Foto de capa: Universal Images Group/Getty images

Editoração: DFL

Texto revisado segundo o novo
Acordo Ortográfico da Língua Portuguesa

2012
Impresso no Brasil
Printed in Brazil

Cip-Brasil. Catalogação na fonte
Sindicato Nacional dos Editores de Livros. RJ

R554c	Robins, Nick

A corporação que mudou o mundo: como a Companhia das Índias Orientais moldou a multinacional moderna/Nick Robins; tradução Pedro Jorgensen. — Rio de Janeiro: Bertrand Brasil, 2012.
304p.: 23 cm

Tradução de: The corporation that changed the world: how the East India Company shaped the modern multinational
Inclui bibliografia e índice
ISBN 978-85-7432-122-6

1. Companhia das Índias Orientais — História. 2. Empresas multinacionais — Aspectos morais e éticos — Grã-Bretanha — História. 3. Empresas multinacionais — Política governamental — Grã-Bretanha — História. I. Título.

12-0406

CDD: 382.0942
CDU: 339.5(410)

Todos os direitos reservados pela:
DIFEL — Selo editorial da
EDITORA BERTRAND BRASIL LTDA.
Rua Argentina, 171 — 2º andar — São Cristóvão
20921-380 — Rio de Janeiro — RJ
Tel.: (0xx21) 2585-2070 — Fax: (0xx21) 2585-2087

Não é permitida a reprodução total ou parcial desta obra, por quaisquer meios, sem a prévia autorização por escrito da Editora.

Atendimento e venda direta ao leitor:
mdireto@record.com.br ou (0xx21) 2585-2002

Para nossos pais e nossos filhos

Sumário

Lista de Tabelas, Gráficos, Mapas e Ilustrações	9
Agradecimentos	11
Introdução	13
Cronologia	19
1 A Ferida Oculta	23
2 A Companhia Imperial	47
3 Saindo das Sombras	72
4 A Revolução de Bengala	98
5 A Grande Quebra das Índias Orientais	128
6 Regulando a Companhia	151
7 A Justiça Será Feita	175
8 Um Soberano Mercantil	206
9 Um Negócio Inacabado	241
Notas	271
Bibliografia Selecionada	291
Índice	297

Lista de Tabelas, Gráficos, Mapas e Ilustrações

TABELAS

1.1	A participação no PIB Mundial —1600-1870	31
2.1	Comparativo da governança corporativa	63
3.1	Exportações das Companhias das Índias Orientais inglesa e holandesa — 1688-1780	94
8.1	O comércio de ópio com a China — 1800-1879	221

GRÁFICOS

2.1	Preço das ações da Companhia (1693-1874)	58
5.1	Preço das ações da Companhia (1757-1784)	137

MAPAS

1	O Mundo da Companhia	22
2	A Índia no fim dos anos 1760	104
3	A Londres da Companhia	244

ILUSTRAÇÕES

1.1	Spiridione Roma, *The East Offering Her Riches to Britannia*, 1778	24
2.1	William Daniell, *Docas das Índias Orientais*, 1808	50
7.1	Autor desconhecido, *Casa das Índias Orientais*, fim do século XVIII	193
8.1	*Punch, A Execução da "John Company"*, 1857	237
9.1	Estátua de Robert Clive, Londres	242

Agradecimentos

Este livro começou com uma caminhada, e eu gostaria de expressar meu reconhecimento aos que estiveram comigo ao longo de todo o percurso ou em parte dele. Nada disso teria acontecido sem minha esposa, Ritu, inspiradora e sustentáculo do livro, manancial de paciência e incentivo, que trouxe a jornada até o fim.

Quero também expressar minha gratidão a Jane Trowell, da Platform, Londres, coanfitriã das caminhadas da Companhia das Índias Orientais e fonte inesgotável de inspiração e de ideias sobre a presença londrina da corporação. Em http://www.platformlondon.org, o leitor encontrará detalhes sobre futuras caminhadas e sobre o projeto do Museu da Corporação.

Muitas pessoas leram os rascunhos e me deram o retorno indispensável, notadamente Huw Bowen, Peter Kinder, James Marriott, Prasannan Parthasarathi, Rajiv Sinha, John Sabapathy, Andrew Simms e Jonathon Sinclair-Wilson. O Seminário de Délhi organizado por Anu Bhasin e Ranjan Pal revelou-se um valioso campo de provas de alguns dos temas do livro. Agradeço a Huw Bowen, por permitir, muito amavelmente, que eu tivesse acesso às provas inéditas de seu livro *The Business of Empire*, e a Jack Greene, por permitir a transcrição de trechos de seu *Arenas of Asiatic Plunder*.

Deixo registrada minha dívida para com a Fundação Al-Furqan do Patrimônio Islâmico, com sede em Eagle House, Wimbledon,

12   A Corporação que Mudou o Mundo

por me permitir usar sua biblioteca durante os verões de 2004 e 2005 para escrever este livro.

Satish Kumar começou a publicar minhas ideias sobre a Companhia nas páginas da revista *Resurgence*, e Mari Thekekara foi a primeira a sugerir que elas deviam ser transformadas em livro. Jem Bendell, Sushil Chaudhury, Kate Crowe, Ram Gidoomal, Caspar Henderson, Hameeda Hossain, Leslie Katz, Malcolm McIntosh, Derek Morris, Steven Pincus, Munro Price, John Robins, Richard Sandbrook, David Somerset e Halina Ward me ajudaram de diferentes formas no processo de pesquisa.

Este livro é, para mim, um esforço de aproximação ao passado comum da Grã-Bretanha e da Ásia e uma tentativa de enfrentar a herança da Companhia a fim de contribuir para que o intercâmbio futuro possa se basear em princípios de justiça. Ele é dedicado, portanto, a nossos pais e filhos: Elizabeth e John, Pushpa e Sushil, e Oliver, Joshua e Meera.

O autor e o editor gostariam de agradecer às seguintes pessoas e instituições a generosa permissão de usar suas imagens neste livro: Ilustração 1.1: Biblioteca Britânica; Ilustração 2.1: Museu de Londres; Ilustração 8.1: Punch Ltd.; Ilustração 9.1: Andrew Simms. Os mapas foram desenhados por The Argument by Design. O verso de Agha Shahid Ali, na página 125, foi reproduzido com autorização da Wesleyan University Press.

Wimbledon, janeiro de 2006

Introdução

O ano de 2000 marcou o 400º aniversário de fundação da Companhia Inglesa das Índias Orientais. Foi também aquele em que passei a trabalhar na City de Londres, onde a Companhia esteve sediada durante seus 275 anos de existência. Desde então, a City é um centro financeiro internacional de primeira ordem. No primeiro ano do milênio, ainda pairava no ar a euforia do mercado, embora hoje saibamos que a enlouquecida bolha *pontocom* alcançou seu ápice no último dia de 1999. Eu havia recém-ingressado no mundo do investimento socialmente responsável quando esse surto especulativo começou a implodir, revelando abusos em uma escala que não se via desde 1929. As ações caíram ininterruptamente durante três anos, chegando à metade de seu valor inicial. Por alguns momentos, ouviram-se nas bolsas sinais de humildade e em todo o mundo iniciaram-se investigações para descobrir se a culpa era de umas poucas maçãs podres na Enron, Worldcom e Tyco ou de todo o lote do capitalismo corporativo.

Para tirar da cabeça as telas de cotação acusando o contínuo declínio do mercado, eu caminhava pelas ruas históricas da Square Mile. Passava pelo Royal Exchange e pelo Banco da Inglaterra até chegar a Exchange Alley, em cujas cafeterias os antigos corretores se reuniam para traficar boatos e negociar ações. Um dia, antes de voltar para o trabalho, tomei o rumo leste até Leadenhall Street para conhecer o lugar em que era sediada a Companhia das Índias Orientais. Uma surpresa me aguardava: ao chegar à esquina de Leadenhall com Lime Street, onde por mais de duzentos anos existira a Casa das Índias Orientais,* não havia nada — nenhum aviso, nenhuma placa, nada que indicasse que ali fosse a sede da mais poderosa corporação do mundo. Em um país tão cioso da preservação de seu patrimônio histórico e cultural, essa ausência me deixou perplexo: por que razão a presença da Companhia havia sido tão completamente apagada da face de Londres?

Este livro é uma tentativa de responder a essa pergunta e, ainda mais importante, de reavaliar o significado da herança da Companhia para a economia global do século XXI. À medida que eu, partindo do Iluminismo, me aprofundava na história da Companhia, ficava claro que ela não era apenas "uma coisa do passado", mas uma instituição marcada por práticas incrivelmente familiares. Pioneira do modelo corporativo de sociedade por ações, lançara as bases da moderna administração de negócios. Em sua busca obstinada por lucro pessoal e corporativo, a Companhia e seus executivos lograram o domínio do mercado asiático e o controle direto de vastos territórios na Índia. A instituição espantou sua época com a escala dos abusos de seus executivos, de seus excessos nos mercados de ações e de sua opressão. Não posso evitar compará-la com os leviatãs corporativos de hoje: superou a Wal-Mart em poder de mercado, a Enron em corrupção e a Union Carbide em devastação humana.

Entre as numerosas histórias da Companhia das Índias Orientais, nenhuma fala de seu histórico social como corporação, lacuna que este livro buscará preencher recuperando, na medida do possível, os ásperos conflitos em torno da responsabilidade corporativa gerados por ela no século XVIII. Cabe registrar que não se trata, aqui, de um exercício de aplicação dos valores do século XXI a uma época passada. Cabeças ilustres de seu próprio tempo examinaram

---

* No original: East India House. (N. T.)

suas práticas e consideraram-nas impróprias. Ainda que por motivos totalmente diversos, Adam Smith, Edmund Burke e Karl Marx estiveram no coro das críticas a essa corporação dominadora e despótica. Da direita para a esquerda do espectro político, aqueles que conviveram com a Companhia a consideravam uma instituição fundamentalmente problemática. Se, para Smith, a corporação era um dos grandes inimigos do livre mercado, para Burke constituía uma ameaça revolucionária à ordem estabelecida na Grã-Bretanha e na Índia. Isso para não falar de seus defeitos éticos de natureza estrutural. "Cada rúpia lucrada por um inglês", disse Burke ao Parlamento, "para a Índia está perdida para sempre."[1] Marx, que escreveu setenta anos depois, já no ocaso da Companhia, chamou-a de porta-estandarte da "dinheirocracia" britânica, uma criatura mais terrível que "qualquer um dos monstros divinos do Templo de Salsette", perto de Mumbai.[2] Contudo, o que torna tão fascinante a história da Companhia é o fato de sua busca por poder econômico sem limites ter sido reiteradamente contestada por indivíduos que lutavam para obrigá-la a prestar contas de suas atividades. Dessa forma, a história da instituição contém lições atemporais sobre como enfrentar (e como não enfrentar) os excessos corporativos por meio de reformas, protestos, ações judiciais, regulações e, em último caso, da própria reestruturação corporativa.

Para recuperar de alguma forma a presença física da Companhia, decidi levar a pesquisa para fora da academia e enfrentar seu território na Grã-Bretanha e na Índia. Revisitando suas sedes e armazéns, suas mansões e docas, esperava obter um entendimento muito mais completo de sua natureza. Este livro tem uma estrutura narrativa que se move entre o passado e o presente. Para ajudar o leitor, eu apresento uma cronologia dos principais marcos da história da Companhia. O Capítulo 1 se aprofunda em seu polêmico legado e analisa as diferentes configurações de sua memória na Europa e na Ásia. Segue-se o Capítulo 2 com uma análise do metabolismo da Companhia e um exame de seus mecanismos financeiros e de governança, bem como das tensões intrínsecas que levaram à

16   A Corporação que Mudou o Mundo

sua ruína. O Capítulo 3 trata dos primeiros tempos da Companhia como "comerciante de especiarias" no século XVII e das catastróficas consequências de sua primeira tentativa de obter a supremacia do mercado na década de 1690. O episódio crítico da tomada de Bengala em meados do século XVIII, suas causas e consequências são assunto do Capítulo 4.

Como tantas corporações da década de 1990, a Companhia das Índias Orientais quis abraçar o mundo com as pernas. O Capítulo 5 trata de como a combinação de incompetência com negligência levou à quebra do mercado de ações e a uma das piores fomes da história da Índia. Na Grã-Bretanha, muitos temeram que a Companhia usasse sua nova riqueza para acabar com as liberdades no país, duramente conquistadas. O Capítulo 6 analisa a severa crítica à corporação por Adam Smith, situando-a no contexto de um amplo movimento de protestos públicos, ativismo parlamentar e rebelião direta que tentou dar um fim aos abusos da Companhia na década de 1770. No entanto, nem assim se fez justiça: o Capítulo 7 trata do esforço de Edmund Burke para colocar a noção de responsabilidade no cerne da Carta da Companhia. Contudo, foram os mandamentos do império, e não a ética, que prevaleceram. O Capítulo 8 examina como o Estado britânico logrou o progressivo abandono das funções comerciais da Companhia e sua transformação em agente dos lucros da Coroa britânica na Índia. A rebelião de 1857 assinalou o fim de sua anacrônica situação, colocando-a em uma zona crepuscular até sua liquidação em junho de 1874. Finalmente, o Capítulo 9 versa sobre como se pode ter uma relação mais franca com o legado da Companhia e que lições se podem extrair daí para os embates atuais com as corporações globais.

Uma amnésia peculiar continua a pairar sobre o papel de instituições como a Companhia das Índias Orientais na criação do mundo moderno. Minha esperança é que este livro possa ajudar a esclarecer até que ponto o passado global foi plasmado por uma única companhia e como podemos usar esse conhecimento para tornar o setor corporativo mais plenamente responsável no presente.

UMA OBSERVAÇÃO SOBRE O TEXTO

Dado que a grafia dos topônimos indianos vem mudando ao longo do tempo, em geral adotamos as formas antigas nos contextos históricos (como Calcutá) e a grafia atual nas referências ao presente (como Kolkata).

Para dar mais proximidade aos assuntos da Companhia, converti algumas estatísticas financeiras críticas para valores correntes, recorrendo ao serviço online da Economic History Resources (http://www.eh.net).

Cronologia

1498	A frota portuguesa comandada por Vasco da Gama chega à costa do Malabar.
1595	É criada a Dutch Compagnie Van Verre para tomar a rota oceânica para o Oriente.
1600	31 de dezembro: É criada a Companhia das Índias Orientais inglesa (a "Companhia").
1602	É formada a Dutch Verenigde Oostindische Compagnie (VOC).
1618	A Companhia Inglesa negocia o primeiro tratado de comércio com o Império mogol.
1623	Comerciantes da Companhia são executados em Amboina (Indonésia) pelas forças da VOC.
1639	É fundado o Forte St. George em Madras pela Companhia Inglesa.
1648	A Companhia transfere sua sede para a Casa das Índias Orientais em Leadenhall Street.
1657	A Companhia se torna sociedade anônima por ações em caráter permanente.
1668	Bombaim é transferida à Companhia pelo rei Charles II.
1681	Josiah Child é eleito pela primeira vez *governor* (presidente) da Companhia.
1686-9	Child empreende a guerra contra o Império mogol.

20   A Corporação que Mudou o Mundo

1690	A Companhia estabelece uma nova base em Calcutá, Bengala.
1695	Primeira investigação parlamentar sobre a corrupção na Companhia.
1698	O Parlamento concede o monopólio do comércio asiático à Nova Companhia.
1709	Consuma-se a fusão da Nova com a Velha Companhia.
1717	A Companhia obtém amplos privilégios comerciais (*firman*) na Índia mogol.
1721	Explode a bolha dos preços das ações da Companhia dos Mares do Sul.
1729	O Império Qing proíbe a importação do ópio, exceto para fins medicinais.
1751-2	Robert Clive sai vitorioso do cerco de Arcot.
1756	Calcutá é capturada pelo *nawab** de Bengala; incidente do "buraco negro".
1757	Fevereiro: Retomada de Calcutá pela Companhia. 23 de junho: Tropas da Companhia sob o comando de Clive derrotam o nababo em Plassey.
1764	A Companhia derrota a aliança entre mogóis, Bengala e Awadh em Buxar.
1765	Clive adquire para a Companhia a administração do Tesouro de Bengala (*diwani*).
1769	Pico da "Bolha de Bengala" sobre as ações da Companhia.
1770	Fome de Bengala: entre 1 e 10 milhões de bengalis morrem de inanição.
1772	A Companhia pede ajuda financeira ao governo.
1773	É aprovada a Lei de Regulação para a reforma do sistema de governança da Companhia e Warren Hastings se torna o primeiro governador-geral da Índia. É aprovada a Lei do Chá para estimular a venda do chá da Companhia nas Américas; em dezembro, patriotas estadunidenses atiram o chá da Companhia na baía de Boston (durante a Festa do Chá de Boston).

---

* Nababo: soberano turcomano do norte da Índia. (N. T.)

1776	É publicado *A riqueza das nações*, de Adam Smith.
1778	*The Offering*, de Spiridione Roma, é instalada na Casa das Índias Orientais.
1780	Duelo entre Philip Francis e Warren Hastings em Calcutá.
1781	Hastings envia carregamentos de ópio à China.
1783	O Projeto de Lei das Índias Orientais, de Charles James Fox e Edmund Burke, é derrotado.
1784	É aprovada a Lei da Índia, de William Pitt, que aumenta o poder do Estado sobre a Companhia.
1788	Tem início o processo de *impeachment* de Warren Hastings na Câmara dos Lordes.
1793	"Ajuste Permanente" das finanças de Bengala e a nova Lei da Carta, que abre a primeira brecha no monopólio comercial da Companhia.
1795	Warren Hastings é inocentado no processo de *impeachment*.
1799	Dissolução da VOC holandesa e a conquista de Mysore pela Companhia.
1806	Inauguração das novas Docas das Índias Orientais.
1813	A Companhia perde o monopólio do comércio com a Índia.
1833	O Parlamento encerra as operações comerciais da Companhia, que permanece como administradora territorial da Índia.
1839-42	Primeira Guerra do Ópio entre a Grã-Bretanha e a China.
1856-60	Segunda Guerra do Ópio, que resulta na legalização do ópio na China.
1857	Eclosão do Motim da Índia, ou Primeira Guerra de Independência, no norte do país.
1858	O Parlamento substitui a Companhia pelo governo direto da Coroa britânica na Índia.
1861	A Casa das Índias Orientais é demolida.
1874	1º de junho: A Companhia das Índias Orientais é dissolvida.

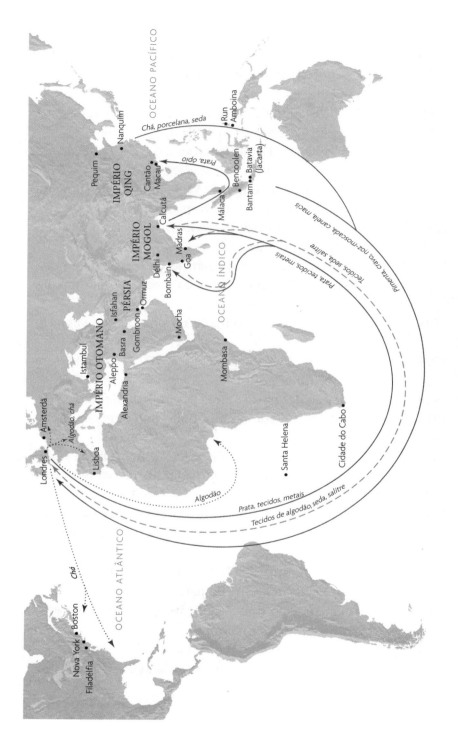

Mapa 1: O Mundo da Companhia

1

A Ferida Oculta

THE OFFERING

Em 1778, os diretores da Honorável Companhia das Índias Orientais mandaram instalar uma pintura monumental na Casa das Índias Orientais, sua sede em Londres. Como boa parte da arte corporativa anterior, e desde então, esse quadro foi considerado de qualidade duvidosa. Um comentarista o descreveu como "uma obra pobre demais para dignificar o artista e seus empregadores".[1] Os diretores, porém, não estavam interessados no mérito artístico da encomenda. Com 3,30 metros de largura e mais de 2,60 metros de altura, a gigantesca alegoria de Spiridione Roma, *The East Offering Her Riches to Britannia,** foi concebida para impressionar (ver Ilustração 1.1). Fixada ao teto da sala do Comitê de Receitas, de onde os diretores monitoravam os lucros e perdas da Companhia, *The Offering* tinha um propósito simples: celebrar o domínio comercial que a Companhia alcançara na Ásia.

O foco do quadro é a ação de três mulheres, cada uma representando seu país. O cenário é uma praia asiática. No alto, à esquerda,

---

* O Oriente oferece suas riquezas à Britannia. Esta é uma personificação feminina da ilha. (N. T.)

Ilustração 1.1: Spiridione Roma,
The East Offering Her Riches to Britannia, 1778

sentada sobre uma pedra, a pálida Britannia olha para a Índia, que, ajoelhada, estende-lhe a própria coroa, além de rubis e pérolas. Ao lado desta, a China lhe oferece seu tributo de porcelana e chá. De um palmeiral à direita chega um comboio de trabalhadores trazendo um elefante e um camelo carregados de fardos de tecidos, sob o comando do austero Mercúrio, deus clássico do comércio, que lhes aponta o Ocidente. Aos pés de Britannia, o Leão Britânico e o Velho Tâmisa sugerem que é para Londres que boa parte dessa riqueza fluirá.[2] Ao fundo, a distância, um navio mercante da Companhia ruma para o alto-mar carregado de tesouros do Oriente com sua bandeira listrada tremulando ao vento.

Para pintar *The Offering*, Spiridione se baseou em várias outras representações pictóricas da supremacia comercial europeia. O sucesso da principal rival da Honorável Companhia, a Companhia das Índias Orientais Holandesas (Verenigde Oostindische Compagnie — VOC), havia inspirado o quadro de Pieter Isaacsz, de 1606, em que Amsterdã aparece como centro do comércio mundial.[3] Na alegoria de Isaacsz, Amsterdã traz uma cornucópia na mão direita e maneja o globo com a esquerda diante de servas que lhe trazem pérolas. Três navios da VOC ocupam o centro do quadro. Um século mais tarde, em 1729, a Companhia inglesa contratou o badalado escultor holandês Michael Rysbrack para criar um imponente console de lareira para sua nova sede: à esquerda da peça está sentada Britannia, recebendo um tesouro de uma mulher que representa a Ásia, acompanhada de duas outras, uma conduzindo um camelo, outra, um leão. Dois navios da Companhia arrematam a peça à direita. E, o que é muito significativo, Britannia e Ásia se olham nos olhos, como que simbolizando uma época em que a Companhia construía sua riqueza na base do intercâmbio. A Companhia inglesa havia certamente ganhado terreno, mas ainda ia atrás de sua rival holandesa e começava a enfrentar a dura concorrência da recém-criada Compagnie des Indes francesa.

Em 1778, porém, havia pouca dúvida de que a "John Company", como ficara conhecida, havia suplantado a "Jan Compagnie" como senhora do comércio europeu com a Ásia. Anos de discussão sobre direitos comerciais com governantes locais indianos haviam culminado, duas décadas antes, mais exatamente em 1757, na tomada de Bengala. Sob o comando de Robert Clive, o pequeno mas eficaz exército privado que completava o poderio econômico da Companhia derrotou o nababo de Bengala em Plassey (Palashi), 150 quilômetros ao norte de sua base comercial em Calcutá (Kolkata). Ato contínuo, a Companhia entronizou Mir Jafar — general que havia traído o derrotado nababo — como o primeiro de uma série de governantes fantoches de Bengala. Transação comercial mais do que uma batalha de verdade, Plassey foi seguida pela pilhagem sistemática do tesouro do país. Como que para marcar a transferência de riqueza então iniciada, a Companhia carregou uma frota de mais de cem barcos com todo o ouro e a prata do tesouro de Bengala e a enviou rio abaixo até Calcutá. De um só golpe, Clive faturou 2,5 milhões de libras para a Companhia e 234 mil para si próprio[4] — o que hoje equivaleria a um lucro extraordinário de 232 milhões de libras para a empresa e 22 milhões de libras em bônus de produtividade para Clive. Convencionalmente considerada pela história o primeiro passo da criação do Império britânico na Índia, Plassey seria talvez mais bem-definida como o negócio de maior sucesso da Companhia das Índias Orientais.

Na década seguinte, a Companhia usou sua posição dominante para expulsar os comerciantes asiáticos, holandeses e franceses e monopolizar o comércio externo e doméstico de Bengala. Em agosto de 1765, sua supremacia foi formalmente reconhecida pelo empobrecido imperador mogol Shah Alam II com a concessão da *diwani* de Bengala, função de Estado que deu à Companhia o controle da cobrança de impostos sobre mais de 10 milhões de habitantes. Para uma empresa com ações na bolsa que tinha no lucro sua principal motivação, o controle das finanças públicas de um país inteiro era algo verdadeiramente revolucionário. Não admira que o valor de suas ações tenha disparado quando a notícia da concessão chegou ao mercado financeiro de Londres em abril de 1766.

Exatamente como retratado por Spiridione, a riqueza do Oriente começou a fluir para a Inglaterra. Uma reviravolta extraordinária: antes de Plassey, "todos os países tinham balanças comerciais negativas com Bengala", escreveu Alexander Dow em sua *History of Hindostan*, de 1773.[5] Bengala era "um sorvedouro onde o ouro e a prata desapareciam sem qualquer perspectiva de retorno". No entanto, o fluxo se invertera. A combinação de poder monopolista com receitas extraordinárias deu à Companhia uma capacidade de compra inaudita, que usou para enviar quantidades crescentes de mercadorias orientais aos mercados europeus. Apesar das pesadas barreiras comerciais impostas aos baratos tecidos indianos de algodão, os têxteis de Bengala, notadamente as macias musselinas de Daca, eram itens essenciais da moda entre as mulheres da elite britânica — como indica a Britannia de Spiridione, aparentemente envolta em musselina. A riqueza de Bengala ajudou a triplicar, nos cinco anos que se seguiram a 1768, as remessas de chá, agora a mercadoria mais valiosa da Companhia, desde sua filial em Cantão (Guangzhou). O consumo de chá na Inglaterra aumentou para cerca de meio quilo anual por habitante. A Companhia fazia sentir sua presença também nas ruas de Londres com a imponente sede de Leadenhall Street, o imenso complexo portuário de Blackwall e as requintadas casas comerciais das imediações de Stepney Green. Para a comissão parlamentar que investigou os negócios da Companhia cinco anos mais tarde, o ano de 1778 — o mesmo da instalação do quadro triunfal de Spiridione Roma — foi a "maré alta" de suas exportações desde a Ásia.[6]

ELEMENTOS AUSENTES

The East Offering Her Riches to Britannia contém interessantes indicações a respeito de como a Companhia se via — e queria ser vista — no auge de sua potência comercial. A mescla de classicismo com exotismo oriental — Mercúrio em um palmeiral — capta à perfeição o sentimento de infinita opulência gerado pelo sucesso da Companhia no Oriente.

Contudo, ainda falta muita coisa a esse quadro. Como tantas outras iniciativas empresariais de grande escala desde então, a tomada de Bengala acabou se revelando um peso excessivo para a Companhia das Índias Orientais. A euforia inicial do mercado de ações deu lugar a excessos, má gestão e, finalmente, colapso. Os sistemas de governança da Companhia não foram capazes de lidar com as responsabilidades decorrentes de sua transformação de modesta empresa comercial em uma poderosa máquina corporativa. A opressão dos tecelões e camponeses locais se converteu em norma, os gastos militares aumentaram descontroladamente, os aventureiros tomaram o lugar dos comerciantes, e a corrupção assumiu proporções epidêmicas. Insuflada por Clive e outros, a especulação tomou conta de suas ações até que, em 1769, o conflito no sul da

28   A Corporação que Mudou o Mundo

Índia acabou com os nervos dos investidores e o valor dos papéis entrou em queda livre. Com a Europa em grave crise financeira, a Companhia se viu à beira da bancarrota. Do outro lado do mundo, em Bengala, enquanto a seca se convertia em fome, os executivos da Companhia lucravam com a alta dos preços dos grãos. Na Inglaterra, uma enxurrada de peças teatrais, panfletos e poemas ridicularizavam a Companhia e seus executivos, caricaturados como nababos arrivistas, os *yuppies* da Inglaterra georgiana. Como muitos de seus contemporâneos, o professor de filosofia moral Adam Smith, de Glasgow, declarou-se horrorizado com a "opressão e tirania" da Companhia nas Índias Orientais.[7] O Parlamento foi obrigado a intervir. Nas colônias britânicas da América, os patriotas transformaram o chá da Companhia em símbolo de opressão. Em seu apelo aos artífices e comerciantes da Pensilvânia, "Mechanic"* dizia que a América estava diante da "mais poderosa companhia de comércio do universo", uma instituição "versada em tirania, pilhagem, opressão e massacres".[8] Na noite de 16 de dezembro de 1773, patriotas vestidos de "indianos" entraram no porto de Boston e arrojaram ao mar o chá da Companhia das Índias Orientais, começo simbólico da Guerra da Independência dos Estados Unidos.

A guerra ainda grassava nas Américas quando *The Offering* foi descerrado na sede da Companhia das Índias Orientais. Em Londres, o preço de suas ações continuava a definhar, chegando à metade do valor da década de 1760. Na Índia, o governador-geral Warren Hastings, principal executivo da Companhia, tomou medidas desesperadas para restaurar a saúde financeira da Companhia. Analisando retrospectivamente essa época, na ocasião em que o Parlamento buscou uma vez mais chamar a Companhia a prestar contas, no começo dos anos 1780, o político e filósofo Edmund Burke foi devastador em sua crítica. Para ele, a Índia fora "radical e irrecuperavelmente arruinada" pela "contínua drenagem" de riquezas

---

* "To the Tradesmen, Mechanics, &c. of the Province of Pennsylvania", por Mechanic. Publicado em 1773, Filadélfia. (N. T.)

levada a cabo pela Companhia — expressão que assombraria os 150 anos seguintes da presença britânica no subcontinente.[9]

Nada disso — especulação, guerras, corrupção —, porém, poderia abalar a suprema confiança empresarial que os 24 diretores da Companhia queriam ver retratada por Spiridione Roma. Então, como agora, algumas coisas são sempre ocultadas.

UMA ESTRANHA INVISIBILIDADE

Fundada na fria noite de ano-novo de 1600, a Companhia das Índias Orientais é a mãe das multinacionais modernas. Em mais de dois séculos e meio de existência, ela fez a ponte entre o mundo mercantilista dos monopólios criados por Cartas Reais e a era industrial das empresas que só prestam contas a seus acionistas. A criação por Carta Real, o monopólio de todo o comércio entre a Grã-Bretanha e a Ásia, e os privilégios semissoberanos de governar territórios e criar exércitos caracterizam, sem dúvida, a Companhia das Índias Orientais como uma instituição empresarial de outra época. No entanto, em finanças, estrutura de governança e dinâmica de negócios, a Companhia era inegavelmente moderna. Se é certo que ela se referia a seus profissionais como funcionários, e não como executivos, e que se comunicava por meio da pena, e não do e-mail, é certo também que os aspectos-chave da grande sociedade anônima por ações já estavam visíveis aos olhos de todos.

Mais do que o status de pioneira empresarial, é a mera escala das operações da Companhia que a torna historicamente importante no âmbito global. No ápice, seu império comercial se estendia da Grã-Bretanha ao Golfo Pérsico e à Índia pela rota atlântica que contorna o cabo da Boa Esperança, com entrepostos comerciais, como o da ilha de Santa Helena, no meio do oceano — onde Napoleão, exilado, tomava café da Companhia —, e feitorias, como as de Basra e Gombroon (Bandar Abbas), no Oriente Médio. Foi na Índia, porém, que seu impacto se fez sentir de maneira mais profunda. Algumas das maiores cidades costeiras do país, como

30 A Corporação que Mudou o Mundo

Bombaim (Mumbai), Calcutá (Kolkata) e Madras (Chennai), surgiram do intercâmbio marítimo realizado pela Companhia. Ela criou também um imenso império interior, em um primeiro momento resultado da busca oportunista por receitas extraordinárias e, mais tarde, como um fim em si mesmo, acabando por governar a maior parte do subcontinente. No entanto, as pegadas da Companhia não pararam aí: estenderam-se ao sudeste da Ásia e depois à China e ao Japão. Os portos de Penang e Cingapura são de uma época em que os territórios eram comprados e vendidos como mercadorias. Se a Índia foi o lugar de seus primeiros triunfos comerciais, da China veio sua segunda fortuna. A feitoria de Cantão era o funil pelo qual fluíam para a Grã-Bretanha, e mais além, os milhões de libras gerados pelo chá de Bohea, Congo, Souchon e Pekoe. Em sentido oposto, vinham a prata e, mais tarde, a enxurrada de ópio de Patna, contrabandeado em baús marcados com o selo da Companhia.

Durante toda a sua existência, a Companhia viveu um estado de metamorfose quase permanente. Ela seria extinta pouco depois da revolta contra seu governo em 1857-8, confronto conhecido na Grã-Bretanha como o Motim Indiano e na Índia como a Primeira Guerra de Independência. A essa altura, a Companhia havia perdido quase toda a relação com o grupo de comerciantes que no começo do século XVII saíra em quatro pequenos navios para dominar o mercado indonésio de pimenta. Ela já não comerciava; administrava as conquistas na Índia como agente licenciado da Coroa britânica. Contudo, um vínculo duradouro permanecia: o caráter de entidade com fins lucrativos, os olhos permanentemente postos nos acionistas e nos dividendos anuais. O sufocamento da grande rebelião foi seguido, na Inglaterra, de uma violenta reação pública contra o status anacrônico da Companhia, que acabou efetivamente nacionalizada pela Lei da Índia de 1858, com todos os direitos e responsabilidades assumidos pelo Estado britânico: começava o *Raj.** Entretanto, ela continuou existindo, "a sombra

---

* Termo hindustâni que significa "reino". Designa o domínio do Império britânico sobre o subcontinente indiano entre 1858 e 1947. (N. T.)

de uma sombra", segundo um observador. Seus diretores insistiam que, apesar de perdido o propósito, o capital tinha de ser protegido enquanto vigorasse sua última Carta. Quando o tempo se esgotou, suas ações foram trocadas por títulos do governo. Em 1º de junho de 1874, a Companhia das Índias Orientais deixou de existir.

O regime colonial foi o resultado último do aventureirismo da Companhia na Ásia. Contudo, foi a caça de lucros pessoais e corporativos que a impulsionou inexoravelmente adiante, uma dinâmica que afetou o mundo inteiro. Por ocasião de sua extinção, a Companhia mudara o curso da história econômica, invertendo o fluxo secular de riqueza entre o Ocidente e o Oriente. Desde os tempos de Roma, a Europa fora o principal parceiro comercial da Ásia, fornecendo ouro e prata em troca de especiarias, têxteis e bens suntuários. Os comerciantes europeus eram atraídos ao Oriente por sua riqueza e sofisticação em uma época em que a economia ocidental tinha uma fração do tamanho da asiática. Nos primeiros 150 anos, a Companhia foi obrigada a manter essa prática, dado que a Inglaterra não tinha para exportar quase nada que o Oriente estivesse interessado em comprar. No entanto, na Índia depois de Plassey e mais tarde na China com o fornecimento de ópio, a Companhia rompeu esse padrão tradicional de comércio e riqueza. Quando de sua extinção, a economia europeia era duas vezes maior que a chinesa e a indiana, uma completa inversão da situação de 1600 (ver Tabela 1.1). A Companhia das Índias Orientais foi um dos principais fatores da grande virada de desenvolvimento global que marcou o nascimento da era moderna.

Tabela 1.1 A participação no PIB mundial — 1600-1870 (em milhões de dólares internacionais de 1990)

	1600	% do total	1700	% do total	1870	% do total
Grã-Bretanha	6.007	1,80	10.709	2,88	100.179	9,10
Europa Ocidental	65.955	20,02	83.395	22,46	370.223	33,61
China	96.000	29,14	82.800	22,30	189.740	17,23
Índia	74.250	22,54	90.750	24,44	134.882	12,25
Mundo	329.417		371.369		1.101.369	

Fonte: Angus Maddison, *The World Economy*. Paris: OCDE, 2001, p. 261, Tabela B-18.

32   A Corporação que Mudou o Mundo

Todavia, se você for, como eu fui, ao lugar onde ficava a Casa das Índias Orientais, não verá nada que assinale o tumultuoso impacto dessa empresa outrora tão poderosa. O local é hoje ocupado pelo edifício de vidro e de aço do Lloyds, projetado por Richard Rogers. Era daqui que o Conselho Diretor da Companhia comandava suas operações globais e era aqui que se realizavam seus famosos leilões trimestrais — que às vezes duravam dias e causavam tanta bulha que os "uivos e gritos" do Salão de Vendas atravessavam as grossas paredes da casa e eram ouvidos na rua. O maravilhoso romance de Lawrence Norfolk, *Lemprière's Dictionary*, de 1991, história de uma sociedade secreta que manipulava a Companhia desde as profundezas do subsolo de Londres, capta algo dessas paixões. Ao se aproximar da Casa das Índias Orientais, o herói encontra "uma carcaça petrificada, um colosso de pedra estendido em Leadenhall Street".[10]

Leadenhall Street não foi, porém, a primeira sede da Companhia. Quando de sua fundação por Elizabeth I como "Governador e Companhia de Mercadores do Comércio de Londres com as Índias Orientais", seus negócios eram feitos na mansão do seu primeiro *governor* (presidente), sir Thomas Smythe, na City. A casa situava-se na estreita Philpot Lane, onde um restaurante indiano apropriadamente batizado de "Spicy Trader" ainda ecoa sua memória. Mais tarde, a Companhia se deslocou algumas centenas de metros para o norte, instalando-se em Crosby Hall, um imponente edifício jacobiano que permaneceu no centro financeiro de Londres até muito depois de a Companhia tê-lo deixado. Quando incorporadores ameaçaram demoli-lo no apagar das luzes do século XX, uma campanha pública conseguiu que fosse desmontado e reerguido, tijolo por tijolo, às margens do rio, em Chelsea, onde foi usado como universidade até ser vendido pela sra. Thatcher, depois da abolição do Conselho da Grande Londres, em 1986, para um financista recém-saído do gigante de seguros Lloyds, cujo edifício foi erguido no lugar em que se deu a fase seguinte da ascensão da Honorável Companhia.

Inicialmente ocupada pela Companhia em 1648, a Casa das Índias Orientais teve várias encarnações em seus 200 anos de existência. Na década de 1690, foi conhecida como "a casa pertencente à Companhia das Índias Orientais, uma corporação de homens de cabeças afiadas e propósitos profundos".[11] No início do século XVIII, tornou-se um dos marcos da City de Londres, onde formava com a Companhia dos Mares do Sul e o Banco da Inglaterra a trindade corporativa da época. Encimada pela estátua de um marinheiro e dois golfinhos, a Casa das Índias Orientais tinha algo de distintivamente marinho e transmitia ao transeunte sua importância com o escudo real e o corporativo brasonados na fachada. Com o colapso da Mares do Sul subsequente ao estouro da "bolha" infame de 1721, a Companhia das Índias Orientais e sua sede adquiriram uma nova proeminência na Inglaterra do primeiro-ministro Robert Walpole. Reconstruída em 1729, a nova Casa das Índias Orientais transmitia aos visitantes sua abrangência global por meio de uma série de pinturas a óleo que retratavam seus principais entrepostos comerciais do Atlântico (Santa Helena), África (Cidade do Cabo) e Índia Ocidental (Bombaim e Tellicherry) e Oriental (Madras e Calcutá).

Depois de Plassey, a esses emblemas das façanhas comerciais da Companhia se juntaram as estátuas de seus heróis militares, primeiro Clive e Stringer Lawrence, depois o marquês de Cornwallis e Arthur Wellesley, o "general sipai", que viria a ser o duque de Wellington. No entanto, o crescimento do poder da Companhia fez com que o sólido edifício da década de 1720 já não estivesse à altura de suas operações globais. Em sua *New History of London*, publicada em 1773, James Noorthouck observou que "o aspecto do edifício não é de forma alguma adequado à opulência da Companhia, cujos funcionários exercem a autoridade soberana nos territórios indianos".[12] Foi assim que, entre 1796 e 1799, se construiu um imenso edifício neoclássico de 60 metros de comprimento, com um pórtico de seis colunas encimado por um frontão triangular onde George III

34   A Corporação que Mudou o Mundo

aparecia defendendo o comércio do Oriente, ao lado, uma vez mais, de três damas alegóricas: Britannia sobre um leão, Europa montando um cavalo e Ásia seguindo-as no dorso de um camelo.

Dentro desse imponente edifício, trabalhava um exército de escreventes, muitos dos quais sobrevivem na memória cultural da Grã-Bretanha nem tanto por suas carreiras corporativas, mas por suas conexões literárias. Autor de *Essays of Elia* e amigo de poetas românticos, Charles Lamb trabalhou no departamento de contabilidade da Companhia a partir de 1792. Samuel Taylor Coleridge dedicou seu poema de 1797 "This Lime Tree Bower" ao "meu afável Charles, que 'durante tantos anos ansiou com volúpia pela Natureza, enclausurado na City!'" Durante 33 anos, Lamb ora abençoaria os rendimentos seguros que o emprego lhe proporcionava, ora amaldiçoaria o tédio da vida de escritório. "A confusão arruína todas as transações, a circulação e o intercâmbio de mercadorias, o intercurso entre as nações...", escreveu ao amigo William Woodsworth em 1815.[13] O próprio irmão de Wordsworth, John, morreria no naufrágio do navio da Companhia *Earl of Abergavenny*, em fevereiro de 1805. Em 1819, Lamb passou a ter, na Casa das Índias Orientais, a companhia do romancista gótico Thomas Love Peacock, nomeado um dos três auditores adjuntos. Encantado com o novo emprego de Peacock, Leigh Hunt escreveu ao poeta Percy Bysshe Shelley dizendo: "Nós fazemos troça de sua majestade oriental, sua ilustração de brâmane e sua inevitável tendência de se tornar um dos corruptos."[14] O utilitarista militante James Mill entrou para a Companhia nesse mesmo ano, seguido em 1823 por seu filho John Stuart e em 1835 pelo outro filho, James Bentham (que assumiu um posto em Bengala). Depois da morte de seu pai, George Grote Mill lhe seguiria os passos tornando-se funcionário em 1844. De um jeito ou de outro, por via de emprego direto, de conexões familiares ou de consumo de seus produtos, quase todo mundo na Inglaterra dos séculos XVIII e XIX era ligado à Companhia das Índias Orientais.

Essa terceira e última encarnação da Casa das Índias Orientais há muito deixou de existir, demolida em 1861, apenas três anos passados da incorporação das possessões da Companhia ao império da rainha Vitória. A Britannia de Spiridione foi um dos muitos objetos a empreender a curta, porém simbólica, jornada através de Londres, do Oriente comercial ao Ocidente político. Muitos artefatos da Companhia povoam o Museu Victoria and Albert, o mais memorável deles o tigre mecânico de Tipu Sahib, sultão de Mysore. *The Offering*, no entanto, foi usada para decorar o India Office e mais tarde o Foreign and Commonwealth Office, seu sucessor em Whitehall, onde permanece até hoje, no alto da escada Gurkha. O restante do legado material da Companhia em Londres é parco, mas, como estamos na Grã-Bretanha, há um *pub* — o East India Arms, em Fenchurch Street —, fragmento de um imenso complexo de armazéns que se estende na direção de Aldgate.

A City de Londres está repleta de monumentos, nenhum dos quais registra a existência da Companhia das Índias Orientais. Essa ausência é particularmente estranha por ter sido a Companhia uma instituição londrina por excelência,* cuja Carta excluía explicitamente os comerciantes de outros portos do comércio com a Ásia. É como se Londres tivesse preferido esquecer uma parte do seu passado. No lugar da Casa das Índias Orientais, por exemplo, há uma placa comemorativa da fundação do London Penny Post por William Dockwood em 1680, mas nada que marque o fato de a Companhia das Índias Orientais ter tido aqui sua sede durante mais de dois séculos.[15] Muitas instituições foram justificadamente relegadas ao esquecimento histórico; a obliteração da Companhia das Índias Orientais, contudo, é altamente suspeita.

A explicação dessa ausência nos leva ao cerne do controvertido papel histórico da Companhia. Fora das universidades, seu legado

---

* No original, *par excellence*. (N. T.)

36   A Corporação que Mudou o Mundo

está vivo na memória coletiva do mundo inteiro, constantemente lembrado e relembrado em publicações, exposições e documentários. É uma lembrança desigual, no entanto, com pontos de vista profundamente conflitantes na Europa e na Ásia — sobretudo na Índia, em cuja cultura a Companhia é até hoje uma poderosa força simbólica.

ENFRENTANDO A SÍNDROME

Das ruínas do forte da Companhia no porto pimenteiro de Tellicherry, na costa ocidental, à imponência do forte St. George em Chennai, na oriental, a presença física da Companhia na Índia ainda impressiona, notadamente em Kolkata, uma *company town* de imensas proporções. Os nomes britânicos de algumas ruas foram modificados, mas a marca da Companhia na cidade é inconfundível. Escavações recentes do Serviço Arqueológico da Índia mostraram que a área da atual Kolkata fora um próspero centro comercial séculos antes que Job Charnock a reivindicasse para a Companhia em agosto de 1690. Conhecida em todo o Oriente como o "Paraíso na Terra" por sua riqueza e prosperidade, Bengala atraiu levas de mercadores europeus por causa da qualidade de seus tecidos. Os comerciantes portugueses foram os primeiros a ali estabelecer sua presença em 1535, sendo substituídos um século depois pelos holandeses. A Companhia inglesa chegou relativamente tarde a Bengala, mas sua base em Calcutá cresceu rapidamente. A Companhia ergueu as primeiras ameias do Forte William em 1696 e, dois anos depois, adquiriu direitos de domínio (*zamindari*) sobre as aldeias adjacentes de Sutanuti, Govindpore e Kolikata. Na década de 1720, Bengala contribuía com mais da metade do total de importações asiáticas da Companhia, a maior parte delas provenientes de Calcutá. Atraídos por sua prosperidade, muitos indianos migraram para a cidade, que na metade do século XVIII tinha mais de 120 mil habitantes, 250 deles funcionários da Companhia.

Dois séculos mais tarde, o Forte William ainda se aninha às margens do rio Hugli, um quilômetro e meio ao sul da construção original, assediada e capturada pelo exército bengali em junho de 1756. Depois da retomada de Calcutá e da vitória em Plassey, Clive o reconstruiu em uma posição mais estratégica. Com muralhas defensivas sólidas, mas nunca testadas, o forte mantém suas tradições militares como base do Comando Oriental do Exército Indiano. Perto dali, o Memorial da Rainha Vitória, todo em mármore branco, mantém uma exposição notavelmente equilibrada da história de Calcutá e do papel da Companhia na ascensão da cidade. Ao norte, o Palácio do Governo da época da Companhia mantém-se ocupado como Raj Bhavan, residência do governador de Bengala, um imenso edifício cuja construção começou assim que Richard Wellesley, o quinto governador-geral de Bengala, chegou à Índia em 1798. Para não ser superada em grandiosidade pela nova Casa das Índias Orientais, a essa altura quase concluída em Londres, a futura residência de Wellesley foi inspirada na Kedleston Hall, uma mansão rural de Derbyshire. Sequioso de se vingar de seus empregadores, aos quais se referia depreciativamente como "os queijeiros de Leandenhall Street", Wellesley não poupou gastos neste monumento à própria vaidade. Bem perto dali fica a Casa do Escrevente, batizada em homenagem aos empregados da Companhia que um dia ocuparam esse centro administrativo hoje a serviço do governo de Bengala Ocidental.

Essas representações tangíveis do vínculo profundo entre a Companhia e a cidade de Calcutá são acentuadas por questões de identidade que há séculos são motivo de conflitos. Só recentemente, por exemplo, as famílias locais conseguiram retirar de Job Charnock o título de "fundador" oficial de Calcutá, arguindo a existência de vários assentamentos na área muito antes da chegada da Companhia; Plassey também continua a provocar fortes emoções entre o povo bengali; Mir Jafar, o general que se aliou a Clive para tomar o trono, é um símbolo popular de traição; e no país a

38   A Corporação que Mudou o Mundo

Companhia das Índias Orientais ainda simboliza o perigo representado pelas empresas estrangeiras que "chegam para comerciar e ficam para governar", visão profundamente arraigada no movimento pela independência que culminou com a expulsão dos britânicos em 1947. Em sua *The Economic History of India under Early British Rule*, 1757-1837 (1908), Romesh Chunder Dutt recuperou e redirecionou a crítica de Burke sobre o papel da Companhia de modo que servisse à sua causa de reforma total. "O domínio da Companhia das Índias Orientais mudou a Índia", concluiu Dutt, dizendo que a Companhia "tratou o país como uma vasta propriedade agrícola cujos lucros haviam de ser retirados da Índia e depositados na Europa".[16] Em toda a obra de Dutt, a ideia da "drenagem" aparece como um poderoso símbolo da exploração britânica na Índia, primeiro pela Companhia, mais tarde pelo Raj.

Quarenta anos depois, Jawaharlal Nehru ressaltou o papel opressor da Companhia em sua campanha pela independência total do país. No verão de 1944, o futuro primeiro-ministro cumpria em Fort Ahmadnagar sua nona — e última — pena de prisão em virtude da campanha do Partido do Congresso "Saiam da Índia", de 1942. Tal como em suas passagens anteriores pelos cárceres britânicos, escrever foi a maneira que Nehru encontrou de dar sentido à adversidade. Em apenas cinco meses, havia preenchido mil páginas, só parando, disse ele, porque estava praticamente sem papel. O resultado foi *A descoberta da Índia* [The Discovery of India], o último e talvez mais profundo escrito de sua "trilogia do cárcere", no qual expõe sua visão sobre a relação entre o rico e complexo passado do país e a luta pela independência. Para Nehru, escrever a história não era um mero exercício acadêmico, mas algo intimamente ligado à ação para mudar o presente.

O livro é impregnado por sua convicção de que os dois séculos de domínio britânico impuseram à Índia um ônus terrível que precisava ser urgentemente eliminado. Sua voz tranquila ferve de raiva ao descrever a pilhagem de Bengala pela Companhia das Índias Orientais depois da vitória de Clive em Plassey. "A corrupção, venalidade, nepotismo, violência e cobiça das primeiras gerações de dominadores britânicos na Índia", vocifera, "é algo que está além da compreensão". Para sublinhar sua aversão às práticas da Companhia, acrescenta: "É significativo que uma das palavras hindustânis que entraram para o vocabulário inglês seja *loot* [saque, pilhagem]."[17]

Depois de uma década de liberalização econômica, hoje essa crítica do papel da Companhia na história da Índia volta à ordem do dia. Para muitos indianos — em Bengala, particularmente —, a história da Companhia contém dois profundos ensinamentos: primeiro, as empresas multinacionais não querem só comerciar, querem exercer o poder; segundo, as divisões e traições entre os indianos facilitam a dominação estrangeira. "Toda criança indiana conhece a pérfida história da queda de Bengala em Plassey", escreve Gurcharan Das, que pergunta: "É de admirar que desconfiemos de comerciantes e empresas estrangeiras?"[18] A corrupção e as violações dos direitos humanos associadas ao projeto da Enron para a construção de uma hidrelétrica em Dabhol levaram tais temores ao paroxismo no fim da década de 1990. "É o segundo advento da Companhia das Índias Orientais", disse o juiz Daud, aposentado da Suprema Corte de Mumbai, chefe de um comitê de averiguação dos violentos incidentes ocorridos em Dabhol em março de 1997.[19] Para muitos, o mais inaceitável das práticas da Enron em Dabhol foi a flagrante manipulação do processo de licenciamento. De acordo com Arundhati Roy, o contrato da Enron com o Estado de Maharashtra foi "a maior fraude da história do país".[20] A Enron o conseguiu, segundo ela, empregando uma "estratégia de comprovada eficácia inaugurada pela Companhia das Índias Orientais, qual seja, a de corromper os tomadores de decisão e dividir a comunidade.[21] "A volta da Companhia das Índias Orientais" é o chavão que acompanha as análises do recente afluxo de multinacionais à Índia, sejam grandes mineradoras globais ou firmas de negócios em geral.[22]

Para alguns, essa preocupação com a "aquisição sub-reptícia de poder e riqueza" por parte de interesses estrangeiros assumiu o

40   A Corporação que Mudou o Mundo

caráter de uma verdadeira "síndrome da Companhia das Índias Orientais".[23] Em sua abrangente análise das lições aprendidas com a reforma econômica, Arvind Virmani identifica um corte geracional entre os que cresceram antes da independência e os nascidos depois dela. "A lembrança cultural mais importante dos primeiros é terem sido governados durante um século pela Coroa britânica e (o que é mais tormentoso) pela Companhia das Índias Orientais no século precedente." Essa síndrome se traduziria em medo dos capitalistas estrangeiros e, em casos extremos, na "falta de confiança na própria capacidade de lidar com estrangeiros de cor branca".[24] Uma reação a essa "síndrome" está em curso neste momento, com observadores dizendo que é hora de a Índia "superar" a Companhia das Índias Orientais. Por outro lado, um novo espírito de afirmação nacional vem também influenciando as decisões sobre o futuro econômico da Índia, como no caso do enrijecimento do sistema de patentes de produtos farmacêuticos ou da abertura do setor de varejo às empresas estrangeiras.[25] A mídia popular também vem sendo influenciada, haja vista o comercial de TV do *pan masala* Rajnigandha, em que um magnata indiano para o carro em frente à sede da Companhia das Índias Orientais em Londres e diz à sua secretária que quer comprar a empresa: "Eles nos governaram durante 200 anos; agora é a nossa vez."

UM NOVO ROMANTISMO

Enquanto a Índia parece às vezes se exceder na rememoração da Companhia das Índias Orientais, a Grã-Bretanha pode ser facilmente acusada de não lembrar as lições que ela deixou. Ao desaparecimento físico da Companhia das ruas de Londres correspondia até recentemente uma lacuna na memória cultural do país. Na maior parte dos 60 anos desde que a Grã-Bretanha saiu da Índia, a John Company teve sua dignidade relegada aos livros de história e seus feitos banidos para a arena das batalhas acadêmicas.

A globalização fez mudar tudo isso ao inspirar o ressurgimento do interesse pela contribuição da Companhia na aurora do comércio mundial. De fato, a "John Company", defunta há mais de um século, vive hoje uma espécie de retorno. As exposições na Biblioteca Britânica e no Museu Victoria and Albert, além de uma série de histórias populares, vêm contribuindo para recuperar a reputação da Honorável Companhia. Seus fundadores são aclamados como aventureiros fanfarrões que cruzavam o globo em busca de especiarias e seus executivos qualificados de "mogóis brancos" multiculturais.

Na comunidade de negócios, a atração da Companhia provém de seu sucesso comercial, um modelo para a economia global atual. O Standard Chartered Bank, por exemplo, foi um dos patrocinadores da exposição da Biblioteca Britânica "Trading Places", sobre a Companhia das Índias Orientais, em 2002. O então diretor executivo do banco tirou conclusões claras da história da Companhia dizendo que o desafio agora é "ampliar o legado corajoso, criativo e verdadeiramente internacional da Companhia das Índias Orientais".[26] Rod Eddington, ex-diretor executivo da British Airways, viu um incentivo similar na crônica da Companhia, para ele um exemplo de como as empresas prosperam "à força de trabalho árduo, astúcia e sedução".[27] Um empresário *pontocom* relançou a Companhia das Índias Orientais na web como "feitoria virtual" que vende vários artigos de marca. De acordo com o site, o nome da Companhia "dá credibilidade a praticamente todo produto ou serviço", combinando "as forças das marcas britânicas — tradição, luxo à moda antiga e classe impecável — com o fascínio dos países exóticos, da vida no mar, das viagens e da aventura".[28] Além disso, o que é interessante, essa imagem otimista da Companhia das Índias Orientais não se limita às firmas britânicas. Na Malásia, a loja de departamentos Metrojaya tem uma linha de roupas "Companhia das Índias Orientais", que busca "capturar e celebrar" a atmosfera da disputa das companhias britânica, holandesa e francesa pela "supremacia na colheita dos frutos do comércio com a região".[29]

42   A Corporação que Mudou o Mundo

Na Grã-Bretanha, outros mais são atraídos pelo legado cultural da Companhia, a fusão de modos de vida expressa, por exemplo, na adoção do vestuário local e até das religiões hindu e muçulmana por parte de comerciantes ingleses. Partindo de um caso de amor entre um funcionário da Companhia e uma nobre de Hyderabadi ocorrido no século XVIII, William Dalrymple louvou, em *White Mughals*, o que via como "o vibrante multiculturalismo da Companhia das Índias Orientais".[30] O romance projeta um mundo em que os comerciantes ingleses se apaixonam não apenas pelas mulheres indianas, mas por sua cultura também. Sua mensagem para os dias atuais é a de que o "choque de civilizações" não é inevitável; "Oriente e Ocidente não são incompatíveis".[31] De modo análogo, a importante série de documentários da TV britânica *An Indian Affair*, de 2001, contesta as ideias geralmente aceitas sobre o encontro entre Grã-Bretanha e Índia retratando a relação do tipo "viva e deixe viver" da Companhia com aquele país como mutuamente benéfica — até ser pervertida pelos imperialistas no começo do século XIX.[32]

No entanto, nenhuma dessas reinterpretações românticas — a empresarial e a cultural — leva em conta os custos derivados das práticas comerciais da Companhia. Então, como agora, o comércio pode gerar tanto riqueza real quanto miséria e destruição. Na pressa de focalizar os temas "casados" da celebridade e do consumo na história da Companhia, os novos românticos imperiais geralmente pintam dela um quadro excessivamente limitado e róseo. Em especial, ao olhá-la pelas lentes da cultura, esquecem o verdadeiro propósito de sua presença na Índia. Até a Biblioteca Britânica parece ter caído nessa armadilha quando abrigou a exposição "Trading Places", em 2002. Com uma pletora de artefatos, a exposição concentrou-se no papel da Companhia no nascimento da moderna sociedade de consumo, mostrando que a Grã-Bretanha "tornou-se um país de bebedores de chá" e que "palavras como xampu, arroz e bangalô acabaram se incorporando à língua inglesa". O lado desagradável das atividades da Companhia foi reconhecido com a afirmação de que, depois de 1757, tornou-se "notório que a Índia estava sendo saqueada enquanto os funcionários da Companhia amealhavam imensas fortunas pessoais", processo descrito como o "sangramento de Bengala". Esse mea-culpa foi, contudo, amplamente abafado pela glorificação dos padrões de consumo criados pela Companhia. A exposição conseguiu, certamente, mostrar a ampla repercussão contemporânea dos produtos que a Companhia comerciava, mas esquivou-se de estabelecer ligações igualmente incisivas entre os temas do poder empresarial, do comércio justo e dos direitos humanos, que dizem respeito aos comerciantes do século XVIII tanto quanto às multinacionais do século XXI.

Ainda mais grave, o projeto inicial da exposição não levou em conta o problema de como sua visão da Companhia seria recebida pelas diversas comunidades da Grã-Bretanha. Ao saber dos preparativos, a reação da comunidade chinesa foi de horror, do que resultou a criação de um site, *The Truth about Trading Places*, para denunciar o sofrimento humano causado pela exportação de ópio para a China sob a égide da Companhia e, mais tarde, pelo monopólio imperial britânico.[33] A campanha surtiu efeito, levando os organizadores da exposição a adicionar um painel dizendo que "o livre comércio na Ásia veio a significar a liberdade lucrativa e imoral de exportar ópio". A Companhia morreu há muito, mas suas batalhas continuam.

ACERTANDO CONTAS COM A JOHN COMPANY

A Companhia das Índias Orientais merece ser vista como era — uma empresa com fins lucrativos que gerou muita riqueza, mas também contribuiu para imensos sofrimentos. Do tempo em que a Companhia comerciava especiarias até seus dias de administradora licenciada da Índia, seus contemporâneos sempre tiveram absoluta consciência dessa dualidade. Na Grã-Bretanha como na Ásia, as pessoas eram atraídas pelo seu incomparável potencial econômico

44 A Corporação que Mudou o Mundo

— fossem tecelões indianos em busca de trabalho estável ou empresários britânicos interessados em fazer carreira no Oriente. Por outro lado, seu papel e sua conduta eram continuamente contestados por empresas excluídas do comércio asiático, por governantes indianos apreensivos com suas intenções últimas e por parlamentares críticos de sua conduta no além-mar.

Muitas pessoas viam a Companhia com uma mescla de admiração com hostilidade. A *Gentleman's Magazine* — um dos mais importantes periódicos ingleses do século XVIII — nos dá um bom exemplo das paixões conflitantes despertadas pela Companhia. Em março de 1767, um ano depois que a notícia da captura da *diwani* chegou a Londres, a *Magazine* proclamou que "o prodigioso valor dessas novas aquisições pode representar para o país uma fonte de riqueza capaz de, em poucos anos, pagar a dívida nacional, acabar com o imposto sobre a terra e aliviar os pobres de seus pesados tributos — além de aumentar os dividendos sobre o capital da Companhia com uma proporção da renda acrescida que espantará a Europa e excederá as expectativas mais otimistas".[34] Não mais do que um mês depois, no entanto, a mesma revista advertia para as consequências potencialmente desastrosas do súbito enriquecimento da Companhia, que em pouco tempo poderia estar apta a "repetir nesta ilha as mesmas crueldades que desgraçaram a humanidade e inundaram as planícies da Índia de sangue nativo inocente". Para o autor desse artigo, a única solução era colocar a Companhia em seu devido lugar, para o que convocava os leitores com uma palavra de ordem: "Abaixo a Companhia das Índias Orientais, esse resquício do poder inconstitucional!"[35]

Tal dualidade se estendia aos executivos da própria Companhia, capazes de dar grandes demonstrações de sensibilidade para com a cultura indiana em suas vidas privadas ao mesmo tempo que comandavam terríveis atos de exploração em nome de seus patrões. A carreira de Warren Hastings, que se tornou o primeiro governador-geral da Índia em 1773, ilustra esse conflito entre o cultural e o comercial. Fluente em línguas locais, Hastings foi um grande filantropo que patrocinou a primeira tradução inglesa do *Bhagavad Gita*, apoiou a criação de um madraçal para estudantes muçulmanos em Calcutá e ordenou a construção de um templo budista às margens do rio Hugli. O próprio Nehru disse que "a Índia tem uma enorme dívida de gratidão" com executivos da Companhia como Hastings e William Jones por ajudar na redescoberta da herança do país.[36] Contudo, as iniciativas culturais de Hastings não foram senão efeitos colaterais de sua obrigação de gerar riqueza para a Companhia e seus acionistas. Foi ele quem comandou o monopólio da produção de sal e ópio em Bengala e ordenou a primeira missão de contrabando de ópio para a China em deliberado desafio a uma antiga e duradoura proibição. Além disso, apesar das fundadas acusações de extorsão, suborno e corrupção, Hastings seria declarado inocente por uma agradecida Câmara dos Lordes em um momentoso processo de *impeachment*.

Da mesma forma como as grandes empresas de hoje deveriam ser julgadas pelas consequências de suas atividades-fim, e não por suas contribuições culturais, a Companhia das Índias Orientais há de ser avaliada por sua razão social, e não pela ocasional filantropia de seus executivos. A persistente relutância em ver os impactos da Companhia das Índias Orientais em toda a sua extensão é parte de uma amnésia mais geral sobre o papel histórico dos negócios. É estranho que, embora as grandes empresas figurem entre as mais poderosas instituições da era moderna, nossos livros de história ainda estejam concentrados nas ações de Estados e indivíduos, na política e na cultura, e não nas corporações, seus executivos e seus impactos. Para compreender plenamente nosso presente corporativo, precisamos compreender nosso passado corporativo — vale dizer, engalfinharmo-nos com o legado da John Company. Alguns de seus críticos mais ruidosos esperavam, de fato, que as futuras gerações examinassem com o máximo de rigor o desempenho da Companhia como corporação. "Historiadores de outros países (se não do nosso)", escreveu Richard Clarke em 1773, "farão justiça aos oprimidos da Índia e transmitirão à Posteridade a Memória dos Opressores." Na introdução de seu longo poema satírico

"The Nabob, or Asiatic Plunders", Clarke exortava seus compatriotas a "perpetuar uma honesta indignação contra esses inimigos da humanidade".[37]

Longe de ser uma relíquia empoeirada, a Companhia exemplifica a batalha incessante entre a lógica do intercâmbio e o desejo de dominação. Dois séculos depois, ela demonstra que a busca da responsabilidade empresarial é um exercício permanente de canalização da energia de comerciantes e empresários, de tal maneira que suas paixões privadas não prejudiquem o interesse público. Além disso, à medida que nos aproximamos do 250º aniversário da batalha de Plassey, o contínuo choque de percepções entre ativistas corporativos na Índia e românticos imperiais na Grã-Bretanha deixa claro que precisamos, uma vez mais, de um pouco daquela "sincera indignação" para compreender a dimensão dos impactos da Companhia. Tomo emprestado um dístico do poeta urdu do século XIX Asadullah Khan Ghalib: *zakhm gardab gaya, lahu na thama*; "a ferida está oculta, mas não para de sangrar".

2

A Companhia Imperial

O porto de Londres é, há séculos, local de entrada e saída de mercadorias, pessoas e ideias. Em sua época, a Companhia das Índias
Orientais foi um dos principais motores desse intercâmbio. Era no
porto que a supremacia comercial da Companhia se fazia sentir de
modo mais tangível — um bom lugar, portanto, para se começar a
pesquisa de sua antiga grandeza.

A leste do distrito financeiro de Londres fica Poplar. Em sua
High Street, ergue-se a igreja de St. Matthias, construída pela
Companhia das Índias Orientais em 1654 para servir de capela. Era
aqui que os diretores, trabalhadores e marinheiros da Companhia
vinham rezar por suas almas. Indefinida, até feia exteriormente
depois das reformas do século XIX, por dentro a igreja é arejada e
fresca. Oito colunas, sete de carvalho e uma de pedra, definem o
espaço central, em cujo teto se destaca o timbre — ou logomarca
— da Companhia, um escudo com três navios mercantes navegan-
do rumo ao Oriente. Hoje secularizado, o conjunto é administrado
em benefício da diversificada comunidade da região, composta de
ingleses nativos e imigrantes da Bangladesh, Caribe e China. St.
Matthias fica à sombra do novo centro financeiro de Canary Wharf,
cujas imensas torres exibem as logomarcas de gigantes corporativos
da atualidade — Barclays, Citigroup e HSBC.

48   A Corporação que Mudou o Mundo

Cerca de um quilômetro a leste de St. Matthias, em Blackwall, estendem-se as docas da Companhia (ver Ilustração 2.1). O lote original de pouco mais de meio hectare foi edificado em 1612, tornando-se uma próspera área comercial. Em 1620, a Companhia administrava uma frota de 10 mil toneladas, operada por mais de 2.500 marinheiros e mantida por 500 carpinteiros navais. Aqui eram construídos e equipados os "East Indiamen" transoceânicos. Depois de 1637, a Companhia parou de construir e possuir navios, passando a arrendá-los de armadores diversos. Uma vez concluídos, os navios navegavam até Deptford, entravam no Canal e rumavam para a Ásia. Se bem-sucedidos, estariam de volta a Londres em dois anos ou mais, para serem descarregados em Blackwall Reach. As mercadorias eram então levadas rio acima até o Cais Legal e depois transportadas em carroças pelas ruas até o armazém da Companhia mais próximo. Com o aumento da tonelagem no século XVIII, os navios passaram a ancorar nas águas mais profundas de Blackwall.

Para comportar o volume crescente de mercadorias, em 1789 construíram-se as Docas de Brunswick, que ocupavam totalmente uma área de mais de três hectares. À sua volta, um vasto complexo industrial composto de pátios madeireiros, fundições, cordoarias, fornos de pão e fábricas de pólvora abastecia os navios. O destaque era a Casa dos Mastros, de 36 metros de altura, tida como uma das maravilhas tecnológicas da época, onde eram montados os mastros dos navios da Companhia. Nas proximidades ficavam os *pubs* e os alojamentos dos trabalhadores, assim como a capela de Poplar e o asilo da Companhia, onde se abrigavam os marinheiros pobres. Enquanto muitos dos ocupantes da Casa das Índias Orientais, como sir Charles Lamb e John Stuart Mill, tornaram-se figuras até hoje conhecidas, a maioria dos milhares de empregados das Docas das Índias Orientais permaneceu no anonimato.

Isso é particularmente verdadeiro para os marinheiros indianos, os *lascars*, que, por volta de 1700, contavam cerca de um quarto das tripulações dos "East Indiamen". Todos os marinheiros da época viviam em condições terríveis a bordo dos navios, enfrentando comida podre, doenças e castigos brutais. Os *lascars*, porém, sofriam ainda mais. Uma vez desembarcados em Londres, eram muitas vezes abandonados pelos capitães de seus navios e deixados a perambular sem eira nem beira pelas ruas da cidade. Na década de 1780, era frequente os londrinos se indignarem com a miséria dos *lascars*, que qualificavam como "uma desgraça para a humanidade" e "uma imensa desonra para um país universalmente famoso por sua humanidade".[1] Um deles foi John Lemon, cabeleireiro e cozinheiro de Bengala, de 29 anos, que se casou com uma inglesa, Elizabeth. Com o crescimento do número de *lascars*, as autoridades arquitetaram um plano para reassentá-los em Serra Leoa, ao lado dos antisseparatistas afro-americanos da Guerra da Independência dos Estados Unidos. Sabemos que Lemon e sua esposa sobreviveram à viagem e estavam vivos no ano seguinte, mas, depois disso, eles se perderam para a história. Os *lascars* continuaram a viver no East End, confinados em alojamentos insalubres em Shoreditch e Shadwell. Embora um terço da população atual da área portuária de Tower Hamlets descenda de migrantes vindos de Bengala Oriental, atual Bangladesh, em fins do século XX, os vínculos de Bengala com Londres se estendem muito mais longe no passado, à época em que os *lascars* tripulavam os navios da Companhia.

Como acontece tantas vezes com a arquitetura monumental, as Docas das Índias Orientais alcançaram sua mais perfeita expressão justamente quando o fundamento comercial da Companhia chegava ao fim. Na esteira do ambicioso projeto das Docas das Índias Ocidentais, as triunfais Docas das Índias Orientais foram inauguradas em agosto de 1806 com um imenso cais de importados de 6,5 hectares e capacidade para 80 navios de 800 toneladas. Construída como uma fortaleza, as docas eram circundadas por um muro de 6 metros de altura, parte do qual ainda existe, e tinha até uma cadeia para "ladrões, radicais e agentes franceses", segundo informa um painel do Museu das Docklands, instalado perto dali. A Companhia das Índias Orientais arcou também com a construção de uma nova via — a Commercial Road — para levar seus importados

50 A Corporação que Mudou o Mundo

Ilustração 2.1: William Daniell, *Docas das Índias Orientais*, 1808

até o centro da City. Pouco depois, porém, o primeiro golpe contra o monopólio da Companhia foi assestado com a eliminação, em 1813, da exclusividade de seus direitos de comércio com a Índia. Vinte anos depois, em 1833, seu bem-guardado monopólio do comércio de chá com a China foi também eliminado. As docas foram vendidas, permanecendo em uso sob diferentes proprietários até 1943, quando o cais de importação foi drenado e aterrado com escombros de bombardeios para servir à construção dos portos Mulberry usados no desembarque do Dia D. Depois da guerra, o cais de exportação só foi fechado ao tráfego em 1967. Décadas mais tarde, o complexo portuário das Índias Orientais veio a se tornar parte das Docklands redivivas, cobertas de edifícios de apartamentos e escritórios. Os nomes das novas ruas traçadas sobre as antigas docas — Clove Crescent e Nutmeg Lane — revelam algo de seu antigo propósito. Parte da bacia externa ainda contém água, reconstituída como santuário ornitológico onde os biguás secam preguiçosamente suas asas. Painéis semiapagados descrevem o tamanho das comportas das docas: "1,2 metro mais compridas que quaisquer outras comportas do Tâmisa." No entanto, não há uma palavra sequer sobre os milhões de toneladas de mercadorias que passaram por elas, a riqueza que foi gerada e a exploração de que tantas vezes se fez acompanhar.

UMA EMPRESA MODELAR

A Companhia que construiu essas docas foi o modelo da empresa multinacional — "a maior empresa do mundo", segundo o historiador, poeta e administrador da Índia vitoriana Thomas Babington Macaulay.[2] No transcurso de sua longa existência como sociedade comercial, ela enfrentou e superou muitas das questões que afetam as empresas de qualquer época: como manter os empregados motivados, os clientes satisfeitos, os acionistas felizes e a sociedade em boas graças. Para Kirti N. Chaudhuri, um de seus mais perspicazes

52   A Corporação que Mudou o Mundo

historiadores, "a Companhia das Índias Orientais foi a ancestral direta do gigante empresarial moderno, lidando com uma imensa variedade de produtos comerciais e operando em escala internacional".[3]

A Companhia das Índias Orientais foi uma de um conjunto de empresas beneficiárias de Cartas da Coroa britânica para explorar as oportunidades abertas pela expansão europeia. Algumas voltaram suas atenções para o leste, como a Muscovy (1555) e a Levant (1581); outras foram criadas para explorar o comércio de escravos, como a Company of Royal Adventurers (1603) e a Royal African Company (1672); houve ainda as que se dedicaram ao assentamento e ao comércio no Novo Mundo, notadamente a Virginia (1606) e a Hudson Bay (1670). A maior parte delas se extinguiu há séculos, mas a Hudson Bay sobrevive como uma das maiores lojas de departamentos do Canadá (Hudson Bay Company).

Diferentemente dos portugueses, pioneiros do comércio com a Ásia, que aplicaram uma estratégia totalmente estatista, e dos holandeses, que seguiram um modelo misto; os ingleses adotaram uma estratégia baseada no setor privado para extrair a riqueza do Oriente. O que há de especial na Companhia das Índias Orientais é ter feito a ponte entre o conceito medieval de corporação como organização essencialmente pública e o modelo industrial de empresa que atua no exclusivo interesse de seus acionistas. No florescente mundo comercial da Inglaterra do século XVI, a companhia privilegiada* reunia uma série de ingredientes institucionais. A Coroa tinha uma longa tradição de criar corporações como organizações independentes destinadas à gestão dos serviços públicos, como era o caso de municipalidades e universidades — Oxford e Cambridge, por exemplo. A gestão local do distrito financeiro de Londres ainda está a cargo da Corporation of London, que tem cidadãos e empresários como eleitores. As companhias — cujo nome deriva da expressão latina para o ato de dividir o pão, *cum panis* — vieram da Itália

---

* No original, *Chartered*. (N. T.)

e eram essencialmente empresas familiares em que pais, irmãos, filhos e outros parentes formavam fundos comuns com seu trabalho e capitais.[4]

Na Inglaterra, a primeira geração de companhias privilegiadas reuniu grupos de comerciantes interessados em comprar e vender mercadorias sob um pálio comum. Eram companhias reguladas que operavam como guildas, fixando padrões para seus ramos de atividade e recolhendo contribuições para a cobertura de serviços compartilhados como docas e armazéns. O traço distintivo da Companhia das Índias Orientais foi a fusão da estrutura institucional das corporações públicas com o mecanismo financeiro das sociedades por ações.[5] Ao contrário das primeiras companhias reguladas, a Companhia das Índias Orientais foi criada como "organização político-corporativa", o que lhe proporcionou uma série de benefícios financeiros e organizacionais extremamente valiosos no comércio de longa distância com as Índias Orientais, que incorria em elevados custos de capital tanto em termos da navegação quanto dos metais preciosos indispensáveis à aquisição das mercadorias. Em compensação, os riscos naturais e políticos eram altíssimos, com grandes probabilidades de perda de parte ou da totalidade do investimento.

O mecanismo da sociedade anônima por ações venceu esse desafio. Primeiro, pela separação entre investidores e administradores, que permitiu ampliar o fundo de capital com a inclusão de comerciantes urbanos e de investidores passivos de outros segmentos da elite endinheirada. Segundo, por meio do compartilhamento dos riscos; havendo lucros, pagavam-se dividendos; havendo perdas, os investidores só tinham direito ao valor nominal do capital aplicado. A limitação de obrigações deu à Companhia um dinamismo especial, reduzindo substancialmente os riscos dos investidores se comparados ao modelo usual de sociedade. Terceiro, o comércio era conduzido pela própria Companhia, e não pelos membros da sociedade. Isso lhe dava identidade e personalidade jurídica próprias, capazes de gerar estratégias de negócios que iam além dos interesses de comerciantes individuais, bem como uma

54   A Corporação que Mudou o Mundo

estrutura institucional singular em face de sociedades comerciais e Estados asiáticos.

O modelo básico da Companhia como sociedade anônima por ações evoluiu significativamente ao longo do tempo. Inicialmente se organizava uma sociedade para cada viagem, propiciando aos investidores aplicar seu capital em uma base caso a caso. Foi só em 1657 que a Companhia se tornou uma sociedade permanente, um "investimento contínuo e ilimitado não vinculado a viagens individuais".[6] Isso deu a base para que as ações da Companhia pudessem ser avaliadas e transacionadas na sua sede, em Leadenhall Street. Mais tarde, o comércio das ações da Índia mudou-se para o átrio da Royal Exchange de Londres. Quando ele ficou pequeno, as transações passaram a ser feita nas cafeterias da Exchange, ou 'Change, Alley, do outro lado de Cornhill, até o estabelecimento formal da Bolsa de Valores de Londres em 1773.

Tal como em uma empresa moderna, o preço das ações da Companhia era o seu marca-passo, comunicando ao mundo as estimativas do mercado a respeito de suas perspectivas futuras. Para os operadores agrupados ao redor da Exchange Alley, as ações da Companhia — assim como seus títulos e anuidades — se tornaram referência para o mercado. A partir da década de 1690 e durante os 180 anos seguintes, o gráfico do preço de suas ações seria marcado por uma série de picos e vales que refletiam o estado de seu comércio e a saúde de suas relações com os governos do país e do exterior. Analisando-se o Gráfico 2.1, percebe-se que ele começa com uma significativa queda no preço das ações. A década de 1690, aberta pela Revolução Gloriosa de 1688, foi um período de feroz especulação. O preço das ações da Companhia teve um pico em 1693 e caiu ao longo dos cinco anos seguintes, marcados por sucessivas investigações parlamentares, com denúncias de corrupção e propostas potencialmente desastrosas. O ponto mais baixo foi o ano de 1698, quando a fundação de uma companhia rival fez cair o valor nominal das ações da Companhia de 100 para 39 libras.

Superada a ameaça, o preço saltou até bem acima de 100 libras na virada do século, alcançando mais de 200 libras em 1717.

Assim como todo o mercado, as ações da Companhia foram colhidas pela febre que se seguiu ao fim da guerra em 1713 e que ficou conhecida como a "bolha da Mares do Sul". O preço das ações da Companhia mais que dobrou entre dezembro de 1719 e junho de 1720, passando de 200 para 420 libras, acabando por desabar a 150 libras no verão seguinte. Apesar dessa séria turbulência, a vitalidade da Companhia das Índias Orientais se fez sentir na subida lenta, porém consistente, do preço de suas ações uma vez debelada a crise da Mares do Sul. O pico subsequente foi de sua própria lavra. De 1757 a 1769, o preço das ações mais que dobrou, atingindo a marca de 276 libras. Nos quinze anos seguintes, porém, em uma crise que quase lhe custou a independência, o preço das ações da Companhia experimentou uma tendência declinante até a metade daquele valor.

O medo que assombrava o mercado era que o Parlamento se vingasse da Companhia destituindo o Conselho Diretor e nomeando pessoas de sua confiança. Como veremos no Capítulo 7, quando essa ameaça foi eliminada em 1784, a Companhia se recuperou, e o preço de suas ações voltou a subir. O aprofundamento da intervenção estatal nos assuntos da Companhia trouxe surpreendentes benefícios para os acionistas. Com o governo garantindo dividendos cada vez mais elevados, as ações da Companhia voltaram a ser um investimento altamente atrativo depois do caos da década de 1760. Impulsionadas pela alta generalizada que se seguiu ao fim da guerra napoleônica em 1815, as ações da Companhia alcançaram um novo pico, de 298 libras, em abril de 1824. Daí em diante, o valor das ações da Companhia raramente esteve abaixo de 200 libras, o generoso patamar inferior que o governo estabelecera para comprá-las. Finalmente, em 30 de abril de 1874, com a liquidação do seu capital, o coração financeiro da Companhia parou definitivamente de bater.

56 A Corporação que Mudou o Mundo

UM MUNDO DE DIFERENÇA

Essas características tornam a Companhia imediatamente reconhecível como parente próximo da moderna multinacional. No entanto, é também importante observar as consideráveis diferenças que separam seu contexto do nosso, que incluem tanto questões mundanas quanto fatores estruturais. Ao contrário do que ocorre no mundo globalizado de hoje, organizado à base do transporte aéreo e da comunicação instantânea, para a Companhia, uma viagem de ida e volta Londres-Índia podia levar dois anos. Não apenas essas viagens dos "East Indiamen" imobilizavam consideráveis quantidades de capital como o intercâmbio de informações era também aflitivamente lento, dificultando extraordinariamente o planejamento e a administração. Os riscos incorridos eram igualmente críticos, envolvendo não apenas naufrágios e piratas, mas também doenças. Metade dos empregados da Companhia designados para a Ásia morreu em serviço.

Uma diferença de caráter estrutural era seu status de Companhia privilegiada. Nas economias democráticas de mercado de hoje, criar uma empresa é um direito básico. No tempo da Companhia, porém, isso era um privilégio concedido pela Coroa (e mais tarde pelo Parlamento). Em geral, só se concediam Cartas Reais para empreendimentos que mesclavam o interesse privado com propósitos públicos — no caso da Companhia, assegurar para a Inglaterra uma fatia do lucrativo comércio asiático. Como disse um comentarista em 1767, a Companhia era um "assunto nacional", e "seus membros, obrigados a atender tanto o interesse público quanto o privado".[7] Esse pacto com o Estado tinha, no entanto, vida limitada: a Carta Real devia ser renovada a intervalos regulares, em geral de 20 anos, e a Coroa detinha o direito de revogá-la se julgasse que a Companhia havia quebrado seus termos e condições. Um dos poucos exemplos sobreviventes desse tipo de empresa é a British Broadcast Corporation — BBC, cuja Carta foi renovada em 2007. Ao contrário das multinacionais de hoje, tecnicamente imortais, a Companhia das Índias Orientais tinha um cordão umbilical permanentemente ligado ao Estado, que a obrigava a justificar regularmente sua existência com base nas saudáveis rendas alfandegárias que gerava e nos generosos presentes que era capaz de dar.

As Cartas Reais davam direitos especiais à Companhia, o mais valioso deles era o monopólio de todo o comércio entre a Inglaterra e as terras situadas além do cabo da Boa Esperança. O mercado interno cativo assim criado dava, por sua vez, aos investidores uma confiança extra. É certo que, em um mundo já marcado por uma forma de competição global, a Companhia foi durante muitos anos apenas um entre vários atores, tendo de enfrentar a concorrência de portugueses, holandeses e franceses. Havia também o desafio interno daqueles que buscavam quebrar sua exclusividade, além, é claro, dos contrabandistas. Não obstante, seu poder de monopólio era real, assegurando preços altos e lucros substanciais para os acionistas.

Lograr uma relação favorável com o Estado era, pois, essencial para a Companhia. Na Inglaterra, a Coroa, e mais tarde o Parlamento, detinha sobre ela poder de vida e morte. O Estado não apenas fixava as fronteiras de suas operações comerciais como também impunha o regime fiscal que governaria a distribuição de seus superávits. No ultramar, a Companhia tinha primeiro de estabelecer o direito de comerciar e depois arrancar termos de comércio favoráveis. Tal como as multinacionais de hoje, a Companhia obtinha, muitas vezes, substanciais isenções fiscais que a deixavam em posição vantajosa em face dos comerciantes locais. Não surpreende, portanto, que, dentro e fora do país, ela fosse alvo permanente de ações estatais destinadas a carrear para os cofres públicos seu butim. Daí provêm as constantes mudanças no equilíbrio de poder entre a Companhia, a Coroa britânica e os Estados asiáticos.

A maior força da Companhia era a capacidade de gerar receitas extraordinárias aos Estados empobrecidos do mundo pré-industrial. Os substanciais empréstimos de dinheiro à Coroa britânica e o fornecimento de metais preciosos em larga escala à Índia mogol

58   A Corporação que Mudou o Mundo

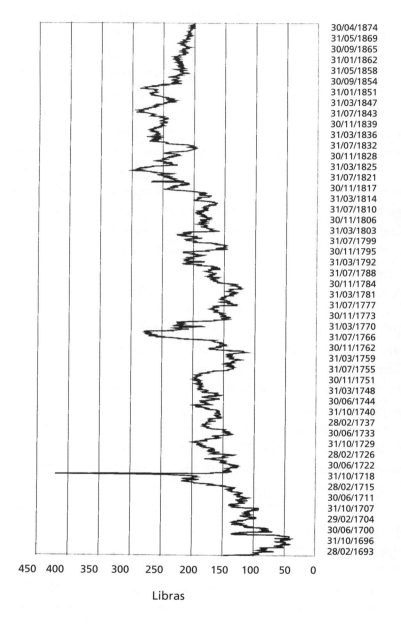

Gráfico 2.1 Preço das ações da Companhia (1693-1874)

A Companhia Imperial   59

tornaram a Companhia indispensável. Para os comerciantes que a administravam, as Cartas da Coroa britânica e os decretos imperiais (*firmans*) asiáticos faziam igualmente parte do negócio mais amplo de comprar e vender mercadorias. Eram transações financeiras que estabeleciam direitos contratuais e não podiam ser infringidas. O que a Companhia buscava era um campo de soberania comercial no qual tivesse rédea solta para operar como quisesse. Presentear príncipes e subornar parlamentares era, pura e simplesmente, parte dos custos básicos do negócio.

As Cartas Reais regulavam as obrigações da Companhia para com o Estado, mas também lhe concediam privilégios semis-soberanos, como os direitos de cunhar moeda em suas subsidiárias no estrangeiro, exercer a justiça em seus assentamentos e, o que era crucial, fazer a guerra. Desde o começo, a força armada foi essencial para que a Companhia ganhasse e mantivesse o acesso aos mercados asiáticos. Foi a demonstração de superioridade naval sobre os portugueses na costa de Surat em 1612 que pavimentou o caminho para as primeiras concessões comerciais obtidas do imperador mogol Jahangir, assim como foi a fraqueza militar diante dos holandeses que a obrigou a deixar as ilhas de especiarias da Indonésia dez anos mais tarde. Ao longo de toda a existência da Companhia, seus diretores mantiveram uma atitude ambígua em relação ao papel de seu poderio militar. Sempre muito preocupados em conter despesas, eram particularmente cautelosos com as despesas militares, sobretudo em terra, por temor dos custos incontroláveis dos fortes e castelos. Contudo, a Companhia também apreciava o valor de conduzir "o comércio com a espada nas mãos", nas palavras de Gerald Aungier, seu governador em Bombaim, em 1677. Embora a aplicação direta da violência pelas corporações de hoje felizmente seja rara, a ligação entre comércio bem-sucedido e força militar permanece tão forte quanto antes. Como explica Thomas Friedman, o entusiástico promotor da globalização do *New York Times*, a "mão oculta do mercado nunca funcionará sem um punho oculto". Em outras palavras, "o McDonald's não pode prosperar sem a McDonnell Douglas, projetista do F-15".[8]

60   A Corporação que Mudou o Mundo

Uma última diferença entre as empresas gigantes de hoje e a Companhia das Índias Orientais deriva também de sua Carta. Na época, depender da aprovação do Estado para ter privilégios comerciais específicos significava pertencer a uma linhagem especial de corporações, em geral menos de 20 em toda a Inglaterra. A corrida por empreendimentos especulativos no fim do século XVII fez com que existissem mais de 140 sociedades por ações em 1695, mas a maioria não conseguiu sobreviver. Em 1719 restavam apenas 21. A explosão de novos títulos colocados à venda na Bolsa de Valores no primeiro semestre de 1720 trouxe ao mercado outras 174 empresas. O fracasso subsequente da Companhia dos Mares do Sul levou à promulgação da Lei da Bolha, que proibia a formação de novas sociedades por ações sem a explícita aprovação do Parlamento. Tal proibição permaneceria em vigor durante 105 anos, dando à Companhia um lugar absolutamente singular na economia georgiana do século XVIII, um verdadeiro colosso que respondia por algo entre 13% e 15% de todas as importações britânicas entre 1699 e 1774.[9] Cada sétimo de libra em bens trazidos para a Grã-Bretanha era transportado nos navios da Companhia, desembarcava nas docas da Companhia e era vendido nos leilões da Companhia — uma presença fenomenal na economia do Iluminismo. Hoje, a corporação é a forma econômica dominante, presente em todo o globo. Poucas entre elas, porém, se é que alguma, se comparam à Companhia das Índias Orientais em termos de poderio individual.

DIRIGINDO A COMPANHIA

Essas significativas diferenças não devem, no entanto, obscurecer aspectos da Companhia que têm uma notável ligação com as corporações modernas, principalmente nas áreas de governança e administração de negócios. A identidade de sociedade por ações, mera plataforma para operações comerciais, não dava à Companhia nenhuma garantia de sucesso. O que garantiu seu sucesso foi sua estrutura de gestão, que no começo do século XVIII havia adquirido um formato característico.

A Companhia inglesa tinha muito em comum com sua rival holandesa, a VOC. Ambas utilizavam sistemas de administração estritamente hierárquicos, sustentados por um pequeno exército de escreventes — conhecidos na Inglaterra como *writers*, termo tomado do holandês *shcruyvers*. Ambas eram publicamente controladas e transacionadas, sendo a VOC considerada um investimento mais atraente ao longo de todo o século XVII. Havia, porém, notáveis diferenças em seus sistemas de governança. Os diretores da VOC eram escolhidos por seis câmaras provinciais — Amsterdã, Middelburg, Hoorn, Enkhuizen, Delft e Roterdã; os representantes de Amsterdã eram indicados pelos burgomestres, em caráter vitalício. O Conselho Diretor da VOC era formado por proprietários de parcelas substanciais das ações da companhia, mas aí terminava a sua ligação com a base acionária: os acionistas da VOC entravam com o capital, mas não tinham voz na escolha daqueles que administravam seus investimentos e conduziam sua política. A VOC era uma empresa poderosa, mas não era uma corporação.

A origem pública da forma corporativa da companhia inglesa proporcionava aos acionistas não apenas a participação financeira, mas também o direito de voto, tornando-os algo como o eleitorado de um burgo parlamentar do século XVIII. Tal qual a Inglaterra onde nasceu, a Companhia funcionava como uma democracia limitada, baseada na propriedade e dirigida por e para seus acionistas. Assim como, na Inglaterra georgiana, só os proprietários tinham direito de voto, na Companhia das Índias Orientais, só os acionistas nominalmente proprietários de pelo menos 500 libras em ações podiam votar, fosse nas reuniões trimestrais da Corte de Proprietários, realizadas em março, junho, setembro e dezembro, fosse na reunião anual de abril. Esse era o ponto alto do calendário da Companhia, quando seus mais de mil acionistas se reuniam para eleger uma lista de 24 diretores. Todo acionista com mais de 500 libras tinha direito a um único voto, independentemente do tamanho da sua participação — uma surpreendente expressão de igualitarismo

62   A Corporação que Mudou o Mundo

financeiro. Entretanto, só os acionistas com mais de 2 mil libras em ações — a aristocracia mercantil — podiam se candidatar aos cargos de diretor. Essa elite dirigente escolhia então, em seu próprio seio, um presidente e um vice. Até 1709, o presidente era chamado de *governor*, e os diretores de *committees*.

O poder era controlado por um grupo relativamente pequeno de comerciantes ricos, membros da Corte de Diretores. Até 1784, os acionistas tinham o direito de revogar as decisões executivas dos diretores. Não por acaso as reuniões anuais de acionistas foram descritas por William Pitt, o Velho,[10] como "pequenos parlamentos". Reunidos trimestralmente para ouvir os informes dos diretores e votar a política corporativa, os acionistas eram particularmente sensíveis à questão do dividendo. Em 1733, a Corte de Proprietários se rebelou contra a proposta dos diretores de reduzi-lo de 8% para 6% em virtude das más condições de comércio. Os acionistas derrubaram a proposta e impuseram um dividendo de 7%, um sinal nada auspicioso para o futuro. Além de dividendos, a participação acionária dava aos investidores acesso à vasta rede de oportunidades econômicas da Companhia, notadamente empregos. Os 24 diretores controlavam o sistema de nomeações da Companhia, que lhes permitia colocar amigos, parentes e parceiros de negócios em posições-chave, uma prerrogativa que se tornou mais e mais valiosa na segunda metade do século XVIII.

A estrutura de governança da Companhia das Índias Orientais dava a seus acionistas poderes consideravelmente maiores do que dispõem os acionistas das modernas companhias britânicas (ver Tabela 2.1). O Conselho Diretor era eleito anualmente, e os escolhidos dirigiam o negócio durante o exercício seguinte. Não havia a figura do diretor executivo — embora houvesse um secretário, um contador e um auditor —, tampouco a atual distinção entre diretores executivos e não executivos. Na essência, todos se tornavam executivos mediante eleição.

Tabela 2.1 Comparativo da governança corporativa

	Companhia das Índias Orientais, c. 1709	Companhias britânicas modernas, c. 2005
Formação	Carta Real por período limitado	Incorporação geral, vida ilimitada
Direito de voto	"Um acionista, um voto"	"Uma ação, um voto"
Número de diretores	24	10-20
Eleição de diretores	Eleição anual da totalidade do Conselho Diretor	Eleições intercaladas
Qualificações dos diretores	Mais de 2 mil libras em ações	Sem relação com propriedade de ações
Eleição do presidente	Indireta, pelos diretores	Direta, pelos acionistas
Composição do Conselho Diretor	Todos executivos em tempo parcial	Maioria de não executivos mais diretores executivos
Limitações do Conselho Diretor	Máximo de quatro anos consecutivos; retorno após um ano afastado	Mandato de três anos, geralmente dois mandatos

Obs.: Os dados das companhias modernas foram extraídos das práticas das cinco maiores empresas da Bolsa de Valores de Londres em 2005.

A Corte de Diretores supervisionava as operações de um sistema administrativo rigorosamente hierarquizado. Em seu pináculo ficava o presidente, que toda quarta-feira conduzia a reunião semanal dos 24 diretores. Todo diretor era designado para um dos 10 comitês responsáveis pelas diferentes áreas operacionais da Companhia, três das quais eram tidas como de máxima importância: Correspondência, responsável pelas comunicações com as subsidiárias ultramarinas; Tesouro, responsável pelas relações com o mercado financeiro, compra de metais preciosos e pagamento de dividendos; e Contabilidade, responsável por manter a disciplina financeira. Além desses, havia comitês de Compras, Estocagem, Transporte, Administração da Casa das Índias Orientais, Regulação (e prevenção) do Comércio Privado e Ações Judiciais. Finalmente, havia o todo-poderoso Comitê Secreto, que definia a estratégia política e militar da Companhia em tempos de guerra.

64   A Corporação que Mudou o Mundo

Da Casa das Índias Orientais, os diretores enviavam ordens precisas a suas subsidiárias no estrangeiro determinando a quantidade, a qualidade e os preços das mercadorias a serem adquiridas. No caso dos têxteis, isso incluía detalhes como tipo de fio, trama, cor, padrão, rigidez e embalagem. As ordens eram implementadas por um sistema de presidências autônomas dirigidas por *governors*, que controlavam as operações de seus portos ou feitorias específicas, bem como de entrepostos menores em suas zonas de operação. Embora fixasse parâmetros claros sobre o conteúdo de seu comércio, a Casa das Índias Orientais dava às administrações asiáticas considerável liberdade para determinar de que maneira os objetivos seriam cumpridos, incluindo suas relações com os governos locais. Flutuações nos níveis de comércio eram respondidas com a passagem da liderança para outra presidência. O porto mogol de Surat, na costa ocidental da Índia, e o de Bantam, nas Ilhas das Especiarias (hoje Indonésia), foram os pioneiros. Seu declínio correspondeu à ascensão de Bombaim, Madras e Calcutá no fim do século XVII. Em 1773, a presidência de Bengala, com capital em Calcutá, tornou-se a mais importante entre todas.

Abaixo do presidente havia outra hierarquia, com critérios de promoção baseados exclusivamente na experiência. O novato entrava na Companhia como amanuense; depois de cinco anos, era promovido a "feitor"; com mais três, tornava-se comerciante júnior e depois sênior, apto a ser selecionado para o conselho de sua presidência e até para o cargo de governador. As perspectivas de trabalho eram claramente estabelecidas para todos os empregados por meio de convênios, apoiados por termos de responsabilidade e regras de demissão por mau procedimento — reforçadas em 1764 com a proibição de se receber presentes além de certa cota, um dos primeiros códigos de ética corporativa.

Em troca, o funcionário da Companhia no ultramar recebia um salário mínimo e o direito de conduzir, por sua própria conta, o comércio privado com a Ásia. Assim a Companhia mantinha o monopólio das exportações para a Europa, dando ao mesmo tempo aos empregados um forte incentivo para permanecer e fazer fortuna na Índia.[11] Para os executivos, o propósito de uma carreira na Companhia era atingir a "abastança", ganhar dinheiro suficiente para se aposentar com o padrão de consumo das boas famílias da Grã-Bretanha. Não era possível fazê-lo poupando o salário, que mal dava para as despesas básicas; o funcionário ambicioso tinha de usar sua posição como plataforma para organizar uma clientela e seu comércio privado. Era a busca de vantagens adicionais que levava o executivo da Companhia a empreender quando surgia a oportunidade. O privilégio de comércio privado também exacerbava a tensão inerente entre a corporação e seus funcionários, tornando-os ao mesmo tempo executivos e empresários. Inteiramente compreensível em seu próprio contexto, esse sistema de comércio privado criava uma segunda camada de lealdades compartilhadas que acabaria por gerar um exército de negócios paralelos operando no coração da máquina corporativa.

Em sua maior parte, porém, as estruturas de gestão de recursos humanos da Companhia eram utilizadas para impulsionar um modelo de negócio estritamente direcionado. A Companhia das Índias Orientais era essencialmente uma empresa de importação-exportação. Comparada à holandesa VOC, a companhia inglesa revelou-se mais capacitada a entrar em novos mercados, passando da pimenta aos têxteis e mais tarde ao chá. Desde tempos imemoriais, todo comerciante quer "comprar barato e vender caro", nas palavras de Santo Agostinho. A Companhia das Índias Orientais buscou aplicar a estratégia de minimizar a quantidade de produtos — notadamente metais preciosos — enviados ao Oriente, assim mantendo os custos de provisão tão baixos quanto possível, e maximizar o preço das mercadorias vendidas na Inglaterra por meio de leilões. A Companhia terceirizava o que podia, incluindo a fabricação de produtos no Oriente, o transporte e a venda no varejo. O valor que ela agregava ao processo provinha da seleção das mercadorias e da eficiência no fornecimento. Em um contexto caracterizado por um nível extremamente baixo de informação, a força da Companhia residia em sua

66   A Corporação que Mudou o Mundo

capacidade de promover o equilíbrio entre uma oferta e uma demanda situadas em lados opostos do planeta.[12]

UM MAGOTE DE TENSÕES

Pioneira da estrutura organizacional da multinacional moderna, a Companhia já trazia consigo as tensões inerentes ao formato corporativo. Como corporação, era o centro de uma rede de relações. Internamente, as relações entre proprietários, executivos e empregados definiam a orientação básica e a dinâmica dos negócios. Externamente, as relações fiscais e regulatórias com os Estados britânico e ultramarinos definiam seu campo de ação, enquanto, no mercado, sua reputação junto a clientes, concorrentes e fornecedores determinava suas chances de sucesso. No entanto, era a capacidade de manter uma base de confiança junto à sociedade, na Grã-Bretanha e no ultramar, que decidia, em última instância, seu sucesso. A quebra dessa confiança acarretava protestos, rebeliões e demissões.

Então, como agora, é importante reconhecer que a corporação não é uma força neutra. Nas palavras de Timothy Alborn, especialista em negócios do século XIX, a corporação "emprega uma combinação equilibrada entre meios políticos e econômicos para alcançar fins econômicos".[13] Além das contínuas escaramuças por fatias de suas operações e ganhos comerciais, havia na Companhia uma luta permanente pelas posições de poder e primazia. Durante boa parte da primeira metade de sua história corporativa, a Companhia proporcionou lucros consistentes a seus acionistas, importações baratas a seus clientes, bons preços a seus fornecedores indianos e substanciais receitas alfandegárias aos erários britânico e asiáticos.

Entretanto, havia também, nessa rede de relações, potencial para o conflito aberto. No caso da Companhia das Índias Orientais, algo de radicalmente errado aconteceu na década de 1750 que levou à tomada violenta de Bengala. Os acionistas certamente se beneficiaram, mas apenas temporariamente. O poder de mercado recém-adquirido resultou em extorsão dos fornecedores e a luta com a autoridade reguladora do Estado anfitrião transformou-se em guerra declarada.

Na tentativa de explicar essa extraordinária reviravolta, muitos analistas se atêm a fatores circunstanciais, como os obstáculos à imposição da vontade da Companhia representados pela distância e pela ineficácia dos meios de comunicação. Outros destacam os defeitos morais de seus principais executivos. Todos são unânimes, porém, em condenar a cobiça e a rapacidade de Clive e da nova classe de nababos que passou a controlar as operações da Companhia no subcontinente indiano.

Havia, no entanto, fatores estruturais em ação. Em seu clássico *A riqueza das nações: investigação sobre sua natureza e suas causas*, Adam Smith, notório defensor do livre mercado, desenvolve um exame completo do metabolismo corporativo. O livro, escrito após a conquista de Bengala, disseca a corporação como instituição e avalia os fatores que conduziram à crise da Companhia das Índias Orientais. Smith é enfático em minimizar as ações individuais como causa básica dos problemas. "Não pretendo lançar acusações contra o caráter dos funcionários da Companhia das Índias Orientais", afirma ele, "é o sistema de governo, a situação em que eles estão colocados, que pretendo criticar."[14] O problema, para Smith, estava no desenho corporativo. Nos 400 anos da moderna história corporativa, três erros de concepção unem a Companhia das Índias Orientais às corporações globais do século XXI: o ímpeto de controle monopolista, as tentações especulativas dos executivos e investidores e a ausência de soluções automáticas para os abusos corporativos.

O ESPÍRITO MONOPOLISTA DOS COMERCIANTES[15]

Um dos principais privilégios que a Companhia demandava do Estado britânico era o monopólio do comércio com o Oriente. Tal como muitas multinacionais modernas, a Companhia queria escapar do jogo da oferta e da demanda, razão pela qual protegia zelosamente seus direitos exclusivos sobre as importações da Ásia,

68   A Corporação que Mudou o Mundo

assediando e subornando as autoridades para que mantivessem as barreiras estabelecidas em sua Carta. Queria também eliminar a concorrência na Ásia para forçar a baixa dos custos de fornecimento. Controlando as duas pontas da cadeia, a Companhia conseguia assegurar elevados lucros para seus acionistas. A negociação era o método preferido para conquistar o domínio do mercado, mas, se necessário, a força e a fraude seriam usadas.

Fora do setor estatal, poucas empresas de hoje têm privilégios monopolistas similares, exceto as prestadoras de serviços públicos de energia, telecomunicações, transporte e água. Contudo, duas décadas de desregulação global resultaram em níveis economicamente prejudiciais e politicamente perigosos de concentração corporativa. Mais de 60% do comércio internacional se dá hoje por dentro das corporações, e não no mercado aberto, tornando ocioso falar em livre mercado.

O gigante norte-americano Wal-Mart é uma empresa emblemática dessa nova era monopolista. Com mais de 300 bilhões de dólares em vendas anuais, a Wal-Mart é hoje a maior corporação do mundo medida em termos de receita, responsável por 2,5% do Produto Interno Bruto dos Estados Unidos. Assim como a Companhia das Índias Orientais outrora dominava o comércio da Grã-Bretanha com a Ásia, também o Wal-Mart é o maior importador de mercadorias chinesas para os Estados Unidos. Se o Wal-Mart fosse um país, seria o oitavo maior parceiro comercial da China, superando em muito o Reino Unido. Contudo, em sua declarada busca por "preços baixos todo dia", o Wal-Mart passou a representar "o mínimo denominador comum no tratamento dos trabalhadores".[16] A empresa enfrenta a maior ação judicial por discriminação sexual dos Estados Unidos, envolvendo 1,6 milhão de funcionárias e ex-funcionárias, e foi objeto de mais de 100 acusações de práticas trabalhistas ilegais nos anos recentes. Organizações de direitos humanos vêm denunciando padrões inadequados de trabalho em sua cadeia de abastecimento asiática, enquanto comunidades de todos os Estados Unidos se opõem a ela em virtude do impacto de seu modelo de lojas de grande porte sobre a escolha e a vitalidade econômica à escala local.[17]

Apesar dos esforços para liberalizar a economia mundial, o padrão atual de comércio global pode ser mais bem-descrito como corporativo — uma situação que guarda grandes similaridades com o que acontecia no tempo da Companhia. Em tais situações, não há necessidade da concessão formal do monopólio — que a Companhia das Índias Orientais se empenhava tanto em assegurar.

RETORNOS IMEDIATOS E EXCESSIVOS

O que distingue a corporação de outras instituições comerciais é a separação entre proprietários e gestores. Essa estrutura tem muitas vantagens, as principais delas são a faculdade de levantar capital junto a um amplo consórcio de investidores e a possibilidade de substituírem-se os proprietários hereditários por executivos profissionais. Contudo, ela tem também dois sérios defeitos: a responsabilidade limitada isenta os acionistas das plenas consequências de investimentos impensados, e a separação entre propriedade e controle propicia a gestão temerária de executivos determinados a usar a empresa para seus próprios fins. No jargão da moderna governança corporativa, a corporação gera um "problema de agência" fundamental — que não é fatal, mas precisa ser consciente e continuamente combatido para que ela não se torne um joguete nas mãos de seus acionistas e executivos.

O comportamento especulativo dos *insiders* corporativos e investidores de curto prazo foi o mais poderoso fator gerador da grande crise da Companhia de meados do século XVIII. Engenharia financeira, controles de gestão precários e regulação inadequada tiveram todos seu papel — tal como aconteceu no fim da década de 1990.[18]

Diante do colapso da Enron em novembro de 2001, o ciclo de ascensão e queda da Companhia séculos atrás nos parece fantasmagoricamente familiar: a mesma paixão por aquisições agressivas, a mesma obsessão por privilégios exclusivos e a mesma prioridade para a autopreservação de seus executivos em detrimento dos acio-

70 A Corporação que Mudou o Mundo

nistas comuns. No transcurso dos últimos dois séculos, mudaram-se os padrões de governança corporativa e eliminaram-se os sistemas de comércio privado, mas algumas forças motrizes subjacentes à ação corporativa permanecem intactas.

DESAFIANDO A JUSTIÇA[19]

O que mais enfurecia os contemporâneos da Companhia nos séculos XVII, XVIII e XIX era, talvez, a impunidade, a capacidade que a empresa tinha de se eximir das consequências de suas ações. Afinal, um insidioso corolário do ímpeto especulativo da Companhia, visando ao domínio do mercado, era sua propensão para se envolver em crimes imensos, segura de que não havia impeditivos domésticos e internacionais à disposição. Grande parte do problema estava no vazio legal de uma época em que os tribunais da Europa e Ásia eram pessimamente equipados para chamar à responsabilidade as corporações e seus executivos. O que não impediu, como veremos, os contemporâneos da Companhia de tentá-lo.

A atual globalização dos mercados ainda não foi alcançada pela globalização equivalente da justiça. Comparado ao imenso capital político despendido nas últimas décadas para liberalizar o comércio internacional, muito pouco tem sido feito para assegurar a vigência e o respeito dos direitos humanos básicos. Embora se tenham criado tribunais especiais para julgar crimes ultrajantes contra a humanidade, a corajosa iniciativa de acabar com a impunidade global de indivíduos por meio de um tribunal criminal internacional tem sido, infelizmente, obstaculizada pela oposição unilateral dos Estados Unidos. Na esfera corporativa, a Union Carbide ainda tem de prestar contas da liberação de gases tóxicos em sua fábrica de Bhopal, Índia, em 1984, que matou 22 mil pessoas e deixou cerca de 100 mil portadores de doenças crônicas e debilitantes. Mais de 20 anos depois, a Union Carbide — assim como os governos da Índia e dos Estados Unidos — ainda não cumpriu com suas obrigações de trazer os criminosos à justiça e compensar adequadamente as vítimas.[20]

GIGANTISMO CORPORATIVO

Esses defeitos de concepção que existem como genes errantes no DNA da corporação serão temas centrais no restante deste livro. Tais impulsos podem ficar adormecidos durante a maior parte do tempo, como quando a corporação é pequena demais para dominar as outras. No entanto, quando as circunstâncias permitem, eles buscam se expressar com risco não apenas de prejuízo social mas também dos interesses de longo prazo da própria corporação — a menos que sejam contidos.

Essa possibilidade não escapou aos contemporâneos da Companhia na Europa, Ásia e Américas. No fim da década de 1760, "a companhia imperial dos comerciantes das Índias Orientais" — nas palavras da *Gentleman's Magazine*[21] — era uma séria ameaça à liberdade. Sabemos, porém, que a aparente supremacia glorificada no imenso painel de Spiridione Roma não durou. Em pouco tempo a Companhia se tornou um mastodonte financeiro e operacional, o que levou à sua extinção como entidade de negócios. Com toda a sua sofisticação comercial e complexidade organizacional, a corporação clássica carece de um mecanismo interno que a impeça de perseguir o seu próprio gigantismo — nada que lhe diga "basta".

Eis aqui a tragédia fundamental da forma corporativa: a ausência de uma força de autocontenção capaz de compensar o impulso inerente para a conquista do poder. No mesmo ano em que a Companhia era acusada de conduta imperial, seu secretário Robert James dizia ao Parlamento, um tanto dissimuladamente, que "não buscamos conquistas e poder; só buscamos o interesse comercial".[22] Uma declaração mais exata teria sido "nosso interesse é exclusivamente comercial, por isso estamos dispostos a pensar em conquistas". Revendo, um século depois, os debates parlamentares do verão de 1853 a propósito da última Carta da Companhia, Karl Marx pôs o dedo na ferida afirmando que ela havia "conquistado a Índia para ganhar dinheiro".[23] Invertendo sua famosa máxima, diríamos que a primeira tentativa de conquista da Companhia acabou em farsa; a segunda, muitos anos depois, foi o trágico sucesso de 1757.

3

Saindo das Sombras

OS AROMAS PICANTES DO ORIENTE

Sobre as lojas e cafés baratos da Oude Hoogstraat, em Amsterdã, assoma o Oostindisch Huis, um imponente edifício de tijolos de três pavimentos que foi sede da Verenigde Oostindische Compagnie (VOC) de 1606 a 1799. Na entrada, ao alto, ainda se pode ver o monograma da companhia. O tradicional compromisso holandês com o meio ambiente talvez explique que o edifício tenha sido reciclado para abrigar uma faculdade da Universidade de Amsterdã. Hoje, sociólogos dão conferências no lugar onde o Heren XVII — o Conselho Diretor da companhia — outrora se reunia para determinar suas estratégias de negócios.[1] O mais notável na monótona atmosfera que hoje paira sobre o Oostindisch Huis é como essa e outras relíquias do passado da VOC são ainda tão visíveis na paisagem de Amsterdã. Há até uma réplica de um navio da VOC — apropriadamente batizado *O Amsterdã* — atracada ao lado do museu marítimo da cidade, algo muito diferente da obliteração da memória que vemos em Londres.

Durante um século, a VOC foi o árbitro das relações comerciais europeias com a Ásia, obscurecendo os esforços de sua congênere inglesa na escala como no objeto de suas operações. Com o envio da frota da Compagnie Van Verre (companhia das terras distantes) ao Oriente em 1595, a Holanda foi o primeiro país do norte da Europa a quebrar o monopólio português do comércio marítimo de especiarias asiáticas. Nos seis anos seguintes, oito companhias rivais enviaram quinze frotas para explorar as ilhas de especiarias da Indonésia. A concorrência foi boa tanto para os produtores de especiarias, beneficiados com a alta dos preços de venda, quanto para os consumidores holandeses, beneficiados com a baixa dos preços de compra; mas foi um desastre para os investidores. Por isso, em 20 de março de 1602, as várias companhias puseram suas diferenças de lado e se fundiram em uma única organização. A Companhia Unificada foi agraciada com o monopólio de todo o comércio com a Ásia — assim como a companhia inglesa — e trabalhou com afinco para canalizá-lo em seu benefício.

Embora tenha sido criada dois anos depois de sua congênere inglesa, a VOC, com uma base de capital dez vezes maior, rapidamente adquiriu uma posição dominante. Primeira sociedade a colocar ações no mercado aberto, a VOC pagaria, ao longo de sua existência, dividendos de 3.600% sobre o investimento inicial de 1602.[2] Foi também a primeira a exibir sua supremacia na decoração de sua sede, em especial o Grande Salão, cujas pinturas que retratavam seus entrepostos comerciais asiáticos de Cochin, na costa malabar da Índia, Ayuthya, na Tailândia, Banda Neira, nas Molucas, e Cantão, na China. Para os transeuntes, o prestígio da companhia se fazia sentir no aroma das mercadorias que chegava até a rua. Disse o poeta Joost van den Vondel:

Viciada, exausta e dolente, a abastada Casa das Índias Orientais
Exala os aromas picantes do Oriente próximo.[3]

Passo a passo, combinando tino financeiro com brutalidade colonial, a VOC se tornou senhora do comércio asiático administrando

74   A Corporação que Mudou o Mundo

frotas de mais de 100 navios, que retornavam com imensas fortunas para suas seis cidades fundadoras. Jan Pieterszoon Coen, que estabelecera Batavia (a moderna Jacarta) como capital da VOC na Ásia, foi o símbolo da obstinada agressão comercial que explica esse sucesso. Em carta a Heren XVII em 1619, ele foi inflexível: "Não se pode fazer comércio sem guerra, nem guerra sem comércio."[4] À violência no Oriente correspondia a corrupção doméstica: vinte anos depois da fundação da companhia, investidores irados obrigaram os diretores a publicar as contas e a assumir um mínimo de responsabilidade para com os acionistas. Durante os cem anos seguintes, a VOC deixou para trás sua rival inglesa. Incapaz, porém, de diversificar seu comércio e interiormente debilitada pela esclerose administrativa e pelas fraudes, no fim do século XVIII, as iniciais VOC eram usadas pelos críticos para indicar o destino da Companhia: "Vergann onder Corruptie" — "morta por corrupção". A VOC foi expulsa da Índia por sua homônima inglesa e, depois da última guerra anglo-holandesa na década de 1780, suas operações remanescentes na Ásia se tornaram insustentáveis. Em 1799, a VOC deixou de existir.

SUPLICANTE COMERCIAL

Entender a VOC é essencial para que se possa ver a Companhia inglesa em seu contexto. De fato, a Companhia das Índias Orientais inglesa era apenas uma das muitas companhias concorrentes criadas pelos países da Europa nos séculos XVII e XVIII, que compreendiam importantes iniciativas da França e da Dinamarca mas também operações menores lançadas de Gênova, Ostend, Prússia, Rússia, Suécia, Espanha e Trieste. Durante toda a primeira metade de sua existência, a Companhia inglesa era a suplicante comercial, à mercê dos governantes asiáticos e de suas rivais europeias.

Quando a Companhia londrina foi fundada em 1600, a Europa vivia à sombra da economia asiática, e a Inglaterra era um de seus reinos mais marginais. Havia milhares de anos que a Europa importava da Ásia especiarias e outros bens de luxo, trazidos por terra através do Oriente Médio. Era um comércio dominado por mercadores locais, com os europeus ocupando uma posição dependente no fim da cadeia. A tomada de Constantinopla pelos turcos em 1453 expôs essa vulnerabilidade, dando-lhes o controle do Mediterrâneo e, com ele, a capacidade de limitar o acesso da Europa à pimenta e demais especiarias, como o cravo-da-índia, a noz-moscada, a canela e o macis. A pimenta era tão essencial para a conservação da carne que provocou uma corrida em busca de rotas alternativas até suas fontes de suprimento. A Espanha dirigiu-se ao Ocidente através do Atlântico, de tal modo que "a descoberta da América foi um subproduto da busca pela pimenta";[5] os portugueses rumaram para o sul ao longo da costa da África e ao redor do cabo da Boa Esperança. Colombo apresentou um novo mundo ao rei e à rainha da Espanha, mas foram os portugueses que cumpriram com sucesso a missão de encontrar a fonte do comércio de especiarias. Ironicamente, porém, das minas de prata do Novo Mundo espanhol é que sairia o metal precioso necessário para pagar as importações europeias de especiarias. Nos dois séculos posteriores a 1600, cerca de um terço da prata produzida na América foi destinada à Ásia em pagamento das importações europeias.[6]

A chegada da frota portuguesa de Vasco da Gama a Calicute (Kozikhode) em maio de 1498 marcou uma violenta ruptura com a antiga tradição de livre comércio no oceano Índico. Quando indagado por um comerciante árabe por que havia vindo, Vasco da Gama respondeu com precisão: "Buscamos cristãos e especiarias."[7] Encontrou ambos, mas concentrou-se em carregar seus navios com pimenta para a viagem de volta. Não contente em ser uma nação comerciante entre outras, Vasco da Gama e seus sucessores usaram sua supremacia naval para impor o monopólio comercial português no oceano Índico. Somente comprando licenças portuguesas os comerciantes tinham permissão para fazer negócios, sob pena de

76 A Corporação que Mudou o Mundo

confisco e morte, medida justificada com a alegação de que o direito de livre comércio era limitado aos cristãos.[8] Em uma brutal extensão das guerras religiosas islamo-cristãs que assolaram o Mediterrâneo, os portugueses impuseram seu monopólio com uma selvageria até então desconhecida na região.

Em sua segunda viagem, em 1502, Vasco da Gama abriu mão de qualquer tentativa de negociação. Tomou um grande navio mercante com 700 peregrinos vindos de Meca, encheu-o de pólvora e afundou-o. Em seguida dirigiu-se a Calicute, capturando 20 barcos de comércio e massacrando suas tripulações. Mais de 800 prisioneiros tiveram as mãos, orelhas e narizes decepados, empilhados em um barco e enviados ao governante local, o samorim de Calicute, com um bilhete dizendo que os usasse para fazer *curry*.[9] À luz desse e de outros incidentes, o historiador econômico Niels Steengaard concluiu que "o principal produto de exportação da Europa pré-industrial para o resto do mundo foi a violência".[10]

Não se deve exagerar o impacto português sobre as economias do oceano Índico, mas é certo que, durante as décadas seguintes, o *Estado da Índia* português dominaria as importações europeias de pimenta, sendo responsável por 75% delas até a década de 1580.[11] Era um negócio dirigido pelo Estado e administrado da capital asiática de Portugal em Goa e de uma série de outras bases espalhadas pelo oceano Índico, de Moçambique a Macau, passando por Málaca. O domínio português seria, no entanto, arruinado pela religião — de dentro pelos horrores da Inquisição e de fora pelo insurgente protestantismo holandês. Falecido em 1525, Vasco da Gama foi enterrado na igreja de São Francisco em Forte Cochin. Hoje, a tumba está vazia, mas sua memória sobrevive no mural do saguão do Conselho de Comércio de Especiarias do governo indiano, em Cochin, escolha peculiar para um homem um dia descrito como "o demônio em forma humana".[12]

PERDENDO A CORRIDA DAS ESPECIARIAS

Por um curto período no século XVI, os reinos da Espanha e de Portugal se unificaram, agregando seus imensos territórios ultramarinos no Novo Mundo e o domínio sobre a Holanda, no noroeste da Europa. No entanto, a revolta protestante naquele país levou ao bloqueio de Antuérpia e ao fechamento de Lisboa e Sevilha aos comerciantes holandeses, cortando-lhes as provisões de especiarias. A resposta holandesa foi rápida. A chegada, a salvo, de navios holandeses carregados de pimenta em 1599 enviou ondas de choque aos mercados de Londres. O preço da pimenta quase triplicou, passando de 3 a 8 *shillings* a libra,[13] assim estimulando um grupo de comerciantes londrinos a solicitar à rainha Elizabeth direitos exclusivos de comércio. Sob muitas formas, a nova companhia era considerada um ramo da bem-sucedida Companhia do Levante, que viu seu negócio ameaçado pelo golpe holandês. "Este comércio com as Índias", advertiu William Aldrich, "está acabando com nossos negócios com Aleppo."[14] Mais de 30 mil libras foram levantadas para financiar o empreendimento, cuja missão era notavelmente simples — "Sejamos os únicos senhores do comércio da pimenta",[15] declararam os comerciantes. Depois de muita barganha, a debilitada rainha concedeu, no último dia de 1600, uma Carta Real destinada à importação dos valiosos produtos das Índias Orientais, que deveriam ser "comprados, permutados, providenciados, negociados ou obtidos por outros meios". A par da busca do lucro mercantil, a Carta Real de Elizabeth continha o objetivo de política pública de servir ao "progresso do comércio". Os 218 investidores associados sob essa bandeira aportaram um total de 68.373 libras para financiar uma frota de quatro pequenos navios, que zarparam em fevereiro de 1601 a buscar um nicho inglês nesse lucrativo negócio.

Seu alvo eram as Ilhas das Especiarias, que constituem a moderna Indonésia — pimenta de Java, cravo da Molucas, macis e noz-moscada das Ilhas Banda. A Índia não tinha nenhum papel na estratégia comercial inicial. A primeira base comercial da Companhia inglesa

78　A Corporação que Mudou o Mundo

foi estabelecida em Bantam, em 1602. Nas duas primeiras décadas, a Companhia prosperou enquanto lutava para se firmar. Tomando a rota marítima para a Ásia, conseguiu reduzir os preços das importações britânicas de pimenta, seda crua, cravo, índigo e macis em quase dois terços, comparados aos da rota terrestre, via Aleppo.[16] As viagens organizadas pela Companhia entre 1601 e 1612 deram um retorno de 155% sobre o capital investido de 517.784 libras. Somente o cravo vendido na terceira viagem da Companhia deu um lucro de mais de 200%. A primeira "sociedade anônima por ações" levantou 420.436 libras para financiar frotas anuais entre 1613 e 1616. O retorno foi muito menor, mas ainda substancial: 87%. Com o passar do tempo, uma série de fatores — recessão interna, competição ultramarina crescente e excesso de oferta — fez com que os lucros mantivessem a trajetória descendente. A segunda sociedade por ações levantou 1,6 milhão de libras para financiar viagens anuais entre 1617 e 1622, mas só conseguiu dar 12% de retorno aos investidores — menos de 1% ao ano.[17]

O que permanece dessa época são histórias de pirataria e grandes aventuras. Os piratas têm um lugar ambíguo no folclore nacional — são temidos e celebrados ao mesmo tempo — e a primeira leva de mercadores das Índias Orientais apenas deu continuidade a uma antiga tradição inglesa: comércio onde necessário e pilhagem sempre que possível. Embora às vezes favorecida pelos povos locais em suas lutas contra os holandeses, a Companhia tinha sempre a mesma motivação: assegurar o controle exclusivo da produção local de especiarias. Superada, no entanto, pelos canhões e pelo dinheiro holandês, a Companhia acabou perdendo a "corrida pelas especiarias". Expulsos das Molucas depois do massacre dos comerciantes ingleses em Ambon (Amboina) em 1623, a Companhia abriu mão da valiosa ilha de noz-moscada de Run nas negociações que se seguiram à segunda guerra anglo-holandesa de 1667. Em troca, Nova Amsterdã, na América, foi transferida ao controle britânico e rapidamente rebatizada Nova York. A companhia inglesa se aferraria às bases que lhe restaram nas Ilhas das Especiarias até ser finalmente expulsa de Bantam pelos holandeses em 1682.

GANHANDO A GUERRA DO CALICÔ

Expulsa das Ilhas das Especiarias, a Companhia reorientou seu foco para a Índia. Inicialmente, os navios da companhia visitaram os litorais de Guzerate e Coromandel em busca de tecidos de algodão que pudessem ser permutados por especiarias. Uma primeira missão diplomática comandada por William Hawkins chegou ao porto de Surat em 1608. Seus pedidos de abertura de relações comerciais não interessaram ao imperador mogol Jahangir, ainda fortemente influenciado pelos portugueses. No entanto, a persistência e a força militar fizeram efeito: a vitória naval sobre os portugueses em 1612 teve como resultado a primeira licença (*firman*) mogol para que a Companhia comerciasse a partir de Surat, em seguida a partir de Ahmedabad e Agra. Do outro lado do subcontinente, o comércio começou em Masulipatam, principal porto de Golconda, em 1614. Essas primeiras incursões culminaram em um amplo acordo comercial firmado em 1618 entre Jahangir e o embaixador inglês Thomas Roe. Na expectativa de distinguir os ingleses da estratégia portuguesa e holandesa de conquista e fortificação, Roe aconselhou a Companhia a evitar ações militares. "Se vocês querem lucro", exortou, "procurem-no no mar e no comércio pacífico." Em 1625, 220 mil peças de tecido foram exportadas pela companhia desde Surat.

Um dos mais memoráveis artefatos dessa época é o "Tapete da Girdler's". Com 8 metros de comprimento e azuis e vermelhos intensos, o tapete foi encomendado por Robert Bell à feitoria da Companhia em Surat, que contratou a famosa tapeçaria de Lahore para tecê-lo. Bell, um dos primeiros investidores da Companhia das Índias Orientais em 1600, subiu consistentemente em sua hierarquia, tornando-se conhecido, ao longo do caminho, por suas contas obscuras. Em 1630, foi apanhado contrabandeando vinho para a Índia. Quatro anos mais tarde, foi acusado de não pagar o "lindo tapete" que havia destinado à sua companhia, a Girdler's — a guilda medieval fabricante de cintos. Bell disse ter feito o pagamento, mas o agente

80   A Corporação que Mudou o Mundo

da Companhia em Surat havia morrido. Muitos acharam que ele havia falsificado os livros uma vez mais. A título de compensação, a Companhia confiscou-lhe 70 sacas de pimenta. Bell retirou-se debaixo de uma nuvem. Seu tapete permanece em exibição no Girdler's Hall de Londres e sua mansão Eagle House, em Wimbledon, é hoje sede da Al-Furqan Islamic Heritage Foundation. Bell não foi o primeiro — tampouco o último — executivo da Companhia acusado de desvios éticos.

Manter a presença na Índia mogol era uma luta constante. Entretanto, a Companhia inglesa, assim como a holandesa, foi bem-sucedida em ampla medida por construir um nicho confortável a partir do império português então existente, capturando sua base de Ormuz, no Golfo Pérsico, por exemplo, em 1622, e atacando Bombaim em 1626. A paz permanente com Portugal foi assinada em Goa em 1635, dando à Companhia acesso à rede de portos do Estado das Índias que se estendia até Macau. Com isso, abriu-se caminho também para o estabelecimento de uma nova base no forte de São Jorge, em Madras, litoral de Coromandel, em 1639. Seguir-se-ia Bombaim em 1668, presente de casamento a Charles II da parte de sua esposa portuguesa, Catarina de Bragança. Necessitado de dinheiro, o rei imediatamente alugou Bombaim à Companhia em troca de um substancial empréstimo e uma renda anual.

Antes, porém, que os benefícios dessa transferência pudessem se realizar, a Companhia quase deixou de existir, acossada por comerciantes não licenciados e pela guerra civil. No século XVII, os monopólios eram considerados por muitos uma manifestação econômica do despotismo real, um poder a que se deviam opor as forças parlamentares em ascensão. Ainda em 1604 foi proposta ao Parlamento uma lei para abolir todos os privilégios exclusivos sobre o comércio exterior. Em sua defesa, sir Edwyn Sandys discursou sobre a importância da liberdade comercial: "É contra o direito natural e a liberdade dos súditos da Inglaterra reter [mercadorias] nas mãos de poucos."[18] Esse ponto de vista repercutiria ao longo de toda a trajetória da Companhia, com graus variados de sucesso. Em

1604, a lei do livre comércio foi rejeitada, mas os reis Stuart da Inglaterra, sempre em busca de fontes adicionais de financiamento, não hesitaram em apoiar empreendimentos rivais, como a efêmera Companhia Escocesa das Índias Orientais de 1618 e a Associação Courteen de 1636. Paradoxalmente, a paz com Portugal foi a desculpa para que William Courteen e um conjunto de comerciantes rivais obtivessem do rei uma Carta para comerciar na zona portuguesa recém-aberta. O empreendimento de Courteen duraria quinze anos, perturbando a presença monopolista da Companhia. Contudo, ela se uniria à Companhia original em 1650 sob a bandeira da "Sociedade por Ações Unificada" para criar uma feitoria inglesa permanente em Hugli, Bengala.

Por essa época, a Companhia havia sido duramente atingida pelas ondas de choque das guerras civis britânicas de 1640 a 1647. Os conflitos anglo-holandeses da década de 1650, durante o protetorado de Cromwell, também foram profundamente prejudiciais a seus interesses. Pior ainda, Cromwell recusou-se a renovar a Carta de privilégios da Companhia em 1653, causando a prescrição do monopólio e, com ela, uma breve janela de comércio aberto que animou o comércio e baixou os preços, prejudicando os lucros — resultado quase idêntico ao da experiência holandesa anterior a 1602. Em 14 de janeiro de 1657, a situação era tão ruim que os diretores da Companhia votaram pela sua liquidação — manobra que se revelou eficaz para forçar a mão de Cromwell. Em outubro, uma nova Carta de privilégios foi expedida e uma sociedade anônima por ações foi permanente criada com capital de 740 mil libras — embora apenas 50% desse total tenha sido efetivamente subscrito à época. Seria necessário mais meio século até que a Companhia pudesse igualar o capital investido na segunda sociedade por ações, de 1617.

A Companhia podia, finalmente, ser considerada uma corporação moderna. Nas três décadas seguintes, ela deu um salto econômico: entre 1658 e 1688 conseguiu completar 404 viagens entre Londres e as Índias Orientais, uma média de 13 por ano.[19] O retorno do rei Charles II em 1660 assegurou sua posição. Desde as bases já

82 A Corporação que Mudou o Mundo

estabelecidas em Surat e Madras, o novo porto de Bombaim e o nascente comércio com Bengala, as importações da Companhia dispararam. Em 1664, a Companhia importou um quarto de milhão de peças de tecido, cerca de metade delas oriundas do litoral de Coromandel, um terço de Guzerate e menos de um quinto de Bengala. No fim da década, os tecidos de algodão e seda respondiam por 56% das importações da Companhia, deixando a pimenta em segundo lugar, seguida pela seda crua, anil, salitre, café e chá. Os tecidos indianos atingiram seu pico histórico de 1,76 milhão de peças em 1684, representando 83% do comércio total da Companhia. Esse afluxo de tecidos baratos e facilmente laváveis foi uma revolução na saúde e no modo de vida. No fim do século, a companhia inglesa vinha rapidamente alcançando a holandesa em valor comerciado, com a participação crescente de Bengala. Se a VOC era a lebre entre as companhias de comércio do norte da Europa, a Companhia das Índias Orientais inglesa era a tartaruga.

A década de 1680 foi o auge, com a exportação anual de 200 mil peças somente de Bengala, que produziram generosos dividendos e aumento de capital para os investidores da Companhia. O preço de suas ações mais do que quadruplicou nas duas décadas que se seguiram à Restauração, passando de 60-70 libras em 1664 para 245 libras em 1677 e 300 libras em 1680. Os dividendos foram também substanciais. Durante a maior parte da década de 1670, a Companhia pagou dividendos de 20%. Em 1680 as coisas melhoraram e houve um pagamento de 50%, que se repetiria em 1682, 1689 e 1691. Em 1682, as finanças da Companhia estavam tão fortes que cada proprietário recebeu um equivalente em ações a título de bônus, elevando o capital para 740 mil libras. No total, entre 1657 e 1691, os acionistas receberam 840% em dividendos sobre o investimento original. A Índia registrou um ingresso consistente de metais preciosos que estimulou o crescimento da renda, da produção e do emprego. Entre 1681 e 1685 somente, a Companhia exportou para a Índia 240 toneladas de prata e sete toneladas de ouro.[20] Financeiramente, estes foram, talvez, os melhores dias de sua vida.

UMA CARTADA PELO DOMÍNIO

Foi a essa altura que os diretores da Companhia em Londres fizeram uma mudança fundamental na estratégia corporativa, uma guinada concebida por um dos mais influentes executivos de sua história, sir Josiah Child. Nascido em 1630, Child começou a carreira como fornecedor de alimentos para a Marinha sob o protetorado de Cromwell. No início da década de 1670, tornou-se membro da exclusiva corporação de aprovisionadores da Marinha Real, ao lado de outra estrela ascendente, Thomas Papillon. Esse lucrativo empreendimento deu a Child os recursos necessários para se tornar acionista fundador da Royal African Company, detentora do monopólio real do comércio de escravos e, tal qual a Companhia das Índias Orientais, sediada em Leadenhall Street. Em 1671, Child tornou-se acionista da Companhia das Índias Orientais. Dois anos mais tarde, era proprietário de 2% das ações da Companhia e, em 1679, seu maior acionista. Como as ações representavam poder dentro da Companhia, durante dezessete anos — de abril de 1674 até sua morte em 1699 —, Child foi membro do Conselho Diretor. Ao longo de toda a década de 1680, foi governador (presidente) ou vice-governador da Companhia das Índias Orientais.

"Como homem de negócios, poucos o igualavam", escreveu Thomas Macaulay em sua *History of England*.[21] Child tinha profundo domínio da gestão de negócios e intenções absolutamente claras, na Inglaterra como no ultramar. Era intransigente com o mau desempenho, como logo perceberam os executivos da Companhia em Madras, duramente censurados em setembro de 1687. "O problema com que estamos lidando", escreveu Child, "é que vocês não conseguem largar os velhos hábitos, além da sua maneira cavilosa de escrever, perverter, desentender, procrastinar ou negligenciar nossas ordens claras e diretas como se não fossem subordinados, mas um poder paralelo ao nosso."[22] Child era também um eficiente advogado corporativo, tendo escrito uma série de panfletos, em seu próprio nome e sob o pseudônimo Philopatris, para convencer os

84 A Corporação que Mudou o Mundo

políticos das causas da Companhia. Publicou também, no início da carreira, *A New Discourse on Trade*, em que expunha as razões do sucesso holandês no comércio, modelo que gostaria de imitar.

A influência de Child se estendeu ao embrionário mercado financeiro de Londres, onde tinha a reputação de "pioneiro dos especuladores". Daniel Defoe, conhecido como autor de *Robinson Crusoé na ilha deserta*, mas também um importante analista econômico em sua época, fez de Josiah Child uma figura central em sua *Anatomy of Exchange Alley*, publicado em 1719. Nessa investigação sobre as forças e os personagens que em pouco tempo causariam a "bolha" da Mares do Sul, Defoe analisa o mercado ascendente das décadas de 1680 e 1690, deixando claro que "todo homem que vinha ao mercado tinha os olhos postos nos corretores que agiam em nome de sir Josiah", perguntando: "Sir Josiah está vendendo ou comprando?". Não era, porém, só a riqueza de Child que movia os mercados, havia também sua capacidade de manipular as notícias da Índia. De acordo com Defoe,

> houve até quem nos dissesse que se encomendaram a agentes privados cartas das Índias Orientais falando da perda de navios que lá chegaram e da chegada de navios que se perderam; de guerra com o grão-mogol quando havia paz e tranquilidade e de paz com o grão-mogol quando ele atacou a feitoria de Bengala com 100 mil homens; e que se usavam tais rumores para fazer subir e descer as ações e quando se tratava de comprar barato e vender caro.[23]

A visão comercial de Child era clara. Conforme muitos mercantilistas, ele via a riqueza como produto exclusivo da propriedade da terra e o comércio internacional como um jogo de soma zero com o objetivo de amealhar a maior parte possível dessa riqueza para seu próprio país.[24] Corporações monopolistas como a Companhia das Índias Orientais eram, portanto, um elemento essencial do arsenal da Inglaterra. Child admirava a obstinação com que os holandeses haviam adquirido a supremacia e, como Coen, acreditava piamente que "lucro e poder devem andar juntos".[25] Ao chegar à cúpula da Companhia, Child pôs em prática um plano radical. O primeiro passo foi fazer uma nova aliança com a Coroa para garantir os privilégios internos da Companhia. Eleito governador em 1681, Child premiou Charles II com 10 mil guinéus para ajudar na renovação da Carta Real, pagamento que se converteu em presente regular nos sete anos seguintes. Em seguida, rompeu com seu ex-sócio Thomas Papillon, que queria abrir o comércio com as Índias Orientais a um grupo muito mais amplo de investidores e comerciantes. Papillon era também um importante "exclusionista" que queria impedir James, o irmão católico de Charles, de se tornar rei. Excluído de sua posição no Conselho Diretor da Companhia e acossado pelos tribunais, Papillon foi forçado a exilar-se em 1685. Child rapidamente se tornou favorito na corte, casando sua filha com o filho mais velho do aristocrata *tory** duque de Beaufort e transferindo 10 mil libras em ações da Companhia para o nome de James. Depois de assegurar sua posição na corte, Child atacou impiedosamente o grupo cada vez maior de comerciantes que buscavam quebrar o monopólio da companhia.

Firmemente estabelecido na Inglaterra, Child passou à segunda parte de sua estratégia: as conquistas comerciais no estrangeiro. Ele queria que a Companhia se tornasse um poder soberano na Índia, obrigando o Império mogol a comerciar com ela em termos de igualdade. Seu objetivo era Bengala, onde a Companhia tinha operações comerciais cada vez mais importantes, mas carecia de uma cidadela fortificada como Goa e Batavia. Isso a deixava sujeita a exações fiscais por parte do governante da província, que em 1680, por exemplo, introduziu uma obrigação de 5% sobre os metais preciosos importados e outra de 3,5% sobre as exportações — mesmo sendo a Companhia, tecnicamente, um exportador isento de impostos. Em janeiro de 1686, Child aprovou o envio de uma força

---

* Na Inglaterra, membro do Partido Conservador. (N. T.)

86 A Corporação que Mudou o Mundo

expedicionária composta por 10 navios e seis companhias de infantaria para obrigar os mogóis de Bengala a fazer concessões. Em uma carta de 9 de junho de 1686 ao presidente do Forte St. George, em Madras, Child destacou que era um imperativo a Companhia se converter de "mero grupo de comerciantes" em um "formidável governo militar na Índia".[26] O mesmo tom dominava seu visionário apelo de 12 de dezembro de 1687 ao novo presidente e ao Conselho de Madras para "estabelecer uma política de poder civil e militar e criar e garantir receitas suficientes para sustentar a ambos em uma posição que corresponda à fundação de um amplo e firme domínio inglês na Índia pelos tempos vindouros".[27]

Child havia iniciado aquela que se tornou conhecida como a guerra anglo-mogol — que poderia ser mais bem-descrita como primeiro conflito Companhia das Índias-Império mogol. Sua estratégia era, evidentemente, uma completa loucura. O imperador mogol Aurangzeb era um militar fanático, decidido a governar a totalidade do subcontinente. Em 1686, por exemplo, ele tomou Bijapur, e no ano seguinte Hyderabad. Em Bengala, as forças locais do representante — nababo — mogol eram igualmente avassaladoras. Seguiram-se três anos de escaramuças nos pântanos do delta que "fizeram nosso país parecer ridículo", nas palavras de Job Charnock, comandante da Companhia na região. A Companhia atacou carregamentos mogóis em Guzerate, provocando a captura de Surat e o completo cerco de Bombaim em 1689. Aurangzeb acabou restabelecendo os direitos comerciais da Companhia, ao custo, porém, de uma humilhação diplomática e uma multa de 150 mil rupias, mais compensações por prejuízos. O prêmio de consolação recebido desse triste episódio foi o estabelecimento de uma nova feitoria entre as aldeias de Kolikata, Govindapore e Sutanuti, no rio Hugli, em 1690, para a qual se iniciaram fortificações em 1696 e adquiridos direitos *zamindari* dois anos mais tarde. Nascia Calcutá.

A essa altura, a estratégia em duas etapas de Josiah Child, de corrupção doméstica e agressão no estrangeiro, desmoronara. A Revolução Gloriosa de 1688-9 não apenas substituiria o protetor de Child, James II, como também ameaçaria de extinção a própria Companhia.

UM TURBILHÃO DE DESASTRES

Em 5 de novembro* de 1688, William de Orange, Stadtholder da Holanda, desembarcou na Inglaterra e destronou James II. Havia muitas forças em ação na "Revolução Gloriosa", a mais notável delas era a convergência do desejo popular inglês de se livrar do rei católico com a urgente necessidade holandesa de eliminar a ameaça pró-francesa representada por James. Contudo, as considerações comerciais não eram absolutamente secundárias nas mentes da elite britânica responsável pela inédita Carta Constitucional que legitimaria os novos monarcas, William e sua esposa inglesa Mary, filha do rei deposto. A estratégia econômica de James, inspirada no agressivo mercantilismo de Child, excluíra setores inteiros da classe mercantil dos benefícios do comércio exterior. O resultado foi "um enorme clamor na City contra certo grande comerciante das Índias Orientais cujo primeiro nome rima com Golias".[28]

Logo depois da coroação, em abril de 1689, o Parlamento-Convenção começou a investigar as crescentes queixas contra as corporações criadas por Cartas Reais de privilégios, sobretudo as Companhias da África e das Índias. Rapidamente, o Parlamento deliberou pela criação de uma nova Companhia das Índias, que veio a ser criada em Dowgate Hill, na City londrina, com sede na Corporação dos Peleteiros. Uma feroz batalha política então começou — "as principais armas da nova companhia eram as calúnias; as da antiga companhia, as propinas", escreveu Macaulay.[29] A princípio

---

* No original, Guy Fawkes Day, em que se comemora a captura de Guido Fawkes, soldado católico envolvido na "Conspiração da Pólvora", concebida para assassinar o rei protestante James I e os membros do Parlamento. (N. T.)

88   A Corporação que Mudou o Mundo

favoráveis a reformas, os comerciantes de Dowgate pressionaram a fim de a antiga companhia dobrar seu capital para 1,5 milhão de libras, de modo que permitisse a participação de outros investidores em sua riqueza e limitasse a participação individual a 5 mil libras para impedir a concentração de poder de que Child desfrutara. Papillon voltou de Utrecht para juntar-se aos *whigs** triunfantes que propugnavam por mudanças. Diante da posição inflexível de Child, a Câmara dos Comuns votou pela dissolução da antiga Companhia. Antes, porém, que tal decisão fosse levada a efeito, o rei concedeu abruptamente, em outubro de 1693, em pleno recesso parlamentar, uma nova Carta de privilégios à Companhia pelo prazo de 21 anos.

Enfurecido, o Parlamento aprovou em janeiro de 1694 uma resolução dispondo que "todos os súditos da Inglaterra devem ter igual direito de comerciar com as Índias Orientais".[30] Essa decisão marcou uma profunda ruptura no processo de concessão de Cartas Reais. Até então, a Carta de privilégios era uma prerrogativa exclusiva da Coroa; agora ela teria de ser confirmada por um Ato do Parlamento. Liberado o comércio com a Índia, os novos comerciantes optaram por cruzar a fronteira norte para fundar uma nova Companhia Escocesa das Índias Orientais com capital de 300.000 libras. Child mostrou seu desprezo pela decisão do Parlamento em uma carta particular aos executivos da Companhia na Índia. "Sigam as minhas instruções", escreveu, "e não os desatinos desse bando de provincianos ignorantes que não têm inteligência nem para conduzir seus negócios particulares e que nada sabem de questões de comércio."

Entretanto, essa brecha no monopólio da Companhia não encerrou a questão. Suspeitando das circunstâncias que haviam levado à concessão da Carta de privilégios de outubro de 1693, o Parlamento abriu uma investigação de corrupção em março de 1695. Mesmo pelos padrões pouco rígidos da época, os políticos se escandalizaram

---

* Na Inglaterra, membro do Partido Liberal. (N. T.)

com o que viram. Uma equipe de parlamentares esquadrinhou as contas da Companhia e descobriu uma complexa rede de propinas, todas emanadas do governador sir Thomas Cooke, genro de Child. Nos seis anos passados desde a Revolução, 107.013 libras haviam sido pagas à conta de "serviço especial da Companhia", incluindo portentosas 80.468 libras em 1693 pela obtenção de uma nova Carta Real. Outras 90 mil libras haviam sido emprestadas a Cooke para comprar ações da Companhia de modo a facilitar o processo de concessão. Descobriu-se também um tortuoso negócio de importação de salitre em que outras 12 mil libras foram transferidas. De início, Cooke recusou-se a explicar essas transações, mas uma curta passagem pela Torre de Londres e uma Lei de Imunidade — na prática, uma confissão negociada — soltou-lhe a língua. A primeira parte das 10 mil libras havia sido entregue a Josiah Child, que a transferiu ao rei como reiteração do tradicional presente que lhe fora dado ao longo da década de 1680. Outros pagamentos haviam sido feitos a intermediários para que defendessem a Companhia no tribunal. Diante de um comitê das duas casas do Parlamento, Cooke teve a franqueza de dizer que "o motivo de dar esse dinheiro foi o medo dos comerciantes não licenciados lá fora e as subscrições para uma nova companhia aqui dentro; donde eles deduziram que a Companhia seria arruinada".[31] Com o apoio de Josiah Child, Cooke havia reunido um conjunto de intermediários — um tal Mr. Acton, Nathaniel Molineaux, sir John Chardin, Paul Dockminique Esq e o capitão John Jermaine — para defender sua causa. O procurador-geral recebeu 545 libras; seu assessor, 218. Acima de todos eles estava sir Basil Firebrace, que embolsou 40 mil libras com uma série de contratos concebidos para valer somente se a Carta Real fosse obtida. Firebrace então encomendou a terceiros que fizessem a cabeça de figuras-chave do tribunal.

Depois de interrogar Cooke, a Comissão Parlamentar voltou sua atenção para Firebrace. Como tantos outros combalidos pela própria corrupção, Firebrace às vezes tropeçava nas próprias palavras, chegando a pedir para protelar a resposta a uma pergunta particularmente incisiva para "uma outra hora, por não se sentir bem, insone há duas ou três noites e com a saúde bastante abalada".[32] Depois de interrogá-lo persistentemente, o Parlamento descobriu finalmente que 5.500 libras haviam sido recebidas por Thomas Osborne, duque de Leeds e presidente do Conselho Privado do Rei. Os parlamentares ficaram indignados com "as práticas obscuras desse assunto" e manifestaram o temor de que, se uma pessoa de tão elevada posição no governo recebia dinheiro por uma carta de direitos comerciais, bem poderia também receber dinheiro para trair o país em benefício da França. Contudo, como não havia nenhuma lei contra receber dinheiro, preparou-se uma moção de *impeachment* contra Leeds por abuso de autoridade. Uma testemunha-chave fugiu do país, e, antes que o Parlamento desse início aos trâmites formais, o rei ordenou o encerramento da sessão, pondo um ponto final aos procedimentos de *impeachment*.

Para John Pollexfen, membro da Comissão Parlamentar que investigou os assuntos da Companhia e importante crítico de seu privilégio de monopólio, a conclusão era clara: "Companhias têm corpos, mas diz-se que não têm alma; se não têm alma, não têm consciência."[33] Entretanto, Cooke, Child, Firebrace e Thomas Osborne escaparam à punição. Quanto à Companhia, ficou em situação ainda mais difícil. O *boom* pós-revolucionário do mercado de ações teve uma assustadora parada, e os crescentes escândalos custaram às ações da companhia 35% no ano de 1695 e outros 28% em 1696. A situação foi ainda complicada pela eclosão da guerra com a França, que abalou a economia, atingindo de maneira particularmente dura a indústria têxtil de Londres. Havia muito que a Companhia era alvo de protestos por parte de interesses protecionistas, críticos das crescentes importações de calicôs indianos. "Quando os navios das Índias Orientais chegam ao porto", diziam, "metade de nossos tecelões fica à toa." Outros alegavam que a concorrência das Índias era responsável pelos salários de fome nas indústrias da lã e da seda. As péssimas condições econômicas de 1696 exacerbaram essas paixões, levando várias centenas de tecelões a marchar, no mês de novembro, de Spitalfields, no East End de Londres, a Westminster para reivindicar uma lei que restringisse as importações indianas. A pressão intensificou-se em janeiro seguinte, quando 5 mil tecelões marcharam uma vez mais até o Parlamento e, na jornada de volta, atacaram a Casa das Índias Orientais, arrombando suas portas e forçando a intervenção da milícia local. Em março, manifestantes saquearam a casa do vice-governador da Companhia Thomas Buhon, em Spitalfields, e dois dias depois centenas de tecelões marcharam até Hackney e ameaçaram a mansão de Josiah Child. Três anos depois, o Parlamento aprovou a primeira de uma série de leis proibindo a importação e o uso de todas as "sedas, bengalas e calicôs estampados".

O humor da crise financeira precipitou o desenlace da prolongada desgraça da Companhia. A guerra exaurira os cofres da Coroa, obrigando-a a financiar-se junto à City. A antiga Companhia ofereceu ao rei um empréstimo de 700 mil libras a juros de 4%, mas Dowgate adiantou a fabulosa quantia de 2 milhões de libras, embora a uma taxa de juros de 8%. O rei aceitou a oferta de Dowgate e em junho de 1698 a Câmara dos Comuns aprovou uma lei concedendo o monopólio do comércio asiático a uma nova Sociedade Geral. Os dias da antiga Companhia pareciam contados.

O sonho de liberdade comercial que tantos haviam acalentado seria, no entanto, frustrado. Duas gigantescas brechas permitiram à velha Companhia reagrupar-se e recuperar sua proeminência. Primeiro, ela ganhou um período de três anos para concluir seus negócios; depois, obteve o direito de investir na Nova Companhia, de que se beneficiou comprando 315 mil libras ou 15% das novas ações. A Nova Companhia fora concebida como um empreendimento regulado ao velho estilo, que habilitava os acionistas a negociar sob sua égide até o valor da própria participação. Os acionistas poderiam também formar suas próprias sociedades por ações dentro da Sociedade Geral. De modo que, ao lado da nova "Companhia Inglesa de Comércio com as Índias Orientais", que respondia pelo grosso das ações, a Velha Companhia continuava

92   A Corporação que Mudou o Mundo

a atuar e seus operadores na Índia permaneciam firmes em seus lugares. Um valoroso grupo de comerciantes independentes conseguiu endossar 23 mil libras em ações, criando uma espécie de mercado competitivo pela primeira vez desde a década de 1650. Adam Smith observaria mais tarde que essa janela de mercado relativamente aberto levou a um aumento de preços de venda para os produtores indianos e a uma redução de preços de compra para os consumidores ingleses.[34]

Nem a Velha nem a Nova Companhia tinham, porém, qualquer interesse intrínseco na concorrência, e, para evitar uma guerra comercial, acordou-se em 27 de abril de 1702 um esquema de fusão intermediado por ninguém menos do que sir Basil Firebrace. Sete anos mais tarde, a nova Companhia Unificada de Comércio com as Índias Orientais foi finalmente lançada. Em troca de uma Carta de privilégios exclusivos, outro 1,2 milhão de libras foi levantado e imediatamente emprestado à Coroa a juro zero. Isso elevou o capital investido da companhia a 3,2 milhões, inteiramente emprestados ao governo a juros de 5%. A Companhia Unificada "estava em vias de se tornar uma sólida e próspera corporação comercial e financeira que não apenas era, de longe, a maior e mais complexa organização de comércio, mas o centro do emergente mercado financeiro de Londres".[35]

Contudo, nem todo mundo estava satisfeito. Em carta anônima a um parlamentar em 1708, um acionista independente expressou sua repulsa à fusão, lamentando que não houvesse "restado um único homem que ousasse trazer um cachecol de musselina ou uma libra de pimenta por sua própria conta".[36] As grandes esperanças da Revolução Gloriosa haviam dado em nada, ele escreveu, observando ser "estranho, depois de toda a nossa luta pela liberdade, que esse monstro, o monopólio, erga seus chifres e rompa suas cadeias para terror dos honestos súditos comerciantes". Foi um "negócio lamentável", um episódio "tão melancólico que até me dá dor de cabeça".

NO IMENSO OCEANO DO COMÉRCIO DAS ÍNDIAS[37]

Uma vez mais a Companhia das Índias Orientais escapara da extinção na última hora. Em 1709, época da fusão, o cenário externo havia também começado a se desenhar a seu favor. O maior adversário de Child na Índia, o imperador Aurangzeb, morrera em 1707, deixando para trás um erário exaurido e sucessores ineficazes. Dez anos depois, na noite do Ano-Novo de 1716, o imperador Farrukhsiyar expediu três decretos imperiais (*firman*) concedendo à Companhia direitos comerciais livres de impostos nas províncias de Bengala, Hyderabad — que continha a costa de Coromandel — e Ahmedabad — que dominava os portos do Guzerate. Fraqueza imperial, negociações persistentes e polpudas propinas haviam conseguido aquilo que o assalto frontal de Child não obtivera. Esse *firman* foi a base de uma nova era de prosperidade corporativa, bem como a semente de uma eterna disputa com os governantes locais da Índia a respeito de sua interpretação.

Mais do que qualquer outro executivo da Companhia antes ou depois, Josiah Child havia demonstrado aonde a sede de poder corporativo poderia levar. Para contemporâneos como John Evelyn, Child foi o arquétipo do "novo-rico", a nova estirpe de príncipes mercadores que se tornara política e economicamente dominante nas décadas de 1680 e 1690. O que há de mais notável em sua trajetória é a franqueza com que ele expressou seu objetivo de domínio comercial e a consistência com que buscou realizá-lo por meio de uma despótica aliança doméstica e da agressão no estrangeiro. Como muitos de seus sucessores, Child retirou-se impune para a paz de seus pomares de nogueiras em Wanstead, onde faleceu em 1699, deixando uma herança de 200 mil libras, equivalentes a quase 20 milhões de libras a preços de 2002.[38] Depois de Child, ninguém, na sede da Companhia ou no ultramar, seria tão explícito em suas intenções. O desejo, porém, permaneceria.

Ao dar as costas ao aventureirismo de Child, os diretores da Companhia quiseram prosperar pela adoção de padrões elevados de

94   A Corporação que Mudou o Mundo

prática corporativa: "A correção está na base da nossa prosperidade", advertiram aos executivos do ultramar. A corrupção permanecia incrustada nas operações da Companhia, mas era mantida em níveis administráveis. Quanto às relações com a Índia, os diretores instruíram os funcionários a "cuidar para que nem o negociante nem aqueles sob seu comando, tampouco seus empregados, façam uso de sua autoridade para prejudicar ou ferir as pessoas".[39] Seu círculo de cidades portuárias floresceu. A propósito da ascensão de Calcutá, Gulam Nusain Salim, autor persa de *Riyaz-us-Salatin*, disse que ela se explicava pela "liberdade e proteção proporcionadas pelos ingleses", bem como pela "leveza das taxas que lhes eram impostas".[40]

"O comércio e somente o comércio era o seu negócio", e na década de 1720 a Companhia já sobrepujava a rival holandesa no comércio de têxteis de Bengala[41] e começava a ombrear-se com ela no comércio total com a Europa — uma extraordinária reviravolta em relação à década de 1660 (ver Tabela 3.1).

Tabela 3.1 Exportações das Companhias das Índias Orientais inglesa e holandesa — 1668-1780 (em milhões de florins)

	1668-70	1698-1700	1738-40	1778-80
Inglesa	4,3	13,8	23,0	69,3
Holandesa	10,8	15,0	19,25	20,8

Fonte: Om Prakash, *European Commercial Enterprise in Pre-Colonial India*. Nova Délhi: Cambridge University Press, 2000, pp. 115, 121.

Esse sucesso comercial era percebido nas ruas de Londres, inundadas de calicôs indianos, a principal linha de produtos da Companhia. Daniel Defoe registrou, em janeiro de 1708, que os calicôs "penetravam as nossas casas, guarda-roupas e quartos de dormir" a tal ponto que "tudo o que antes era feito de lã ou seda, do vestuário feminino à mobília, passou a ser fornecido pelo comércio com a Índia".[42] A proibição de produtos bengalis introduzida em

1700 revelou-se uma restrição temporária. Em resposta, a Companhia reorientou seus esforços para o fornecimento de matérias-primas à indústria britânica de estampagem do calicô e tratou de descobrir mercados de reexportação dos têxteis indianos. Com o mercado de escravos africanos em acelerada ascensão, os tecidos de algodão indianos vieram a se tornar um artigo básico de escambo por carregamentos humanos. Era a globalização ao estilo georgiano — um desenvolvimento entusiasticamente defendido nas páginas do *Spectator* por Joseph Addison, que se regozijava com o fato de Londres ter se tornado "o empório do mundo". Em 1711, ele escreveu que "um simples vestido de uma mulher de alta posição pode ser produto de uma centena de climas [... a echarpe provém da zona tórrida ...] a anágua de brocado das minas do Peru e o colar de diamantes das entranhas do Hindustão".[43] Na Índia, o rápido crescimento da demanda por têxteis foi um valioso estímulo econômico que trouxe à região um imenso afluxo de metais preciosos. A concorrência entre os ingleses e as demais companhias europeias e, muito mais importante, entre os europeus e a classe dominante de comerciantes asiáticos pela produção têxtil da Índia assegurou também que esse fosse um "mercado vendedor", multiplicando os retornos dos produtores locais.

O preço das ações da Companhia, eterno indicador de seu sucesso, refletia essa recuperação. Partindo das 39 libras de junho de 1698, quando a Nova Companhia estava em vias de receber sua nova Carta Real, pode-se observar uma consistente tendência altista que chegou a mais de 100 libras ao se iniciarem as tratativas para a grande fusão de 1702. Além disso, dada a suma importância do acordo estabelecido, não surpreende que o preço das ações tenha passado das 200 libras em dezembro de 1717, quando a notícia dos *firmans* chegou ao mercado de Londres. Era inevitável que as ações da Companhia entrassem na especulação da Companhia dos Mares do Sul em 1720, subindo mais de 44% em junho daquele ano, de 290 para 420 libras. Mesmo com a abrupta queda de 66% decorrente do estouro da bolha da Mares do Sul em 1721, a John Company não

96   A Corporação que Mudou o Mundo

apenas sobreviveu como também veio a se tornar a indiscutível *blue chip* do mercado de ações de Londres. Na verdade, a aprovação da Lei da Bolha em 1720 tornou ainda mais clara a supremacia da Companhia, graças à suspensão da concessão de novas cartas. Passada a terrível década de 1690, quando os dividendos foram suspensos, retomaram-se os pagamentos aos acionistas. Nas décadas de 1730 e 1740, o preço das ações flutuou entre 150 e 200 libras, e os dividendos foram modestos, mas previsíveis: 7%-8%. Era um retorno muito menor do que a fartura da década de 1680, e menor também que o da VOC, que pagou dividendos de 20%, em média, na década de 1730 — mas a chave agora era a constância. Entre 1713 e 1743, a Companhia ganhou com a venda das mercadorias asiáticas 30 milhões de libras sobre o total pago em metais preciosos e outros bens.[44]

Esse equilíbrio aparentemente saudável ocultava, no entanto, tensões maiores. Na Inglaterra, o monopólio da Companhia ainda era foco de disputas. Em 1730, petições oriundas de Londres, Bristol e Liverpool clamaram pela abertura do comércio com a Ásia. Em palavras que Adam Smith repercutiria meio século mais tarde, os peticionários diziam que "o que se ganha com o monopólio da Companhia, os altos preços a que ela está habilitada a vender e os baixos preços a que ela está habilitada a comprar, é integralmente perdido por sua administração dilatória, negligente e perdulária."[45] Apresentou-se a interessante proposta de substituir a sociedade anônima por ações por uma companhia regulada que administraria a infraestrutura comum do comércio com as Índias em troca de uma comissão sobre todas as importações e exportações; um guarda-chuva sob o qual operariam livremente comerciantes independentes. No entanto, a Companhia, que tinha bolsos largos, reduziu de 5% para 4% a taxa de juros do empréstimo ao governo e regalou o Estado com mais 200 mil libras em dinheiro. Em troca, a sua Carta Real foi estendida até 1766. Na verdade, o monopólio da Companhia seria assegurado até 1793.

Na Índia havia uma permanente agitação geopolítica. A autoridade mogol se viu tremendamente enfraquecida depois que o xá persa Nadir saqueou Shahjahanabad (Délhi), em 1739, e levou consigo o Trono do Pavão para Teerã. A fragmentação do poder político favoreceu a ascensão de regimes autônomos, notadamente em Bengala e em Hyderabad. No oeste, a Confederação Marata afirmou sua autonomia militar e passou a maior parte da década de 1740 assediando Bengala, por exemplo. Além disso, embora os holandeses não mais constituíssem ameaça, o secular conflito britânico com a França finalmente transbordou para a Índia na década de 1740. No caos crescente da Índia pós-Aurangzeb, as necessidades corporativas da Companhia e dos interesses particulares de seus executivos se fundiriam para produzir a Revolução de Bengali.

4

A Revolução de Bengala

ASCENSÃO E QUEDA DO RAJÁ NABAKRISHNA

Sovabazar, um distrito de fisionomia marcante e singular situado no norte de Kolkata, é o berço de muitas das mais antigas famílias de comerciantes da cidade, uma poderosa classe guindada ao primeiro plano da vida social pela rápida expansão urbana do século XVIII, sob a égide da Companhia. Os banianes — assim chamados pelos britânicos por pertencerem à casta *bania* — desempenhavam para a Companhia o papel fundamental de intermediários na compra de mercadorias essenciais como tecidos, ópio e salitre, além de emprestar dinheiro para garantir o fluxo de caixa. Os banianes faziam também negócios particulares com os executivos da Companhia, permitindo-lhes lucrar com as oportunidades de comércio privado implícitas na arriscada designação para Bengala. Nas palavras de William Bolts, um dos mais bem-sucedidos e polêmicos comerciantes da companhia, "o baniane é a pessoa por meio da qual um cavalheiro inglês faz seus negócios: ele é intérprete, contador, secretário, corretor, credor, tesoureiro e, ainda por cima, confidente".[1] A importância dessa relação foi registrada em fins do século XVIII por Thomas Hickey em uma cena em que John Mowbray conversa com seu baniane. A certa altura da discussão, Mowbray, sentado, ouve atentamente o baniane, que, envolto em panos, faz a leitura do livro-caixa, tendo um mapa de seu território de caça comercial no norte da Índia estrategicamente afixado na parede.

Um dos mais poderosos entre esses comerciantes foi o rajá Nabakrishna Deb, cujo palácio ainda existe na rua Nabakrishna, em Sovabazar. Dois leões guardam o portão com as patas pousadas sobre balas de canhão pintadas de vermelho. Um edifício de dois pavimentos construído ao redor de um pátio interno abrigava os escritórios, a residência e a biblioteca de Nabakrishna, além do santuário à deusa Durga. Durante as pródigas festas (*nautchs*) que ele oferecia aos britânicos, as mulheres da família se retiravam para suas *zenanas* no andar de cima para observar os acontecimentos através das grades de madeira. Durante quase meio século, Nabakrishna foi um dos pilares do sucesso da Companhia em Bengala, um aliado-chave que colocou ambos no controle da mais rica província da Índia. Quando o novo nababo Siraj-ud-Daula enfrentou a Companhia em 1756, Nabakrishna ficou do lado britânico, contrabandeando comida para dentro da Calcutá sitiada, antes de sua queda. Depois trabalhou como intermediário de Robert Clive nas negociações que conduziram a Plassey e em seguida ajudou a saquear 80 milhões de rupias em ouro, prata e joias do harém de Murshidabad.

Mais do que isso, parece que Clive e Nabakrishna se tornaram amigos íntimos. A amizade dos dois era tão profunda que quando Clive buscou um lugar alternativo à igreja de St. Anne, que fora destruída, para celebrar Plassey, Nabakrishna ofereceu a própria casa. Clive não apenas aceitou como também deixou uma oferenda aos pés de Durga. Até hoje "a *puja** anual a Durga na rua Nabakrishna 36 é conhecida como a *puja* da Companhia".[2] Em 1776, Clive concedeu a Nabakrishna o título de marajá e um salário de 2 mil rupias pelos serviços prestados à Companhia. Depois da cerimônia,

---

* No hinduísmo, culto a uma deidade. (N. T.)

100   A Corporação que Mudou o Mundo

Nabakrishna retornou a seu palácio em Sovabazar montado em um elefante, distribuindo dinheiro pelas ruas. Dez anos depois, Warren Hastings deu um passo além tornando-o *talukdar* perpétuo de Sutanuti, uma das áreas mais importantes de Calcutá. Nabakrishna era tão íntimo de Clive que acabaria sendo vítima de falsas acusações de roubo e estupro lançadas por adversários de Clive, das quais foi rapidamente inocentado.

No entanto, o bom relacionamento de Nabakrishna com os britânicos acabou se deteriorando. Em 1780, Hastings, precisando de um empréstimo de 300 mil rupias para cobrir um rombo em suas finanças pessoais, pediu ajuda a Nabakrishna. Hastings queria transferir o dinheiro para a conta da Companhia e usá-lo para se ressarcir dos investimentos culturais que havia financiado de seu próprio bolso (entre os quais uma missão ao Tibete e o novo madraçal de Calcutá). Nabakrishna, porém, quis que o dinheiro fosse considerado um presente, não um empréstimo. Hastings aceitou, registrando-o como doação à Companhia e usando-o imediatamente para se ressarcir. Mais do que apenas nebuloso, o que tornava o negócio altamente suspeito era o fato de ter coincidido com um pedido de Nabakrishna para ser designado um dos mais importantes funcionários da Companhia no distrito de Burdwan, de modo a poder receber dívidas vencidas do governador local. Feita a nomeação, o dinheiro mudou de mãos. Esse episódio foi apenas um dos que sustentaram as acusações de malversação e corrupção que Hastings teria de enfrentar ao retornar à Inglaterra. Em seu processo de *impeachment*, a Promotoria alegou que as 300 mil rupias constituíam suborno, procedimento contrário às regras da Companhia.

Sucede que, em 1792, em meio ao julgamento, Nabakrishna mudou de posição afirmando que a transferência fora, sim, um empréstimo, que nunca lhe foi pago. Hastings recebeu uma conta de 37.500 libras mais 12% de juros, que se recusou a pagar, dando ensejo a um segundo processo, que correu em paralelo com o *impeachment*. Entretanto, a energia do Parlamento para sustentar a maratona do *impeachment* diminuiu rapidamente, e, em 1795,

Hastings foi inocentado de todas as acusações, incluindo a de receber suborno de Nabakrishna. Isso teria colocado o rajá em boa posição em seu processo paralelo: se o dinheiro não fora um presente, então teria sido um empréstimo. Os caprichos da justiça, porém, são tais que foram necessários mais nove anos para os tribunais de Londres concluírem que Hastings havia aceitado um presente e que, portanto, não tinha nenhuma obrigação de ressarcir o rajá. Por essa época, Nabakrishna já não existia: morreu em 1797, deixando 10 milhões de rupias (1 milhão de libras) — uma fortuna que hoje valeria mais de 70 milhões de libras.[3] Os britânicos da época deturparam muitas palavras indianas, mas a versão anglicizada do nome Nabakrishna é particularmente debochada: Nobkissen.*

A trajetória de Nabakrishna simboliza o fim do mercantilismo de mão dupla que marca a primeira fase da presença da Companhia na Índia. O historiador francês Fernand Braudel concluiu que a supremacia da Companhia no país foi construída com a "ajuda, colaboração, conluio, coexistência e simbiose" da elite comerciante local.[4] A Companhia não teria como comerciar sem os contatos e o capital dessa elite. Além disso, quando precisou de dinheiro rápido para resolver a crise inglesa de liquidez causada pela "bolha da Mares do Sul" em 1720, ela o conseguiu emprestado na Índia. Contudo, por baixo dessa mescla das culturas comerciais indiana e britânica, estava em curso uma batalha fundamental entre a economia ética do mercado regulado de Bengala e o capitalismo monopolista. A Companhia havia perdido o primeiro assalto da luta para quebrar o Império mogol na década de 1860, mas na Bengala de 1750 vinha aproveitando toda oportunidade de fazer valer seus interesses contra o poder regulador do nababo local, a supremacia comercial dos mercadores asiáticos e a crescente ameaça francesa. O que Child não realizou na década de 1680, Robert Clive conseguiria por meio de uma mistura de pura audácia, força militar e fraude refinada.

---

* *Nob*: pênis; *kiss*: beijo. (N. T.)

102   A Corporação que Mudou o Mundo

A violência da tomada de Bengala pela Companhia — e o uso de seu exército particular para levar a cabo a operação — implicou uma concepção mais ou menos generalizada de que a batalha de Plassey e tudo o que se seguiu foi um mero episódio de conquista colonial. Essa visão ganhou força com a transformação subsequente da Companhia em agente do Estado britânico, que administrava seus territórios indianos em troca de lucros seguros para seus acionistas. Contudo, a mera singularidade da incorporação de Bengala — e de boa parte do restante do subcontinente — pela Companhia não nos deve cegar para o fato de que esse acontecimento é mais bem-definido como um acordo comercial, uma forma extrema de conquista corporativa. Duas palavras foram repetidamente usadas por contemporâneos para explicar essa peculiar transformação. Primeiro, a Companhia teria operado uma "revolução" que não apenas substituiu um nababo por outro mais receptivo como também mudou a dinâmica do Estado bengali. Segundo, ela teria realizado uma "aquisição" fenomenal que a colocou, junto com seus executivos e acionistas, em um caminho inteiramente novo de prosperidade.[5] Adam Smith alertaria, mais tarde, para a tendência de as corporações se envolverem em "conspirações contra o público", usando sua força econômica para minar a capacidade reguladora do Estado e cobrar impostos em nome do bem comum. Era uma época de revoluções, e, contemporaneamente à Norte-Americana e à Francesa, mais famosas, a Companhia arquitetou a própria revolução em Bengala. Se eram necessárias evidências de conspiração corporativa, ali estavam elas.

"O PAÍS MAIS RICO DO MUNDO"[6]

Na primeira metade do século XVIII, a atenção da Companhia esteve concentrada em seu achado bengali. O subcontinente indiano era, então, a oficina do mundo, respondendo em 1750 por quase um quarto da produção fabril global contra apenas 1,9% da

Grã-Bretanha (Mapa 2).[7] Bengala, por sua vez, era a província (*suba*) mais rica do Império mogol, descrita por Aurangzeb como "o Paraíso das Nações". A proximidade de boas matérias-primas, um setor agrícola altamente produtivo e uma indústria têxtil com sofisticada divisão do trabalho davam a Bengala uma imbatível combinação entre alta qualidade e baixos preços. Sua vantagem de custos era tão grande que no fim do século XVIII os tecidos de algodão indianos podiam ser vendidos com lucro na Grã-Bretanha a preços 50%-60% mais baixos do que aqueles fabricados no país. Profundamente arraigado no tradicional sistema de aldeias, o tecido de algodão feito à mão ligava a agricultura à indústria gerando diversidade de rendimentos e fornecendo bens que podiam ser transacionados local e internacionalmente. Havia milênios os tecidos de algodão indianos não conheciam concorrentes em todo o resto do mundo. No primeiro século de nossa era, o historiador romano Plínio se queixava de que a importação generalizada de tecidos de algodão da Índia vinha drenando o ouro de Roma. Ouviram-se queixas similares dos tecelões ingleses quando os tecidos indianos voltaram a entrar em grande quantidade na Europa no fim do século XVII.

A produção de Bengala era também notável por sua imensa diversidade: os têxteis comprados pela Companhia traziam mais de 150 nomes diferentes, abrangendo musselinas, calicôs e sedas, além de produtos mesclados de algodão e seda. Havia centros de produção especializados em estilos particulares; Daca, por exemplo, era famosa pela transparência, beleza e delicadeza de suas musselinas. Sua textura era tão fina que uma libra de algodão rendia mais de 400 quilômetros de fio de musselina. A qualidade e o estilo iam dos refinadíssimos *mull-mulls* e *allaballee* ao *shabnam* (orvalho da manhã) e *nayansukh* (agradável aos olhos). O segredo da musselina era o algodão de fibra curta *phuti* plantado às margens do rio Meghna, perto de Daca, descrito pelo residente* britânico como "o melhor

---

* Representante do governo britânico junto a outros Estados semi-independentes (Fonte: Webster). (N. T.)

Mapa 2: A Índia no fim dos anos 1760

algodão do mundo".[8] Uma estimativa de 1776 indica que havia aproximadamente 25 mil tecelões em Daca, produzindo cerca de 180 mil peças de tecido com fios manufaturados por 80 mil mulheres.[9] Junto com os próprios produtos, os nomes indianos dos tecidos de algodão — *bandana, calico, chintz, dungaree, gingham, seersucker* e *taffeta* — cruzaram os oceanos e acabaram entrando para a língua inglesa.

A febre dos têxteis na Europa gerou imensa riqueza para comerciantes e acionistas da Companhia. Apesar de iniciado nos litorais de Guzerate e Coromandel, o comércio com Bengala cresceu regularmente em importância. De apenas 12% em 1668-70, a parte de Bengala no total de importações da Companhia cresceu para 42% em 1689-90, tornando-a a maior região fornecedora; em 1738-40 essa proporção já era de 66%.[10] A Companhia, porém, era um agente entre muitos, e o comércio de todas as companhias europeias juntas provavelmente representava apenas um terço do total das exportações de Bengala, ficando o restante a cargo de comerciantes asiáticos.[11] Não admira que essa imensa demanda tenha gerado uma poderosa alta dos preços.

O acesso a esse mercado era estritamente controlado, regulado por uma política de comércio que estabelecia cuidadosamente o que podia ser comerciado e por quem, com base em critérios de funcionalidade econômica e de importância social. Os mogóis distinguiam claramente o comércio doméstico do internacional, concedendo às companhias estrangeiras o privilégio de exportar em troca do ingresso de prata para enriquecer o tesouro e lubrificar a economia. No mercado interno de Bengala, vários itens de prestígio, como o sal, a avelã-da-índia e o tabaco, eram comerciados segundo normas sociais, e não econômicas. "Grupos de comércio europeus, pessoas oriundas dos 'países de gente que usa chapéu' (*kulah poshan*) eram admitidas nessas transações de privilégio e poder desde que não quebrassem a hierarquia material do intercâmbio."[12] Essa combinação de forte demanda com regulação estrita acarretava duros termos de comércio para os comerciantes europeus atraídos a

106   A Corporação que Mudou o Mundo

Bengala. Os metais preciosos eram indispensáveis; entre 1708 e 1756, três quartos das importações da Companhia para Bengala constituíram-se de prata.

As bases das operações da Companhia na Índia mogol foram lançadas em uma sucessão de decretos imperiais (*firmans*) que definiam os privilégios comerciais concedidos. A partir da década de 1650, a Companhia obteve o direito de exportar de Hugli, o principal porto de Bengala, mercadorias isentas de impostos em troca de um pagamento anual de 3 mil rupias. No entanto, foi somente em 1717 que ela obteve apoio imperial para sua posição por meio do célebre *firman* do imperador Farrukhsiyar que, entre outras disposições, concedeu ao presidente da companhia em Calcutá o inédito poder de emitir passes (*daskats*) de isenção de impostos. Como sucede com várias multinacionais de hoje, a Companhia foi beneficiada com um estatuto fiscal que a favorecia perante os comerciantes locais. O *firman*, porém, não estabelecia quais mercadorias estavam abrangidas, ficando o entendimento geral de que ele só se aplicava às exportações.

Quase imediatamente após a edição do *firman* de 1717, a Companhia começou a cruzar as fronteiras dos negócios considerados aceitáveis. O presidente começou a emitir *dastaks* para seus executivos, habilitando-os a fazer negócios particulares a preços livres de impostos. Pior, ela própria vendia os passes aos comerciantes asiáticos, assim obtendo um fluxo de rendimentos que legalmente pertencia ao nababo. Para as autoridades bengalis, as práticas da Companhia representavam um duplo perigo: solapavam sua base de receitas e ameaçavam a economia local. Em sua disputa com Companhia, Siraj-ud-Daula diria em 1756 que a Companhia havia lesado o tesouro mogol em 15 milhões de rupias desde 1717 com o uso abusivo dos *dastaks*. O nababo tinha também total consciência do efeito destrutivo que a capacidade da Companhia de vender a preços mais baixos que os demais comerciantes estava tendo sobre a economia bengali. Em 1727, os representantes do nababo detiveram a frota da Companhia em Patna e descobriram que ela transportava ilegalmente um imenso carregamento de sal para Calcutá. Em um protesto dirigido ao presidente da Companhia, o nababo Alivardi Khan afirmou que, se não pusesse fim a suas "transgressões", ela "venderia a preços mais baixos e açambarcaria todo o comércio da província, privando um vasto número de nativos de seus meios de existência".[13] Alivardi Khan protestou reiteradamente contra o uso indevido dos *dastaks*, obrigando a Companhia a pagamentos adicionais de direitos em 1727, 1731, 1732, 1736, 1740, 1744 e 1749.

A posição dominante dos comerciantes asiáticos na economia de Bengala também exasperava a Companhia. Como esta, os comerciantes locais também eram ávidos por conquistar o controle exclusivo de mercadorias vitais. O armênio Khwaja Wajid, por exemplo, enriqueceu com o monopólio do comércio de sal e salitre e tinha uma forte posição no comércio de ópio de Patna. Além disso, a Companhia se ressentia por depender dos comerciantes locais para conseguir dinheiro e conexões. Não sendo apta nem capaz de comprar mercadorias diretamente dos produtores, tinha de encomendar aos agentes locais a aquisição de têxteis e outros produtos em seu nome. No caso dos têxteis, os agentes pagavam aos tecelões um adiantamento (*dadni*) para cobrir os custos de matérias-primas e meios de subsistência necessários à produção. Essa relação causava grande insatisfação à Companhia, cujos executivos temiam estar pagando sobrepreços aos agentes locais ou recebendo deles mercadorias de baixa qualidade. Outra fonte de frustração era a certeza de que esses agentes não estavam totalmente focados nos interesses da Companhia, mas agiam em benefício próprio. De fato, as casas de comércio asiáticas, como aquelas dirigidas por Jagat Seth e Amir Chand (Umichand), costumavam ser muito mais ricas e melhor conectadas do que a Companhia. O relacionamento ficava ainda mais complicado pelo tamanho do endividamento inglês com os banqueiros locais. Às vésperas de Plassey, quase toda a comunidade inglesa de Calcutá tinha dívidas pendentes com prestamistas indianos.[14]

108   A Corporação que Mudou o Mundo

Como se não bastasse, a concorrência de outras casas de comércio europeias vinha ameaçando a posição da Companhia. A Inglaterra era apenas um dos vários atores estrangeiros no mercado de Bengala: no pequeno trecho do rio Hugli ao norte de Calcutá havia os portos de Serampore (Dinamarca), Chandernagore (França), em Chinsura (Holanda) e Hugli propriamente dito. Calcutá se tornara o principal porto do rio na década de 1720, superando os holandeses, estabelecidos havia muito. Na década de 1730, no entanto, a Compagnie Perpetuelle des Indes francesa começou a representar uma séria ameaça. Sob a liderança de Joseph François Dupleix, governador de Chandernagore, os franceses tomaram a iniciativa comercial dos ingleses, principalmente no lucrativo comércio doméstico explorado por conta própria pelos executivos de ambas as companhias. O brilhantismo comercial de Dupleix abalou os interesses corporativos e particulares de seus rivais ingleses, justificando que ele tivesse podido dizer mais tarde: "Eu fiz os ingleses tremerem ao ver seu comércio minguar e seus comerciantes obrigados a se declarar falidos."[15] Confrontadas no começo da década de 1750 com o ressurgimento do comércio holandês em Chinsura, as exportações da Companhia desde Bengala entraram em declínio. Em Londres, suas ações também cambaleavam, começando uma lenta queda de 197 libras em dezembro de 1752 para 133 libras em janeiro de 1757. Os dividendos também começaram a cair, de 8,6% em 1752 para 5,8% em 1756, um rendimento ridículo que se repetiu nos dois anos seguintes.

As revoluções costumam ocorrer quando um período de fortes avanços sofre uma súbita interrupção. A quebra de expectativas impele as pessoas atingidas a buscar soluções radicais. Foi assim em Bengala no início da década de 1750, quando a Companhia buscava desesperadamente uma solução para o agravamento de sua posição comercial. Com a recusa dos comerciantes *dadni*, em 1751, em aceitar novos termos e condições, no ano seguinte a Companhia sofreu uma grave escassez de aquisições. A crise levou à abolição completa do sistema *dadni* em junho de 1753, introduzindo-se agentes pagos (*gomastas*) para comprar mercadorias diretamente nos entrepostos de produção (*aurungs*). A eliminação dos intermediários deu aos executivos da Companhia, por outro lado, a oportunidade de relançar seus próprios negócios — o caminho para Plassey foi pavimentado pelo aventureirismo do comércio particular. As relações com o nababo seguiam piorando. Em agosto de 1752, Robert Orme, um dos mais importantes comerciantes da Companhia em Calcutá, escrevera frustrado para um amigo em Madras: "Seria uma boa coisa dar um golpe no velho patife [Alivardi Khan]. Eu não estou brincando quando digo que a Companhia deve pensar seriamente na questão se quiser que o comércio de Bengala continue a valer a pena."[16] O amigo era outro Robert — Robert Clive.

O ESPÍRITO DA GUERRA E DA CONQUISTA[17]

Frustração era uma coisa; oportunidade de realizar tais ideias privadas, outra muito diferente. O que criou as condições para que a revolução finalmente acontecesse foi o contínuo desgaste da autoridade mogol. O gigantismo imperial de Aurangzeb deixara os mogóis vulneráveis a repetidos assaltos de invasores afegãos, persas e maratas. Internamente, as intermináveis intrigas cortesãs e o declínio das forças armadas contribuíam para minar o eficiente sistema de governo imperial. No cerne desse sistema, estava o estrito controle sobre os governadores provinciais, que assegurava a centralização das nomeações. Além disso, os mogóis dividiam o poder provincial entre o *nazim*, que administrava as questões políticas e judiciais, e o *diwan*, que cuidava dos assuntos fiscais e financeiros. Em Bengala, esse elegante sistema começou a quebrar em 1717, quando as duas funções foram unificadas por Murshid Quli, que transferiu imediatamente a capital de Daca para Murshidabad. Ao morrer, em 1727, Quli foi sucedido por seu genro Shujauddin, que governou até 1739. Então, em um golpe sangrento que estabeleceu

110   A Corporação que Mudou o Mundo

o precedente para sucessões, o filho de Shujauddin foi deposto pelo seu portador de narguilé (*hookahburdar*), Alivardi Khan. A economia de Bengala era bastante forte, mas começou a ser abalada pelos persistentes ataques maratas ao longo da década de 1740 e pelo uso crescente de medidas arbitrárias do nababo para aumentar a arrecadação. Além disso, embora Alivardi tenha governado por quinze anos, o regime que ele transmitiu ao neto Siraj-ud-Daula era altamente personalizado e cada vez mais frágil. Um governante fraco deixaria Bengala exposta aos efeitos colaterais da guerra global então travada entre a França e a Grã-Bretanha.

Desde a fusão dos interesses anglo-holandeses na Revolução Gloriosa de 1688, a França, e não a Holanda, passou a ser vista como o principal concorrente imperial da Grã-Bretanha. Seriam necessários cem anos de uma guerra intermitente para decidir a contenda na Batalha de Waterloo, em 1815. Inicialmente, as Companhias das Índias Orientais dos dois países conseguiram se manter à margem dessa batalha geopolítica, firmando um pacto de neutralidade durante a Guerra da Sucessão Espanhola de 1701-14. Entretanto, na Guerra da Sucessão Austríaca de 1740-8, o Estado britânico as impeliu para a hostilidade aberta. Dupleix havia se tornado governador de Pondicherry depois de concluir seu mandato em Chandernagore. Em 1744, quando a notícia da guerra chegou à Índia, Dupleix uma vez mais ofereceu um pacto de neutralidade a seu congênere da companhia inglesa em Madras. A Companhia tentou ganhar tempo, mas a Marinha britânica atacou os carregamentos da companhia francesa no litoral. As hostilidades haviam começado.

Nas batalhas subsequentes, os franceses não apenas tomaram Madras como também derrotaram o nababo do Carnático, que, compreensivelmente, havia proibido as duas companhias de lutar em seu território. Embora Madras tenha sido devolvida à Companhia pelo tratado de Aix-la-Chapelle, que encerrou a guerra austríaca, o conflito continuou com as duas empresas apoiando príncipes rivais pelo controle do Carnático. Foi nesses conflitos no sul da Índia que Robert Clive demonstrou pela primeira vez seus talentos militares,

A Revolução de Bengala   111

e a companhia viu surgir uma nova fonte de renda, paralela ao comércio, com a "criação de nababos". Assim como outros executivos da Companhia, Clive chegou à Índia como um jovem amanuense, desembarcando em Madras em 19 de junho de 1744, aos 19 anos de idade. Oriundo de uma modesta família da pequena nobreza, Clive, ávido por recuperar o status social de sua família, usou o produto de seus primeiros sucessos indianos para pagar a hipoteca da propriedade onde nascera, Styche Hall, em Shropshire.

Conhecido desde menino como "completamente viciado" em luta, foi somente com a eclosão da guerra na Índia que Clive se mostrou promissor para a Companhia. Sem treinamento militar, revelou um excepcional talento para a execução de audaciosas ações de guerrilha ao capturar Arcot e sustentá-la ante uma força francesa esmagadoramente superior. No ano seguinte, obteve a rendição de Trichinopoli e, no tratado de paz que se seguiu, adquiriu São Tomé e Poonamallee para a Companhia, multiplicando as receitas territoriais de Madras. Em outubro de 1753, Clive retornou à Inglaterra como um herói popular, recebendo dos agradecidos diretores da Companhia uma espada orlada de ouro e cravejada de diamantes.

Apeado do Parlamento em uma disputada eleição, Clive retornou à Índia em abril de 1755 como governador do Forte St. David, em Cuddalore. Sua missão era abrir uma nova frente contra os franceses na costa ocidental, atacando seus interesses em Hyderabad. Ao chegar a Bombaim, porém, a paz já havia sido firmada. Clive estava a caminho de Madras quando recebeu a inquietante notícia de que a Companhia fora expulsa de Bengala.

A CAMINHO DE PLASSEY

O neto de Alivardi Khan, Siraj-ud-Daula, subiu ao trono em abril de 1756, aos 21 anos de idade. Geralmente retratado por seus adversários como corrupto e decadente, Siraj-ud-Daula tinha para com os britânicos uma postura perfeitamente coerente com os princípios fundamentais do reinado de seus avós. Alivardi Khan havia tentado acabar com o uso abusivo dos *dastaks* por parte da Companhia e nutria uma grande desconfiança da crescente dimensão militar do assentamento da Companhia em Calcutá, particularmente em relação ao fosso defensivo construído na década de 1740 para proteger a cidade das incursões maratas. "Vocês são comerciantes", ele dizia à Companhia, "que necessidade têm de uma fortaleza?"[18] Foram esses os principais fatores que levaram Siraj-ud-Daula à decisão de dar uma lição à Companhia. À sua profunda preocupação com a decisão da Companhia de reforçar o Forte William, em Calcutá, em parte motivada pela ameaça de uma iminente guerra global com a França, somava-se a revolta contra a proteção por ela dispensada a um de seus principais adversários. Um dos executivos da Companhia, Richard Becher, reconheceu que ela dera ao nababo "motivos de sobra para estar irado com os ingleses".[19]

A Companhia, por sua vez, sob a liderança do voluntarioso presidente de Calcutá, Roger Drake, subestimou completamente a determinação do novo nababo de pôr um freio a suas infrações. Assim como nas disputas anteriores entre o nababo e a Companhia, a negociação foi a primeira opção para resolver o conflito: Siraj-ud-Daula enviou seu embaixador Narayan Singh para negociar com a Companhia de Calcutá. Contudo, Singh foi humilhado e rudemente repelido. De volta a Murshidabad, Singh expressou toda a sua indignação perguntando: "Que honra nos resta quando um bando de mercadores que não sabem sequer lavar seus traseiros responde às ordens do governante escorraçando seu mensageiro?"[20] Siraj-ud-Daula, porém, ainda tentou uma solução negociada, declarando que, "se os ingleses se comportarem como comerciantes, poderão estar seguros de meus favores, proteção e assistência".[21] O problema, evidentemente, era que a Companhia não queria mais ser uma agência de comércio entre outras; queria o domínio, razão pela qual recusou os termos do nababo — a demolição das fortificações, a proibição da venda de *dastaks* aos comerciantes asiáticos e o fim da concessão de abrigo a seus inimigos.

A Revolução de Bengala   113

Esgotadas todas as alternativas, o nababo enviou suas forças para tomar Calcutá. Apesar da importância comercial da Companhia, uma combinação entre covardia e despreparo resultou na rápida queda do Forte William em junho de 1756. Em um incidente que passou a fazer parte do mito imperial britânico, naquela noite cerca de 100 homens da Companhia morreram asfixiados no "buraco negro", uma minúscula cela existente dentro do Forte William. Tal como em 1689, a Companhia esteve a ponto de ser totalmente expulsa de Bengala, sua mais lucrativa subsidiária. Artigos da imprensa inglesa estimaram que a Companhia havia perdido 2,5 milhões de libras na queda de Calcutá, mais da metade de seu capital acionário. Siraj-ud-Daula reafirmou sua supremacia, rebatizando Calcutá como Alinagar e exigindo da Companhia compensações equivalentes a quinze anos de evasão fiscal. Nos mercados locais, onde os negociantes tiraram rapidamente as próprias conclusões da humilhação da Companhia, o preço do calicô subiu 50%, com uma queda proporcional dos preços dos produtos europeus. "Os governadores da Companhia ficaram tão alarmados", comentou um observador, "que tomaram medidas imediatas para retomar os assentamentos."[22]

Sem que Siraj-ud-Daula tivesse conhecimento, a Companhia montou rapidamente uma contraofensiva, enviando a força expedicionária que acompanhava Clive a Hyderabad e os barcos da Marinha Real sob o comando do almirante Watson. Em carta de 11 de outubro de 1756, Clive disse ao Comitê Secreto da Companhia em Londres: "Eu estou seguro de que ao final dessa expedição nós não apenas teremos retomado Calcutá como também estabelecido a propriedade da Companhia em condições melhores e mais duráveis do que nunca."[23] Nas instruções enviadas a Clive dois dias depois, o Conselho de Madras ressaltou a importância da reconquista de Calcutá (com reparações), acrescentando, porém, que a missão deveria "fazer conexão com quaisquer poderes de Bengala que possam estar insatisfeitos com a violência do nababo ou

114   A Corporação que Mudou o Mundo

tenham pretensões a seu lugar".[24] A Companhia estava fazendo bom uso de sua experiência no Carnático.

Numericamente pequena, mas extremamente determinada, a expedição de Clive saqueou Hugli em janeiro de 1757 e retomou Calcutá no mês seguinte. Pelo Tratado de Alinagar, a Companhia obteve os direitos de cunhar sua própria moeda e estender o uso do *dastak* a seu comércio particular. Clive foi ainda mais adiante. Evitando as ofertas francesas de um pacto de neutralidade em Bengala e aproveitando-se da incursão de saqueadores afegãos no oeste da província, suas forças bombardearam e capturaram Chandernagore em março, uma conquista de inestimável importância comercial. Quando a notícia da queda de Chandernagore chegou a Londres meses depois, o preço das ações da Companhia subiu 12%.[25] O primeiro obstáculo ao domínio da Companhia sobre a economia de Bengala havia caído.

As intrigas logo liquidariam tanto o nababo quanto os comerciantes asiáticos. A história da conspiração que levou a Plassey é obscurecida por afirmações e contra-afirmações a respeito de quem teria sido seu responsável último. Para um especialista, foram os britânicos que "arquitetaram e incentivaram o golpe".[26] Clive, em sua carta aos diretores da Companhia depois da vitória de Plassey, disse que bengalis descontentes "nos fizeram ofertas".[27] Qualquer que seja, porém, a exata distribuição de responsabilidades, está claro que houve uma poderosa convergência de interesses entre a Companhia inglesa e setores da corte bengali. Se é o caso de culpar alguém, a Companhia foi obviamente culpada de fomentar a insurreição ilegal, ao passo que Mir Jafar, Jagat Seth, Amir Chand e os demais conspiradores foram igualmente culpados de alta traição.

Os três principais conspiradores do lado bengali eram figuras de proa em seus campos de atividade. Mir Jafar fora um importante militar e tesoureiro (*bakshi*) de Siraj-ud-Daula, removido do posto depois de Chandernagore. Os Jagat Seth não tinham rivais no norte da Índia em poder financeiro. Conhecida como "os banqueiros do mundo" (*jagat seth*), essa família *marwari* amealhara formidáveis recursos econômicos com o controle da cunhagem imperial de moeda e vultosos empréstimos. Donos de imensa influência financeira na corte bengali, eles foram considerados por um comentarista francês da época "a principal causa das revoluções em Bengala".[28]

Oriundo de Agra, Amir Chand era um dos maiores príncipes mercadores de Bengala, controlando boa parte do comércio de ópio e salitre. Era também muito conhecido da Companhia, operando como um de seus comerciantes *dadni* desde o começo da década de 1730. No entanto, nem sempre suas relações foram harmoniosas: em 1735 a Companhia encerrou seu contrato com Chand por problemas de fraude. Quatro anos mais tarde, porém, ele foi reintegrado, chegando a gerenciar um terço do investimento anual da Companhia em Bengala.

A novidade do golpe de Plassey não foram pura e simplesmente a intriga e a traição na capital bengali de Murshidabad. A novidade foi a disposição dos conspiradores de se aliar a nada mais do que uma força de mercenários estrangeiros. De forma análoga aos fracos e ambiciosos nobres da Grã-Bretanha pós-romana, os principais aristocratas e comerciantes da corte bengali se acreditavam capazes de controlar os bárbaros estrangeiros na medida de seus interesses. Um equívoco catastrófico. Bengala era rica, mas a primazia de sua elite comercial e governante era carente de raízes, baseada mais que tudo em contatos e lealdades pessoais. Do outro lado, havia uma sólida instituição impessoal movida por um conjunto bem determinado de prioridades. A estrutura corporativa da Companhia lhe dava "uma força coletiva e uma unidade de propósitos não disponíveis" aos mercadores nem aos nababos asiáticos pós-mogóis.[29] Essa firmeza de propósitos logo se tornaria patente em Bengala.

Durante as febris negociações do acordo que derrubaria Siraj-ud-Daula, Amir Chand, uma vez mais, excedeu todas as expectativas, tornando-se o primeiro "Sr. 5%". Ameaçando denunciar os conspiradores, Amir Chand exigiu nada menos que a vigésima parte do tesouro de Bengala para manter seu apoio. Cento e cinquenta anos

116   A Corporação que Mudou o Mundo

depois, em 1914, um intermediário corporativo mais bem-sucedido, Calouste Gulbenkian, ganhou o título de "Sr. 5%" devido à parcela que recebeu da Companhia de Petróleo da Turquia por negociar o acordo entre uma sociedade anglo-persa, a Shell e o Deutsche Bank. Em 1757, tanto os conspiradores bengalis quanto a Companhia ficaram indignados com a audácia de Amir Chand. Em um estratagema que se tornaria lendário, Clive redigiu dois tratados com Mir Jafar. Em um deles, falso, escrito em papel vermelho, Clive concordava com a exigência de Amir Chand, forjando a assinatura do almirante Watson, líder da expedição. No outro, verdadeiro, escrito em papel branco, não havia nenhuma menção a essa transferência. Ao tomar conhecimento do truque, depois de Plassey, Amir Chand desmaiou e morreu pouco depois em desespero.

A conspiração que culminou em Plassey foi uma arriscada aventura que quase acabou em desastre. Na verdade, Siraj-ud-Daula descobriu a trama, mas, em um ataque de indecisão, que foi sua ruína, resolveu não esmagá-la em benefício, uma vez mais, da conciliação. Sua atenção estava dividida entre as incursões afegãs em Bihar, no oeste, e a agressividade da Companhia no sul. Em 23 de junho de 1757, suas forças — mais numerosas, porém mal-organizadas e internamente divididas — enfrentaram as tropas numericamente muito inferiores, porém muito mais disciplinadas, da Companhia perto de um mangueiral em Plassey. Eram cerca de 50 mil bengalis contra 3 mil homens de infantaria da Companhia, dos quais somente um terço britânicos. Uma combinação entre acaso, combatividade e traição levou à derrota do nababo e, em seguida, a seu assassinato. Depois de entronizar Mir Jafar como seu títere, a Companhia cuidou de implementar os termos de seu tratado.

Logo vieram as recompensas. Eliminaram-se as feitorias francesas de Bengala, pagaram-se substanciais reparações à Companhia e aos habitantes ingleses, indianos e armênios de Calcutá e concederam-se à Companhia terras ao redor da cidade conhecidas como as 24 *parganas*. Em uma extraordinária operação, Clive havia ganhado para a Companhia 2,5 milhões de libras a curto prazo, mais o acréscimo de rendas futuras. Escrevendo em triunfo aos diretores da Companhia em 26 de julho de 1757, ele concluiu que "esta grande revolução, executada com tanto sucesso, parece completa sob todos os aspectos".[30]

COLHENDO OS FRUTOS DA REVOLUÇÃO

Quase imediatamente após o golpe de Plassey, as técnicas empregadas por Clive foram submetidas a um detalhado escrutínio e, desde então, têm sido objeto de muita controvérsia. Muitos criticaram Clive por descer ao nível das práticas ditas "orientais" de corrupção e fraude. Investigando sua trajetória muitos anos depois, Thomas Babington Macaulay concluiu que Clive se tornara um "intrigante indiano" e que o golpe aplicado em Amir Chand fora "não apenas um crime, mas um desatino". O mais recente biógrafo inglês de Clive, Robert Harvey, adota um enfoque mais maquiavélico, dizendo que ele "merece imenso crédito por sua capacidade de trapacear".[31] Longe de qualquer simpatia por Amir Chand, tapeado por alguém ainda mais ardiloso do que ele próprio, o fato é que a grande trapaça de Clive faz parte da mentira original que justificou o domínio britânico na Índia. O incidente do "buraco negro" seria mais tarde ampliado como um crime a justificar as piores represálias por parte da Companhia. No entanto, a Companhia ficaria vulnerável à acusação de hipocrisia ao exaltar, mais tarde, seu "modesto acordo" (palavras do próprio Clive) como o alicerce de seu domínio.[32]

Ainda mais graves são as acusações de corrupção levantadas contra Clive. Assim como outros líderes da força expedicionária, Clive lucrou imensamente com a revolução de Plassey, ganhando 200 mil rupias como membro do Comitê Especial de Bengala, outras 200 mil rupias como comandante em chefe e mais 1,6 milhão de rupias na forma de doações particulares da nobreza bengali, perfazendo um total de 234 mil libras — cerca de 22 milhões de libras em valores de 2002. Aos 33 anos de idade, Clive

118   A Corporação que Mudou o Mundo

se tornara subitamente um dos homens mais ricos da Inglaterra. Defendendo-se perante o Parlamento muitos anos depois, Clive se declarou inocente de todas as acusações: "Sr. Presidente, neste momento me impressiona meu comedimento." Por indecorosas que possam parecer tais recompensas, Clive não infringiu nenhuma lei ao aceitá-las. De acordo com Macaulay, ele estava apenas dando aos outros um "mau exemplo". Afinal, tais remunerações não são, sob muitos aspectos, muito diferentes dos bônus de produtividade concedidos aos executivos das grandes corporações da década de 1990 por realizar grandes aquisições. Christopher Gent da Vodaphone, por exemplo, ganhou um bônus de 10 milhões de libras em 2000 por assegurar a compra da Mannesmann alemã, recompensa que um acionista descreveu na época como digna dos "barões ladrões de antigamente".[33]

O que Clive inaugurou, outros iriam copiar. Nos oito anos seguintes a Plassey, a Companhia colocou quatro nababos no trono de Bengala. Cada "revolução" era acompanhada da transferência de mais terras à Companhia em troca da reestruturação das imensas dívidas do nababo, além de pródigos presentes aos principais executivos da Companhia — totalizando 2,2 milhões de libras, mais 3,8 milhões de libras em reparações. Em 1760, Mir Jafar foi derrubado em favor de seu genro Mir Kasim, por sua vez deposto em 1763 por tentar deter o câncer do comércio particular que vicejava sob a tutela da Companhia. A solução de Mir Kasim era ousada — abolir todas as taxas alfandegárias internas, assim esvaziando o valor dos *dastaks* de isenção fiscal. Não se podia permitir que essa reforma vingasse. Contra ela, a Companhia foi à guerra mais uma vez.

O ódio à Companhia era tanto que um grupo de prisioneiros ingleses mantidos em Patna foi assassinado pelas tropas de Mir Kasim em 1763, um deliberado ato de vingança muito mais brutal do que o incidente do "buraco negro" seis anos antes. Os outrora preeminentes Jagath Seths foram decapitados por cumplicidade com os britânicos. Grupos de veneráveis armados (*sannyasi*) contribuíram com a revolta atacando Daca e saqueando a feitoria da

A Revolução de Bengala   119

Companhia em Baiganbari. Mir Kasim uniu forças com o nababo de Awadh e o imperador mogol xá Alam II para enfrentar a Companhia pelo controle de Bengala. Nessa segunda guerra entre a Companhia das Índias e o Império mogol, o resultado inicial foi o oposto. Na batalha de Buxar, em outubro de 1764, as forças da Companhia obtiveram um triunfo ainda mais decisivo, talvez, que o de Plassey. Mir Jafar foi reconduzido ao trono por uns poucos meses, até seu filho Najim-ud-Daula assumir no começo de 1765. Não por acaso, esse período foi descrito como "um dos piores capítulos da história da Inglaterra".[34]

Para além dos sórdidos detalhes dos repetidos golpes infligidos a Bengala, há a motivação fundamental — o domínio do mercado em benefício da Companhia e de seus executivos. Como admite Macaulay, Clive "considerava-se um general não da Coroa, mas da Companhia".[35] O que ganhou a Companhia com essa revolução? A quebra da autoridade reguladora do nababo, que lhe permitiu alcançar o longamente ansiado monopólio das exportações, a conquista do mercado interno do país e a apropriação de suas receitas públicas. Uma estimativa sugere que, na década que se seguiu a Plassey, Bengala perdeu dois terços de suas receitas para essa pilhagem comercial.[36] Como comentou mais tarde Luke Scrafton, braço direito de Clive, Plassey permitiu à Companhia "comandar todo o comércio da Índia (exceto com a China) por três anos, sem despender uma única onça de ouro".[37] A reversão da preponderância econômica global havia começado.

Em Bengala, a capacidade do nababo de impor regras contra o abuso dos *dastaks* foi severamente enfraquecida. No exercício de seus poderes recém-estabelecidos, Clive obteve que os executivos da Companhia (ele próprio incluído) tivessem rédea solta para explorar o mercado interno. Os temores bengalis de que isso significasse o "monopólio" inglês do mercado cedo se revelaram justificados. Em 1762, o nababo Mir Kasim protestou junto à Companhia em Calcutá contra o fato de seus *gomastas* "levarem à força as mercadorias e produtos dos *ryots*, comerciantes etc. por um quarto de seu valor e obrigar os *ryots*, por meio de violência e opressão, a pagar cinco rupias por produtos que não valem mais do que uma".[38]

Abolida a capacidade reguladora do Estado bengali, a Companhia estava apta a remover a ameaça representada pela concorrência das duas outras companhias de comércio europeias e dos comerciantes asiáticos locais. O desafio francês já fora eliminado com a captura de Chandernagore no caminho para Plassey. Embora os franceses tivessem retornado ao porto (permanecendo nele até 1947), a Compagnie Perpetuelle era uma sombra de seu próprio passado e seria liquidada em 1769. Quanto à VOC, poucos meses depois de Plassey, suas posições começaram a ser minadas pelos comerciantes da Companhia, agora em situação vantajosa. Os agentes da Companhia ganharam notoriedade com a prática infame de invadir os distritos têxteis e destruir peças de tecido destinadas à VOC. Diante da perspectiva de aniquilação comercial, os holandeses organizaram uma desesperada ação de retaguarda. Em junho de 1759, a VOC enviou uma frota de Batavia a Bengala, mas a expedição foi interceptada, e os holandeses, obrigados a prometer que nunca mais mandariam tropas a Bengala. O monopólio holandês do comércio de ópio de Bengala — exercido por meio de uma firma particular, a Sociedade do Ópio — foi também derrubado e substituído pelo Grupo de Comerciantes de Patna, que em pouco tempo se tornou infame por suas práticas sub-reptícias e pela riqueza que acumulou. Sabe-se, por exemplo, que os executivos da Companhia costumavam "obrigar o camponês a segar seu rico campo de papoulas e semeá-lo com arroz" para reduzir a oferta de ópio e elevar seu preço.[39]

Quanto à classe mercantil asiática, o sucedido com Amir Chand não foi mais do que um caso extremo da desgraça que se abateu sobre ela. Áreas críticas da economia rural outrora controladas pelos asiáticos foram formalmente submetidas ao monopólio da Companhia. Em 1758, por exemplo, Mir Jafar concedeu à Companhia os direitos sobre o precioso setor de salitre, negócio que o próprio Amir Chand um dia dominara. Para culminar, a Companhia introduziu o sistema de *gomastas* assalariados, que aboliu a necessidade de sócios asiáticos.

UM COMÉRCIO "NÃO CORRESPONDIDO"

Depois de Buxar, toda Bengala estava à mercê da Companhia. Os concorrentes haviam sido liquidados e o nababo não era mais uma ameaça. A revolução, porém, seria completada com uma última aquisição: a incorporação do tesouro de Bengala aos cofres da Companhia. A transferência das 24 *parganas* acrescentara 58 mil libras em impostos às receitas. Em pouco tempo, Clive receberia do imperador mogol a oferta de que a Companhia assumisse o encargo da administração dos impostos (*diwani*) de toda Bengala para poder retomar o pagamento do tributo regular a Délhi. Numa carta de janeiro de 1759 ao primeiro-ministro William Pitt, Clive explicou que "por enquanto" declinara da oferta e retornou à Inglaterra com uma fortuna de 300 mil libras — mais de 34 milhões de libras em valores atuais — e uma recompensa vitalícia (*jagir*) de Mir Jafar no valor aproximado de 30 mil libras.[40]

A ascensão de Mir Kasim em 1760 colocou sob controle da Companhia os distritos de Midnapore, Burdwan e Chittagong, com rendimentos de 650 mil libras. Ao retornar à Índia para a terceira e última temporada em maio de 1765, Clive deixou de lado sua cautela inicial e obrigou o enfraquecido xá Alam II a formalizar o domínio da Companhia. Em 12 de agosto de 1765, o imperador lhe concedeu os direitos de *diwani* de Bengala, Bihar e Orissa em troca de um tributo anual de 2,6 milhões de rupias, o equivalente a 325 mil libras. Clive calculou que, depois de deduzidos os custos administrativos do nababo, das 25 milhões de rupias em receitais fiscais anuais de Bengala ainda restaria para a Companhia um saldo líquido de 12 milhões de rupias, ou 1.650.900 libras.[41] Em valores do século XXI, isso equivale a um superávit anual de mais de 150 milhões de libras e uma margem de lucro de cerca de 49%.

122   A Corporação que Mudou o Mundo

Para os ciosos diretores da Companhia em Leadenhall Street, que durante 150 anos haviam administrado obsessivamente a exportação do escasso metal precioso para a Ásia, Clive pintou um quadro de assombrosa munificência. A aquisição de direitos de *diwani* "custearia todas as despesas de investimento, supriria a totalidade do tesouro chinês, satisfaria as demandas de todos os demais assentamentos na Índia e ainda deixaria um confortável saldo em seu Tesouro".[42] Espertamente, Clive mantinha a ficção da autoridade mogol para que os impostos continuassem a ser coletados por funcionários locais — "um perfeito exemplo de receita sem investimento" segundo o professor Sirajul Islam, da Sociedade Asiática de Bangladesh.[43] Nos seis anos seguintes, a Companhia recolheria mais de 20 milhões de libras, com 4 milhões de superávit, menos do que inicialmente esperado, mas ainda uma grande façanha numa época em que o total das exportações asiáticas da Companhia antes da *diwani* somavam não mais que 1 milhão de libras anuais.

O Estado corporativo havia chegado. Ao contrário do que pretendem racionalizações posteriores de historiadores imperiais, Clive não conquistara os direitos de *diwani* para promover os interesses do Império britânico. Suas motivações eram muito mais diretas. "Embora nunca desatento aos seus próprios interesses", escreveu James Mill em sua *História da Índia Britânica* em 1817, Clive era "movido por um sincero desejo de promover a prosperidade da Companhia."[44] Incrédulos com sua boa sorte, os diretores instruíram seus funcionários em Bengala a dividir o superávit entre a compra de têxteis a serem embarcados para a Inglaterra e o envio do restante a Cantão para a compra de chá. Esse arranjo, conhecido um tanto poeticamente como o "comércio não correspondido", levaria ao progressivo empobrecimento de Bengala. Dito de um modo mais prosaico, no fim do século, uma proporção entre 85% e 90% do comércio exterior de Bengala estava nas mãos da Companhia.[45]

OS POLEGARES DOS TECELÕES

A riqueza da indústria têxtil de Bengala foi o principal fator de atração para a Companhia e seus tecelões, aqueles que mais sentiram o impacto de seu poder de mercado. Embora não fossem ricos, os tecelões de Bengala tinham um padrão de vida mais elevado do que os seus congêneres na Inglaterra da época, em ampla medida por causa de sua capacidade de determinar os próprios termos e condições de trabalho. De acordo com Prasannan Parthasarathi, existem fortes evidências de que os tecelões da Índia "ganhavam mais e levavam vidas financeiramente mais seguras do que seus congêneres britânicos".[46] A tradição econômica da Índia sustentava a posição do tecelão contra o comerciante. Numa época em que o Estado britânico intervinha a favor do empregador — estabelecendo níveis máximos de salários, por exemplo —, os tecelões da Índia atuavam como um corpo organizado, aumentando sua capacidade de negociar preços favoráveis. Combinado à forte demanda europeia por tecidos na primeira metade do século XVIII, esse poder de barganha criou um mercado vendedor que permitiu aos tecelões indianos desfrutar uma "era de ouro" em que os custos eram baixos e os preços, altos.

Tudo isso acabou depois de Plassey. Da relativa independência econômica, os tecelões de Bengala foram levados a uma posição de quase escravidão, impedidos de vender a terceiros e obrigados a aceitar os preços oferecidos pelos agentes da Companhia (*gomastas*). "A Companhia ia ao mercado como Soberana e Tirana", diz um revelador artigo de Philip Francis da década de 1770. "Em vez de conquistar a preferência pagando mais", prossegue o autor, "obrigava os tecelões a trabalhar para ela por preços abaixo do mercado, ao mesmo tempo que proibia os comerciantes particulares de negociar os artigos demandados por seu investimento." O resultado era inevitável: "Foi assim que em pouco tempo se estabeleceu um amplo e rigoroso monopólio."[47]

A Companhia empregava todo tipo de subterfúgio para empurrar os preços ainda mais para baixo. Uma prática particularmente

124   A Corporação que Mudou o Mundo

perversa era classificar mercadorias perfeitas como de qualidade inferior para depois vendê-las no mercado aberto a preços muito mais altos do que aqueles pagos aos tecelões, assim gerando imensos lucros para o *gomasta* e o residente da Companhia. Os baixos preços de venda não cobriam os custos dos tecelões, impedindo-os de pagar os adiantamentos recebidos da Companhia. O resultado não podia ser outro: inadimplência e pobreza. Para o especialista Hameeda Hossain, de Bangladesh, o mesmo "comprador corporativo que proporcionara ao tecelão seu capital de giro e o acesso ao mercado se tornou a causa fundamental de sua pauperização e alienação em face de sua atividade".[48]

Alguns tecelões resistiram a esse abuso de poder. Em 1767, os tecelões de Khirpal enviaram uma delegação a Calcutá para reivindicar o aumento do preço do tecido. Por incrível que pareça, as autoridades da Companhia concordaram. No entanto, o residente local não apenas ignorou a ordem como também ameaçou de prisão os tecelões insatisfeitos, caso eles insistissem na reivindicação. Esse foi, porém, um raro exemplo de resistência. No começo da década de 1770, a Companhia vinha auferindo lucros notáveis com sua opressiva política de intercâmbio. Uma estimativa sugere que os *gomastas* da companhia pagavam "em todos os lugares 15% menos e em alguns casos até 40% menos" do que o tecelão receberia no bazar público.[49]

Essas reduções de preço eram obtidas à custa de uma brutalidade que se tornou infame em sua época. De acordo com o célebre relato de William Bolt, "variados e inumeráveis" eram "os métodos de opressão dos tecelões pobres, como multas, prisões, chibatadas, grilhões etc."[50] Alguns reagiam a esse abuso com puro desespero. Bolt diz que as práticas da companhia levaram a terríveis formas de automutilação entre os enroladores de seda crua, chamados *nagaads*: "Sabe-se que alguns cortaram os polegares para não serem obrigados a enrolar a seda."[51]

É difícil imaginar o tamanho da violência econômica necessária para obrigar trabalhadores qualificados a se mutilarem dessa maneira. Fora Bolt, não existem outros indícios de incidentes iguais ou similares, o que não impediu que esse exemplo adquirisse o status apócrifo de símbolo do sofrimento físico e psicológico infligido pela tomada de Bengala pela Companhia: a imagem permanece viva na memória popular de todo o subcontinente, como neste poema de Shahid Ali, "Dacca Gauzes", de 1980:

Na história, aprendemos: as mãos
dos tecelões foram amputadas,
os teares de Bengala silenciados,
e o algodão em rama levado
à Inglaterra nos navios britânicos.

História que pouco lhe vale,
minha avó costuma dizer
que as musselinas de hoje
parecem ordinárias e que só
no outono, se nos levantarmos
ao amanhecer para rezar,
sentiremos a mesma textura outra vez.*

UMA REVOLUÇÃO OPULENTA

Quando Clive retornou pela última vez à Inglaterra em fevereiro de 1767, as consequências de Plassey a longo prazo eram obscuras. Bengala era agora a estrela maior entre as possessões da Companhia. Madras, porém, permanecia sob a ameaça da intervenção francesa, de incursões Maratas e da força crescente de Mysore; a Companhia levaria três décadas mais para assegurar o sul da Índia. Clive, no

---

* No original: *In history, we learned: the hands/ of weavers were amputated,/ the looms of Bengal silenced,/ and the cotton shipped raw/ by the British to England.// History of little use to her,/ my grandmother just says/ how the muslins of today/ seem so coarse and that only/ in autumn, should one wake up/ at dawn to pray, can one feel that same texture again.* (N. T.)

126   A Corporação que Mudou o Mundo

entanto, confiava que suas ações nos dez anos precedentes haviam dotado a Companhia de um "espólio" sem rival. Apesar de toda a "inveja, malícia, facciosismo e ressentimento" que se erguia contra a Companhia, Clive se orgulhava de suas realizações e acreditava que a Companhia podia se reivindicar, com justiça, "a mais opulenta Companhia do mundo".[53] Em termos práticos, essa opulência tinha um valor estimado de 38,4 milhões de libras entre 1757 e 1780 em transferências "não correspondidas" de bens à Grã-Bretanha.[54] Clive levou consigo uma fortuna de aproximadamente 400 mil libras, deixando para trás sua querida mansão em Dum Dum, situada 4 milhas ao norte de Calcutá — hoje sendo restaurada pelo Serviço Arqueológico da Índia, ao que se diz para a criação de um museu. Duzentos e cinquenta anos depois, muito ainda se discute a respeito de se esse "pequeno imperador mogol" deve ser lembrado em sua antiga residência.

Para alguns, Clive foi um gênio obstinado; para outros, um canalha sem nenhuma ética. Evidentemente, ele foi as duas coisas e muito mais. Sua astúcia levou a Companhia à conquista de Calcutá e ao golpe de mestre de Plassey, que humilhou a autoridade do Estado de Bengala, esmagou a classe comerciante asiática e eliminou a ameaça da concorrência francesa. Tudo isso se pode atribuir a seu calculado oportunismo e à disposição de quebrar todas as regras para atingir o objetivo. Em vez de "tragados" pela crise interna da elite bengali, Clive e os executivos da Companhia que trabalharam com ele exploraram de forma absolutamente deliberada todas as oportunidades surgidas para promover os próprios interesses e o de seus empregadores. Ele foi o grande "revolucionário", o extraordinário "fazedor de nababos".

No entanto, Clive foi mais do que apenas um indivíduo poderoso; ele foi o principal representante de uma máquina corporativa que buscava seus objetivos com uma lógica impiedosa. Por trás de sua exuberância, o Estado do nababo se encontrava ameaçado por múltiplos inimigos, dividido internamente por intrigas cortesãs e carente da firmeza institucional necessária para se proteger das incursões de um adversário decidido. Os historiadores imperiais deram muita importância ao fato de os diretores da Companhia não terem um plano de conquista previamente concebido, o que teria dado à revolução de Bengala um caráter até certo ponto "acidental". Contudo, as ações de Clive foram inteiramente consistentes com as sempiternas instruções de Londres no sentido de assegurar suas possessões ultramarinas. A aquisição dos direitos da *diwani* foi uma dádiva de imensas proporções, que rendeu a Clive a admiração geral.

Por seu papel na conformação do mundo moderno, a "grande revolução" da Companhia em Bengala merece ser colocada ao lado de outras mais célebres — a Americana, a Francesa e a Russa. Em menos de uma década, a Companhia redirecionou o fluxo da riqueza mundial para o Ocidente. Foi uma revolução corporativa, concebida para conquistar as riquezas de um povo inteiro em benefício de uma única companhia. Não foram patriotas republicanos nem bolcheviques que tomaram o poder, mas sim um grupo de comerciantes agindo em nome dos persistentes acionistas da Companhia em Londres. O próprio vice-presidente, Laurence Sulivan, reconheceu ser essa uma situação "racionalmente monstruosa". Não admira que a casa que esses comerciantes construíram tenha vindo abaixo pouco tempo depois.

5

A Grande Quebra das Índias Orientais

PONHAM NO ARMAZÉM

O problema era, evidentemente, onde estocar o produto da pilhagem da Índia. Na Inglaterra, a Companhia guardava zelosamente seus importados da Índia em armazéns espalhados pela City de Londres. Além de centro financeiro, a Londres do século XVIII era um lugar de intercâmbio físico, e o armazém seu edifício paradigmático. Havia armazéns da Companhia por toda a City, em Lime Street, Fenchurch Street — ao lado do East India Arms* —, Seething Lane, Still Yard e Crutched Friars. No entanto, com o *boom* de importações que se seguiu a Plassey, a Companhia ficou simplesmente sem espaço; e, como não era prático trazer o tesouro de Bengala na forma de barras de prata, a Companhia decidiu recompensar seus acionistas expandindo a compra de mercadorias de Bengala, notadamente têxteis.

A aquisição da *diwani* em 1765 aumentou ainda mais a pressão a favor do intercâmbio físico como mecanismo de transferência dos

---

* Tradicional pub londrino, muito popular entre os trabalhadores da City. Ver http://www.citypubs.co.uk/pubs/eastindiaarms.html (N. T.)

impostos de Bengala para a Inglaterra. Como disse o Conselho de Bengala em uma carta de 1769 aos diretores da Companhia: "Mais do que um mero sistema mercantil, daqui em diante nosso comércio poderá ser considerado um meio de transportar suas receitas para a Grã-Bretanha".[1] Para abrigar esse caudal de musselinas, calicôs e sedas cruas, a Companhia construiu novos armazéns em Browns' Yard, perto da Torre de Londres, e em 1771 inaugurou o Armazém de Bengala em Bishopsgate. A notícia do que havia lá dentro logo se espalhou, tornando-o o alvo preferido da comunidade criminosa de Londres, sequiosa de pôr as mãos nessas preciosidades. Em janeiro de 1773, por exemplo, três ladrões foram levados a julgamento em Old Bailey pelo roubo de 628 lenços de seda do armazém e condenados ao degredo no ultramar, provavelmente para nunca mais voltar.

Vinte anos depois, o Armazém de Bengala se tornou parte do imenso complexo de Cutler Street, boa parte do qual existe até hoje. Bem-projetados e surpreendentemente elegantes, com suas janelas dóricas e escadas piranesianas,* os edifícios de seis andares de altura eram, no entanto, sólidos o bastante para sobreviver a mais de dois séculos de desgaste. Os armazéns foram vendidos depois que a Companhia perdeu o monopólio comercial em 1833, mas permaneceram em uso até a década de 1970. Reaproveitados como edifícios de escritórios — os armazéns da era financeira —, eles ainda transmitem um pouco do poder que exsudavam na época de Plassey. A escadaria que dá acesso ao Armazém Velho de Bengala ainda é a original, construída em granito e ferro, com 2,5 metros de largura para permitir a passagem de fardos de tecido e caixotes de chá. Hoje não há mercadorias em exposição, mas, na primeira metade do século XX, o poeta John Masefield visitou o complexo e descreveu com estas linhas a impressão que lhe causou:

---

* Construídas segundo o estilo de Giovanni Battista Piranesi, gravurista e arquiteto italiano do século XVIII. Foi também engenheiro hidráulico e arqueólogo. (N. T.)

130   A Corporação que Mudou o Mundo

Tu me mostraste a noz-moscada e sua casca
Plumas de avestruz e presas de elefante
Centenas de toneladas do valioso chá
Embalados em madeira pelos cingaleses
E uma miríade de drogas deletérias
Canela, mirra e macis tu me mostraste
Brilhantes aves douradas do paraíso
E uma montanha aromática de um bilhão de cravos
E seletos vinhos do Porto de uma luzente fonte de vidro
Tu me mostraste, durante uma hora maravilhosa
A riqueza do mundo e o poder de Londres.[*2]

Esses sólidos edifícios, no entanto, contam também outra história. A Companhia vivia o auge de seu poder quando mandou
construir o Armazém de Bengala. Depois de Plassey, durante quase
dez anos, as ações da Companhia das Índias Orientais foram o principal objeto de uma intensa atividade especulativa internacional
alimentada pelos sucessivos anúncios de grandes aquisições no
Oriente. Entre fevereiro de 1758, quando a notícia da vitória de
Plassey chegou a Londres, e dezembro de 1768, quando a Companhia
comprou o terreno para construir o Armazém de Bengala, o preço
de suas ações duplicou, atingindo a marca de 276 libras, mas não
passou daí. Cinco meses depois, em maio de 1769, chegaram a
Londres notícias não só de que uma frota francesa havia entrado no
oceano Índico mas também de que Hyder Ali, sultão de Mysore,
havia invadido as possessões da Companhia no sul da Índia.
O preço das ações caiu 16% em um único mês e continuaria a cair
durante os quinze anos seguintes, atingindo o mínimo de 122 libras

---

* No original: *You showed me nutmegs and nutmeg husks/ Ostrich feathers and elephant
tusks/ Hundreds of tons of costly tea/ Packed in wood by the Cingalee/ And a myriad drugs
which disagree/ Cinnamon, myrrh, and mace you showed/ Golden paradise birds that glo-
wed/ And a billion cloves in an odorous mount/ And choice port wine from a bright glass
fount/ You showed, for a most delightful hour/ The wealth of the world, and London's
power.* (N. T.)

em julho de 1784 — uma queda de 55%. Embora a Companhia desse continuidade à construção do Armazém de Bengala, todos os outros planos foram mantidos em suspensão até a mudança da maré na década de 1790. Só em 1824, quarenta anos depois de cair ao nível mais baixo, as ações da Companhia retornariam às estonteantes alturas de 1768. O tamanho do mergulho financeiro da Companhia pode ser mensurado pelos trinta anos que levou a bolsa de Nova York para recuperar o valor que atingira na véspera da quebra de 1929.

APODRECENDO DE CIMA

A causa de tamanho colapso no patrimônio da Companhia foi a convergência de um conjunto de forças. Acontecimentos inesperados e ações individuais certamente tiveram seu papel, mas boa parte do sucedido já estava codificada na estrutura institucional da Companhia. O desafio fundamental de toda e qualquer instituição talvez seja fazer com que seus empregados promovam o interesse coletivo mais do que o próprio. Nas sociedades anônimas, essa tensão primordial é acentuada por duas forças adicionais: a separação entre a propriedade e o controle executivo, e o potencial especulativo da negociação pública de suas ações. Para a Companhia das Índias Orientais, o desafio do controle era ainda maior, uma vez que seus diretores precisavam manter o difícil equilíbrio entre os interesses da Companhia e os negócios particulares de seus executivos.

O comércio particular foi um dos vários cânceres que corroeram a fibra ética da Companhia. A extorsão de propinas de comerciantes locais para fechar negócios era lugar-comum, e esses "presentes" influenciavam a qualidade e o custo das mercadorias adquiridas. A Companhia estabelecia regras claras de comportamento para seus funcionários, firmando com eles termos de compromisso com cláusulas bastante severas. Todavia, por falta tanto de vontade quanto de meios, a Companhia "era muito incompetente na repressão à corrupção, mesmo quando a descobria" e "considerava difícil

132 A Corporação que Mudou o Mundo

punir os culpados".[3] Mesmo assim, essa recorrente deficiência foi mantida sob controle enquanto a Companhia foi apenas uma entre muitas que lutavam para assegurar sua fatia do comércio asiático e os governantes locais conservavam certo grau de capacidade reguladora.

Plassey mudou tudo isso eliminando todas as restrições às boas práticas. Mais ainda, a intensificação da corrupção foi impelida pelos próprios dirigentes da Companhia, no Conselho de Calcutá e na Diretoria de Londres. O lema "uma rapariga e um *lakh* [100 mil rupias] por dia"* entrou na linguagem comum para descrever o modo de vida dos executivos da Companhia em Bengala, alentado por voluptuosas amantes (*bibis*) e generosos presentes recebidos de representantes do Estado e comerciantes asiáticos. Em Londres, o hálito quente de Plassey foi imediatamente sentido na Casa das Índias Orientais. Pela primeira vez desde a batalha entre Child e Papillon, o Conselho Diretor se dividiu em facções adversárias. Até então as eleições dos diretores haviam sido em geral incontestadas, com os acionistas satisfeitos em apoiar a lista de candidatos da casa que lhes garantiam polpudos ganhos de capital e generosos dividendos. A promessa de opulência representada por Plassey, porém, significava que o controle da Companhia se tornara uma valiosa fonte de nomeações e pilhagens. A guerra eclodiu entre os acionistas, com grupos rivais buscando arrebatar o leme. As reuniões da Corte de Proprietários logo se tornaram "grandes, tumultuosas, turbulentas mesmo", com discussões "indecentemente virulentas".[4]

De um lado estava Laurence Sulivan; de outro, o poder ascendente do Grupo de Bengala, liderado por Robert Clive. Sulivan, que fizera fortuna em Bombaim, tornou-se diretor em 1755, aos 52 anos de idade. Não era nenhum santo, mas era tido como competente e, pelos padrões da época, honesto. Eleito presidente pela primeira vez em abril de 1758, Sulivan dominaria os negócios por cinco anos, não sem antes tomar medidas para pôr freios em Clive e seu grupo de aventureiros. Em palavras que lembram a antiga crítica de

---

* No original: *A lass and a lakh a day*. (N. T.)

Alivardi Khan, os diretores escreveram a Clive: "Você parece tão completamente dominado por ideias militares que esquece que seus patrões são comerciantes, e o comércio sua principal finalidade."[5] No entanto, o principal motivo da fúria de Sulivan era o *jagir* de Clive, presenteado por Mir Jafar em troca de ajuda contra uma nova invasão de Bengala. Junto com um altissonante título mogol, o *jagir* consistiu de uma doação de terras que rendiam a Clive uma renda anual de cerca de 30 mil libras. Astuciosamente, Mir Jafar indicou que as terras que gerariam essas rendas não eram senão as 24 *parganas* da própria Companhia. Clive não apenas estava muito mais rico do que qualquer um dos diretores de Leadenhall Street como era também agora o senhor das terras da Companhia no coração de Bengala.

O conflito aberto eclodiu em 1761, quando Sulivan advertiu Clive de que o *jagir* era injustificado. Dois anos depois, Sulivan mandou suspender o pagamento. Clive reagiu com fúria: mobilizou sua fortuna pessoal para derrubar a decisão, quebrando a regra que limitava a cada acionista um único voto, independentemente do tamanho de seu capital. Dividindo o próprio capital em lotes de 500 libras, Clive conseguiu criar um exército de mais de 220 acionistas fictícios para votar a seu favor. Sulivan seguiu-lhe o exemplo criando outros 160 votantes e pedindo a lorde Shelburne que usasse seus recursos para fazer frente à cartada de Clive pelo poder. Essa divisão de capital fez com que o número de votos na Corte de Proprietários de março de 1763 mais que triplicasse em relação ao de 1758, representando inéditos 1.400 acionistas.

Vencedor por pequena diferença, Sulivan ordenou a imediata suspensão de todos os pagamentos a Clive pelo *jagir* das terras da Companhia, mas o reinado de Sulivan estava terminando. No começo de fevereiro, chegou a Londres a notícia dos esforços de Mir Kasim para pôr fim à anarquia do comércio particular. Sulivan defendeu a causa da regulação e exigiu que "se pusesse sem delongas um fim imediato e definitivo ao comércio interno de sal, noz-de-areca e tabaco". Mas o Grupo de Bengala tinha outras ideias.

134   A Corporação que Mudou o Mundo

Na reunião de acionistas de abril de 1764, Sulivan foi derrubado, o *jagir* de Clive restabelecido, e o herói de Plassey eleito presidente do Conselho de Calcutá com a missão de restaurar a ordem em Bengala. Os proprietários aprovaram também uma resolução proibindo os executivos da Companhia de receber presentes — ostensivamente ignorada pelo Conselho de Calcutá, que arquitetou uma última vaga de 114 mil libras em presentes quando o filho de Mir Jafar, Najim-ud-Daula, tornou-se nababo em fevereiro de 1765.

UM COMÉRCIO EXCLUSIVO

Clive pintava piedosamente sua missão em Bengala como a de um anjo vingador enviado para limpar os "estábulos de Augias" da corrupção. Em carta de setembro de 1765 ao Conselho Diretor, ele proclamou que a tirania e a opressão que encontrou "serão, eu temo, uma vergonha permanente para o nome da Inglaterra neste país".[6] Contrastando a própria conduta com a rapacidade de seus colegas executivos, Clive diria ao Parlamento em maio de 1772 não ter ganhado "nem um centavo" em seu período em Bengala, mas suas ações diziam algo completamente diferente.

A informação privilegiada foi a primeira arena escolhida por Clive para explorar sua posição. Ainda antes de fechar o acordo da *diwani*, Clive escreveu a um de seus advogados, John Walsh, ordenando-lhe que comprasse a maior quantidade possível de ações da Companhia. Feito isso, suas instruções se tornaram ainda mais urgentes, pressionando agentes e amigos "a comprar o quanto antes todas as ações que puderem, pois estou convencido de que o capital da Companhia deverá dobrar em três anos em virtude somente do superávit do país".[7] O historiador Huw Bowen rastreou a atividade dos agentes de Clive na Inglaterra, comprando ações antes que a notícia da *diwani* chegasse à bolsa de Londres. No total, foram 30 mil libras em ações nominais no valor de mais de 51 mil libras nos meses que se seguiram, elevando seu investimento total a 75 mil libras. Isso o colocava em uma fantástica posição para se beneficiar da alta das ações quando o mercado assimilasse as implicações da *diwani*. Em maio de 1767, ele dobraria seu capital com uma oportuna venda de parte delas.

Clive dedicou-se também ao comércio particular, apesar das insistentes proibições da Diretoria quanto ao envolvimento dos executivos no mercado interno de Bengala. Um mês depois de sua chegada a Calcutá, ele formou uma sociedade que lhe deu um lucro de 45% no comércio de sal durante os seis meses seguintes. Então, em agosto de 1765, pôs em prática seu astuto plano de eliminar a anarquia do comércio particular criando em seu lugar um negócio exclusivo. Tratou-se de um peculiar "instrumento de propósito específico" conhecido como Sociedade de Comércio, detentora de direitos de monopólio sobre o mercado de noz-de-areca, sal e tabaco, com cotas gratuitamente concedidas aos principais executivos da Companhia em Calcutá. De 56 cotas, Clive reservou cinco para si, pouco menos de 10% de seu empreendimento de escol. Os dez outros membros do Conselho receberam duas cotas cada um, e, no fim da fila, o almoxarife, uma mísera terça parte de uma cota. Com essa medida, uma minúscula gangue de sessenta executivos simplesmente açambarcou a totalidade do comércio interno de Bengala, excluindo não apenas os comerciantes asiáticos como também os jovens executivos e os comerciantes europeus independentes. Em teoria, esse esquema proporcionaria à elite da Companhia retornos suficientemente altos para que não fossem tentados pelo comércio particular, e a Companhia teria garantido um fluxo de receitas oriundas dos impostos. O resultado foi escandaloso: duplicação dos preços do sal, sonegação de impostos e canalização dos lucros para as mãos de um pequeno grupo. Clive, somente, recebeu 21 mil libras em lucros no primeiro ano de comércio.

Em 1766, ao tomar conhecimento dessa nova máquina de fazer dinheiro, a Diretoria protestou dizendo que se tratava de "uma determinação de sacrificar os interesses da Companhia e a paz nacional a uma visão egoísta de lucro"[8] e proibiu a participação de qualquer executivo no negócio. Todavia, assim como no caso da

136   A Corporação que Mudou o Mundo

proibição de presentes, Clive e o Conselho de Calcutá ignoraram conscientemente as ordens da Diretoria até onde puderam, somente liquidando seus negócios em setembro de 1768. Em Londres, a opinião pública era inflamada contra o golpe da Sociedade de Comércio de Clive. Para a *Gentleman's Magazine*, o monopólio sobre os serviços básicos estabelecido por Clive havia "significado a pena de morte para dois milhões de seus semelhantes".[9]

Como teria advertido Maquiavel, Clive pode ter sido um brilhante "príncipe mercador" conquistando Bengala para a Companhia, mas era seguramente a pessoa errada para criar sistemas duráveis de governança. Promovendo seus próprios interesses à custa dos privilégios alheios, ele gerou uma montanha de ressentimentos que logo se transferiria à Corte de Proprietários. Ainda mais grave, talvez, foi a constante superestimação do valor financeiro de suas conquistas, criando em Londres a expectativa de que "um caudal de riquezas estava para fluir aos cofres da Companhia".[10] Se Spiridione se inspirou em alguém para criar seu grandioso retrato da riqueza asiática, este foi certamente Clive.

A BOLHA DE BENGALA

Não foi somente Clive que se deixou levar por esse turbilhão especulativo. Para os investidores de Londres, a tentação também se revelou irresistível. Os insucessos da Companhia na década de 1750 haviam feito cair o preço das ações para meras 133 libras em janeiro de 1757. Elas subiram 7% quando navios trazendo a notícia de Plassey chegaram à Inglaterra, mas o transtorno causado pela Guerra dos Sete Anos as fez cair para 112 libras em janeiro de 1762. Em 1763, o advento da paz trouxe aos mercados renovada confiança e uma lenta tendência de alta.

Quando a notícia da *diwani* chegou a Londres em 19 de abril de 1766, as ações da Companhia subiram para 165 libras. Sob a liderança de Clive, investidores britânicos e estrangeiros se encheram

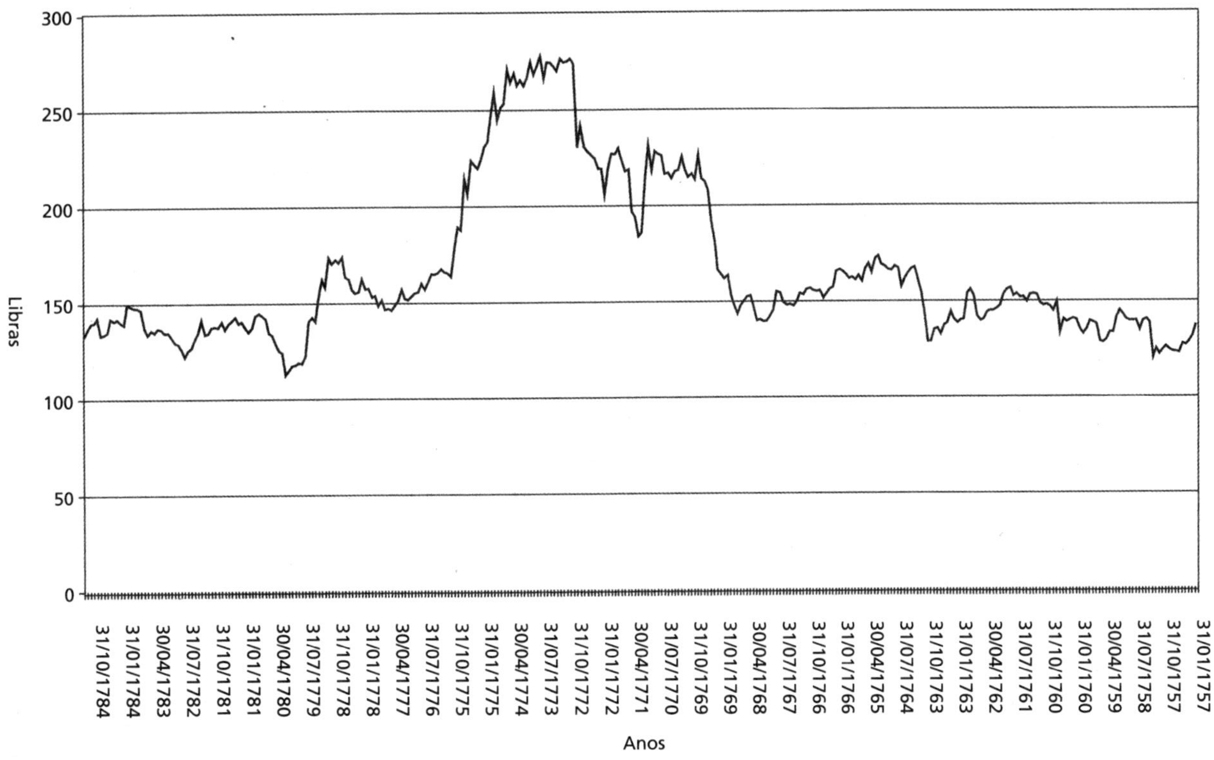

Figura 5.1: Preço das ações da Companhia (1757-1784)

138   A Corporação que Mudou o Mundo

de ações das Índias Orientais. Analisando retrospectivamente setenta anos depois, Macaulay descreveu o espírito dessa época como
uma "excitação febril" impelida por "uma ingovernável ânsia de
enriquecimento" e "um desprezo pelos ganhos lentos, certos e
moderados". Propelido pelas expectativas de dividendos reforça-
dos, o preço das ações subiu para 187 libras em meados de junho.
Houve desapontamento entre os especuladores quando, na reunião
trimestral de junho, os diretores derrotaram uma moção pelo
aumento dos dividendos de 6% para 8%, mas essa força devoradora
não podia ser detida. Os especuladores continuaram a comprar
ações da Companhia durante o verão, agora determinados a formar
uma maioria que lhes garantisse o retorno de seus investimentos.
Seus esforços foram recompensados na reunião seguinte, em setembro, quando a Corte de Proprietários impôs aos diretores o aumento dos dividendos de 6% para 10%. No Natal, as ações estavam
sendo negociadas a 223 libras — um ganho de 33%.

Em pouco tempo, toda Londres estava obcecada pela riqueza
que seria gerada pelas aquisições da Companhia em Bengala.
O interesse estrangeiro era também significativo, dado que mais de
um quinto dos acionistas da Companhia residiam na Holanda. Em
maio de 1767, os acionistas se reuniram uma vez mais para tomar
uma fatia maior da riqueza de Bengala. Numa reunião que foi do
meio-dia de 18 de maio às 4 horas da madrugada seguinte — uma
das mais longas da história da Companhia —, os acionistas votaram,
ao final, o aumento do dividendo de 10% para 12,5%. Antes, porém,
que ele fosse pago, o governo interveio, ávido ele próprio por lucrar
com a *diwani*, entre outros fatores para fazer frente às suas imensas
dívidas de guerra. A Companhia foi obrigada a se comprometer
com um pagamento anual de 400 mil libras e, em junho, o
Parlamento aprovou uma inédita Lei de Dividendos, fixando-os em
10%. A tendência do preço das ações, contudo, não se alterou, pros-
seguindo em sua trajetória ascendente.

Os preços vinham sendo empurrados também pelas ações dos
intermediários do mercado, os "touros" e "ursos" que haviam desem-
penhado esse papel na Bolha da Mares do Sul. O objetivo dos touros

era alçar os preços: "Hoje um indivíduo aparece como touro cuidando de exagerar qualquer circunstância para obter uma alta momentânea". No entanto, a mudança de humor do mercado podia transformar a mesma pessoa em um "urso" empenhado em baixar os preços das ações para poder comprá-las barato mais tarde, pronto para "atrapalhar, multiplicar os gastos da Companhia e depreciar qualquer vantagem que ela possua".[11] Para os observadores do mercado, os inocentes é que eram enganados por esses humores instáveis. "Ver os carneiros sendo levados ao matadouro", escreveu um deles, "não é mais patético do que ver esses bobos inocentes, homens e mulheres, correr à Casa das Índias para derrubar pelo voto o valor da pouca propriedade que possuem."

O auge do frenesi foi o mês de abril de 1769. Ao custo de manter o pagamento das 400 mil libras ao governo, Sulivan conseguira recuperar o direito de aumentar os dividendos até um máximo de 12,5%. A cena estava montada para a eleição dos diretores de abril, que ultrapassou todas as outras em fracionamento de capitais, "um cambalacho nunca visto" em que grandes capitais eram divididos com "astúcia maquiavélica"[12] pelas facções litigantes. Na terça-feira, 23 de maio de 1769, soube-se que o navio das Índias Orientais *Valentine* havia chegado em segurança a Londres. No entanto, as notícias dos novos conflitos no sul da Índia por ele trazidas foram devastadoras, e o preço das ações despencou de 273 libras para 230 libras em um mês. Em carta de julho de 1769 a lorde Shelburne, um importante político da época, o financista Israel Barre concluiu que "desde a Mares do Sul não se vê uma queda tão grande no mercado de ações".[13]

Muita gente da elite londrina esteve à beira da ruína, incluindo Laurence Sulivan, que aumentara seu capital em ações para vencer a eleição de abril e foi obrigado a enviar o filho Stephen a Bengala para resgatar os bens da família sob o olhar vigilante de seu protegido Warren Hastings. Os Burke — os irmãos Edmund e Richard e o outro Burke, William — também foram severamente atingidos pelo colapso. William Burke estivera entre os primeiros a especular com as ações da Companhia em 1766, em um consórcio com o patrocinador da família, lorde Veney. Depois da quebra, William tentaria reconstruir sua fortuna na Índia, acabando por tornar-se representante do rajá de Tanjore, ao passo que Richard rumaria para as Índias Ocidentais. Nenhum dos dois conseguiu se livrar da má fama adquirida com as negociatas na bolsa. Edmund, autor de *The Sublime and the Beautiful* e estrela ascendente dos *whigs*, protestou inocência ao ser acusado de falcatruas. Contudo, com sua recém-adquirida propriedade rural em Beaconsfield em perigo por causa do colapso das ações, nos anos vindouros Edmund seria um enérgico defensor tanto de Robert Clive quanto dos privilégios exclusivos da Companhia contra os ataques do Parlamento.

PERECIMENTO

No verão de 1769, enquanto o *establishment* londrino amargava os custos de seus desmandos financeiros, em Bengala, no outro lado do mundo, uma seca de ferocidade nunca vista estava apenas começando. Durante seis meses, de agosto de 1769 a janeiro de 1770, não houve chuvas de monção, causando uma crônica escassez de água que destruiu metade das colheitas, particularmente no oeste e noroeste de Bengala. No início do novo ano, a seca se transformou em fome. As chuvas retornaram com força em junho de 1770, mas "as esperanças de alívio foram frustradas pelo transbordamento dos rios nas províncias orientais". À fome se juntaram as inundações.[14]

A fome, durante milhares de anos um aspecto inseparável da realidade social da Índia, só foi verdadeiramente vencida após a Independência, em 1947. Os primeiros viajantes ingleses comentaram com horror a escala da terrível fome de 1631, que perturbou severamente a normalidade do comércio. Entretanto, sua incidência se expandiu dramaticamente sob o domínio da Companhia e, mais tarde, da Coroa Britânica. Na verdade, o domínio britânico na Índia começou com a fome de 1770 e terminou com a fome

— em Bengala, uma vez mais — de 1943. Durante a terrível fome de 1887, que estimou ter custado 10 milhões de vidas, Cornelius Walford calculou que nos 120 anos de domínio britânico houve 34 fomes na Índia, contra apenas 17 registradas nos dois milênios anteriores.[15] Um dos fatores que explicam essa disparidade foi a Companhia ter abandonado o sistema mogol de regulação e investimento público. Os mogóis não apenas usavam as receitas para financiar a conservação da água, que fomentava a produção de alimentos, mas também, quando a fome atacava, impunham "embargos sobre a exportação de alimentos, regulações antiespeculativas de preços, isenções fiscais e distribuição gratuita de comida".[16] As punições eram brutais: comerciantes pegos roubando os camponeses durante as fomes eram obrigados a lhes ressarcir em peso equivalente de carne humana.

Assim como nas adversidades naturais precedentes, a monção inadequada de 1769 poderia ter sido administrada sem perda de grande número de vidas se a Companhia não houvesse aumentado significativamente a vulnerabilidade de Bengala aos desastres naturais. O país fora dessangrado pela Companhia e seus executivos na década anterior. As receitas aumentaram espetacularmente, de apenas 606 mil libras um ano antes de a Companhia assumir a *diwani* para 2,5 milhões de libras dois anos depois. O ingresso de metal precioso caiu de 345 mil libras em 1764 para 54 mil libras em 1765 e cessou inteiramente em 1766. Em vez disso, a prata começou a sair de Bengala para pagar o comércio de chá da Companhia. Em 1769, Richard Becher, o Residente da Companhia em Murshidabad, admitiu com alguma vergonha que "o nível de vida do povo deste país está pior do que antes", e arrematou: "Este belo país, que prosperou sob o governo mais despótico e arbitrário, caminha para a ruína com uma substancial participação dos ingleses no governo."[17]

A Companhia monitorou a situação durante todo o ano de 1769. Em novembro, o Conselho de Calcutá escreveu a Londres dizendo que as receitas cairiam no ano seguinte. Uma aflitiva carta publicada sob o nome J.C. na *Gentleman's Magazine* em setembro de 1771 é bastante reveladora do enfoque da Companhia à crise,

142   A Corporação que Mudou o Mundo

marcada pela defesa implacável de seus próprios interesses. Em vez de tomar medidas para deter a especulação com os preços dos grãos, "tão logo a secura da estação prenunciou a aproximação do encarecimento do arroz", escreveu J.C., "nossos Cavalheiros a serviço da Companhia saíram a comprar tudo o que havia ao alcance da mão".[18] Os camponeses foram imediatamente reclamar com o nababo que os ingleses "haviam comprado todo o arroz". Levadas, porém, ao Conselho da Companhia em Calcutá, tais queixas foram repelidas às gargalhadas. O monopólio do mercado gerou imensas fortunas. Um executivo júnior acumulou mais de 60 mil libras quando o preço do arroz saltou de 120 *seers* por rupia no começo da fome para 3 *seers* por rupia em junho de 1770. Na época, um *seer* equivalia a cerca de 750g. O nababo e outros nobres de Bengala tentaram responder da maneira tradicional, distribuindo arroz de graça, mas seus estoques logo se esgotaram porque o arroz fora açambarcado pelos executivos da Companhia.

O agravamento da fome levou milhares de pessoas para Calcutá, onde muitos morriam em plena rua. J.C., quem quer que fosse, tinha sentimentos humanitários e dava comida aos esfomeados que se reuniam perto de sua residência em Calcutá. Também era, porém, intolerante; em certa ocasião, mandou seus empregados expulsarem os mortos-vivos das imediações de sua casa, mas um deles reagiu gritando: "Baba! Baba! Meu Pai, Meu Pai! Essa desgraça é obra de seus compatriotas, e eu vim aqui para morrer, com a graça de Deus, na sua presença."[19] J.C. conclui sua carta dizendo que Calcutá era afortunada por ter abutres e cães para dar conta dos mortos — os primeiros para lhes tirar os olhos e intestinos, os segundos para lhes roer os pés e as mãos.

Sem imagens nem fotos que comprovem todo esse horror, restam-nos os testemunhos escritos de gente que viu os vivos devorando os mortos, o Hugli cheio de cadáveres inchados e famílias inteiras caindo nas "garras da ira dos ímpios", como descreveu Karim Ali, autor de *Muzaffarnamah*.[20] Contudo, a primeira preocupação da Companhia era alimentar seu exército e assegurar seus impostos. A companhia não só continuou a recolher suas rendas fundiárias durante a fome — em vez de introduzir alguma forma de ajuda humanitária à maneira mogol — como também elevou os impostos. Em fevereiro de 1771, Calcutá reportou aos diretores da Companhia que "não obstante a imensa gravidade da última fome e a grande redução da população que ela causou, obtivemos algum aumento de receita".[21] Muitos dos principais executivos da Companhia usaram suas posições para comprar grãos à força — e até sementes para o plantio seguinte — e venderem-nos a preços estratosféricos nas grandes cidades de Calcutá e Murshidabad. Ao final, a Companhia decidiu dar 90 mil rupias em ajuda, uma ninharia em um país de cerca de 30 milhões de habitantes com renda anual de mais de 17 milhões de rupias. Até os historiadores imperiais posteriores admitiram que a Companhia nem "sequer tentou mitigar o desastre" — [22] uma catástrofe criada pela mão do homem.

A inexistência de registros abrangentes torna impossível calcular com precisão o número de vítimas. Em 1772, Warren Hastings estimou que 10 milhões de bengalis, o equivalente a um terço da população, morreram de fome. Hastings concluiu também que a fome fora causada pela escassez artificial de estoques alimentares decorrente da manipulação do mercado; mas culpou os comerciantes locais, ignorando o papel da Companhia e seus executivos. A mortalidade foi mais elevada entre grupos de baixa renda — artesãos rurais e pobres urbanos —, nenhum dos quais tinha acesso direto a recursos alimentares. Em Purnea, um dos distritos mais atingidos, o agente da Companhia informou que "nos solos altos e arenosos, mais da metade dos *ryots* estão mortos".[23] Em Malda, a mortalidade foi de cerca de 50%; em Rajshahi, de entre um terço e metade dos habitantes; e em Birbhum, de cerca de 25%. Reexaminando os dados, Rajat Datta disse recentemente que a estimativa aceita de 10 milhões de mortos é exagerada, sugerindo um número de vítimas da ordem de 1,2 milhão.[24] Contudo, mesmo sob essa estimativa mais conservadora, o resultado da fome é quase incompreensível. Naquela época, a população de Londres, cidade de origem da

144　A Corporação que Mudou o Mundo

Companhia, ainda era bem menos de 1 milhão. Toda ela, e ainda mais, teria sido aniquilada se a fome de Bengala a tivesse atingido. Londres teria se transformado em uma cidade fantasma. Bengala foi severamente despovoada, com a terça parte do território da Companhia convertida em "uma floresta habitada somente por animais ferozes".[25]

A conduta absolutamente bárbara da Companhia durante a fome de 1770 se expressa na recusa de temperar suas exigências fiscais com um senso de responsabilidade pela sorte do povo bengali. Como admitiu Warren Hastings em carta de novembro de 1772 aos diretores da Companhia, "era natural, e previsível, que a redução das receitas fosse uma das consequências de tão grande calamidade". Elas só se sustentaram por "terem sido violentamente mantidas no antigo patamar".[26] Uma passagem da interessante autobiografia de Dean Mahomet, Shampooing Surgeon* de Sua Majestade o rei George IV e pioneiro da cozinha indiana na Inglaterra, é bastante reveladora do significado prático dessa violência. Mahomet inicia o livro descrevendo a participação de seu pai no esmagamento da rebelião do rajá Budhmal em 1769. Queixando-se da "grande fome", o rajá alegou impossibilidade de pagar as taxas que lhe eram cobradas. A Companhia não apenas recusou suas instâncias como também enviou tropas para prendê-lo. A violência, porém, saiu do controle, resultando na morte do pai de Mahomet no conflito.[27] Seguindo-lhe os passos, Mahomet juntou-se ao exército da Companhia no ano seguinte e descreveu os conflitos entre Bhagalpur e Rajmahal para eliminar os *pariahs*, que se opunham ao domínio da Companhia e roubavam os viajantes. Para "espalhar o terror", a Companhia pendurou seus prisioneiros "em uma espécie de cadafalso, expondo-os de maneira humilhante por toda a fachada da montanha". Acompanhado de seu grupo de sipais, Mahomet observou: "Durante a marcha, contemplávamos os corpos sem vida dos desgraçados pendurados ao longo de uma grande extensão do caminho."[28] A sorte dos

---

* Massagista de cabeça. (N. T.)

pariahs foi similar à dos escravos derrotados de Spartacus, crucifica-
dos em postes fincados ao longo das estradas de acesso a Roma. No
entanto, os *pariahs* não foram os únicos a se rebelar contra os
impostos de fome. Há evidências de que os camponeses se juntaram aos rebeldes *sufi* do xá Manju em sua revolta *sannyasi* contra a
Companhia.[29]

UM CATASTRÓFICO FRACASSO ADMINISTRATIVO

A Fome de Bengala é um marco daquele que pode ter sido um dos
piores exemplos de má gestão da história corporativa. As pre-
condições para tal desastre, porém, já estavam dadas décadas antes.
O afluxo de dinheiro fácil oriundo de golpes e corrupção destruiu o
interesse estritamente comercial que caracterizara no passado a
administração da Companhia. Enquanto os ingleses se digladiavam
pela divisão do butim, na Índia os sistemas de controle administrativo se esboroavam, dando margem a abusos cometidos à custa do
povo de Bengala e da própria Companhia. William Bolts captou
perfeitamente esse duplo colapso ao escrever em 1772: "Enquanto
o país contempla a fruta, a Companhia e seus sub-rogados se ocupam de arrancar a árvore."[30] As remessas dos executivos da
Companhia não excederam 79 mil libras em 1756. Depois da vitória de Plassey, 500 mil libras anuais, em média, foram remetidas até
1784.[31] Em 1770-1, no auge da Fome de Bengala, a espantosa cifra
de 1.086.255 libras foi transferida à Inglaterra pelos executivos da
Companhia — o equivalente a cerca de 100 milhões de libras em
valores do século XXI.[32]

Enquanto na Índia os executivos perdiam de vista o propósito
comercial da Companhia, em Londres os observadores lamentavam
a declinante qualidade dos têxteis enviados de Bengala, carentes de
"sortimento e bom gosto, sem nada que acrescente variedade aos
mercados antigos e interesse aos novos."[33] Junte-se a isso a genera-
lização da fraudulência. Escrevendo muito mais tarde, em 1782,

Warren Hastings se queixaria de que "cada item de investimento é fornecido à Companhia a um preço 30, 40 ou até 50% acima do real"[34] Todas as noções de controle de custos se evaporaram à medida que a força militar se firmava como elemento vital das operações da Companhia. O ingresso no corpo de oficiais equivalia à compra de uma cota da pilhagem que se seguia a toda aventura militar bem-sucedida. Enquanto o número de soldados sob o comando da Companhia quadruplicou durante a década de 1760, decuplicou o de oficiais interessados em tirar proveito dos despojos de guerra. Em 1770-1, o gasto militar e comercial da Companhia em Bengala atingiu a marca de 3,21 milhões de libras, 50% maior que o valor de suas receitas.

Observadores perspicazes rapidamente concluíram que a escala das aquisições da Companhia ultrapassava suas capacidades gerenciais. Ainda antes da aquisição da *diwani*, Charles Jenkinson escrevera que "os negócios dessa Companhia parecem ter se tornado grandes demais para a capacidade administrativa de uma organização de comerciantes".[35] E, o que era fundamental, as lutas intestinas no seio da Diretoria em Londres haviam transformado a Companhia em um joguete de grupos acionários concorrentes, um claro sinal enviado às subsidiárias do Oriente de que ela estava madura para ser destroçada a partir de dentro. Em ata de setembro de 1766, Clive, o herói de Plassey, atribuiu os problemas à "conduta de governadores excessivamente preocupados com seus interesses particulares, que se deixaram envolver em negócios inconciliáveis com princípios rigorosos de integridade" — como sempre, livrando de críticas a própria conduta.[36]

O fator decisivo para a desastrosa consolidação da perspectiva de enriquecimento rápido dos executivos da Companhia foi a eliminação da autoridade reguladora do nababo. Assim como um grande carvalho ou um cedro do Himalaia dá sombra preciosa na floresta, uma regulação forte estabelece o marco indispensável à prosperidade do sistema econômico; enfraquecê-lo ou eliminá-lo redundará em anarquia e opressão. Sob muitos aspectos, os interesses de longo prazo da Companhia como empresa comercial seriam mais bem-atendidos por sociedades com governantes locais fortes do que pelo domínio do mercado. No fim da década de 1760, os diretores da Companhia reconheceram que Bengala fora uma aquisição sem valor. Em lugar das indizíveis riquezas esperadas, a Companhia "havia trocado um lucro certo no comércio por um lucro precário em receitas fiscais".[37]

Em Londres, a notícia da fome gerou autênticos sentimentos de horror e preocupação humanitária. Os primeiros sinais do que estava acontecendo chegaram a Londres em dezembro de 1770 quando a *Gentleman's Magazine* informou que "as provisões andavam tão escassas nas novas aquisições da Companhia que havia pais vendendo os próprios filhos por um pedaço de pão".[38] Quando a história completa veio a público, o horror se transformou em indignação com a negligência da Companhia. Como disse na época Horace Walpole, "nós assassinamos, depomos, pilhamos, usurpamos — e não é só, o que você acha da fome em Bengala, na qual morreram três milhões, causada pelo monopólio das provisões nas mãos dos funcionários das Índias Orientais?"[39]

O DIVIDENDO DOS TROUXAS

Negócios eram negócios. Enquanto a fome se intensificava, os acionistas da Companhia tratavam de compensar suas perdas: em dezembro de 1769, os proprietários da Companhia se aproveitaram do acordo de Sulivan com o governo para aumentar o dividendo para 11%. Em setembro de 1770, ele subiu a 12%. Em março de 1771, o mesmo mês em que a *Gentleman's Magazine* trouxe à luz a "grande penúria a que os habitantes estão reduzidos pela fome e a pestilência", os acionistas da Companhia aprovaram o aumento do dividendo para 12,5%.[40] O preço das ações começou a se recuperar, retornando à marca de 226 libras em maio de 1771, mas isso foi um rebate falso. As finanças da Companhia vinham sendo devoradas por dentro. Embora parecessem saudáveis, as importações de

148   A Corporação que Mudou o Mundo

Bengala eram agora parcialmente financiadas pelos empréstimos de seus próprios executivos na Índia, locupletados com os ganhos do comércio particular e da pilhagem. Esses empréstimos, concedidos em forma de letras de câmbio, eram resgatados em Londres e, teoricamente, a Companhia não teria nenhuma dificuldade para honrá-los. Entretanto, os meios à disposição vinham sendo erodidos pelo boicote do outrora próspero comércio de chá com as colônias americanas. Além disso, a queda do preço das ações em 1769 ainda causava estragos no sistema financeiro europeu. Muitos especuladores que as haviam comprado a crédito foram arruinados com a queda das ações.

O status político da Companhia também foi alvo de ataques quando as revelações de sua conduta corporativa começaram a sair na imprensa. Em janeiro de 1772, o explosivo artigo de William Bolts *Considerations on India Affairs* foi publicado em Londres. Bolts, uma estrela em ascensão nas operações da Companhia em Bengala, fora expulso por entrar em conflito com a elite governante. Sua doce vingança foi este pungente golpe assestado contra os sistemas de governança da Companhia. "A Companhia pode ser comparada a um magnífico edifício", ele escreveu, "construído às pressas sobre alicerces pouco sólidos, habitado por proprietários e governantes passageiros e divididos por interesses mutuamente contraditórios; e que, enquanto uns sobrecarregam a superestrutura, outros solapam as fundações."[41] Em março, os "proprietários passageiros" que Bolts tanto desprezava aprovaram para si próprios um dividendo de 12,5%. Três meses depois, os alicerces do edifício começaram a ceder.

Em 8 de junho desapareceu em Londres o banqueiro escocês Alexander Fordyce. Intimamente envolvido com os mercados de Londres, Fordyce havia tentado uma operação de especulação baixista com as ações da Companhia, vendendo-as abaixo de seu valor de mercado. O rebate falso arruinou seus planos, deixando dívidas no valor de 550 mil libras, muitas delas junto à casa bancária escocesa Douglas, Heron & Co., popularmente conhecida como Ayr Bank. O Ayr Bank implodiu imediatamente, dando início a uma

A Grande Quebra das Índias Orientais 149

crise financeira que se alastrou por toda a Europa. Em menos de três semanas, trinta outros bancos entraram em colapso, criando uma imensa escassez de crédito, deprimindo a confiança nos negócios e estancando o comércio. Em um movimento sem precedentes, a Companhia adiou seu leilão de setembro para novembro, esperando que o poder de compra se recuperasse. Agora, porém, ela enfrentava uma crise tripla, com mais de 1,5 milhão de libras em letras de câmbio pendentes, dívidas vencidas de um empréstimo de curto prazo de 300 mil libras junto ao Banco da Inglaterra, além de cerca de 1 milhão de libras em impostos não pagos ao governo. Em 15 de julho, os diretores pediram ao Banco da Inglaterra um empréstimo de 400 mil libras. Duas semanas depois, voltaram pedindo mais 300 mil. Dessa vez o Banco só pôde oferecer 200 mil. Em agosto, os diretores comunicaram secretamente ao governo necessitar de, pelo menos, 1 milhão de libras para salvar a empresa. Uma história desse porte não podia permanecer oculta por muito tempo, e em 18 de setembro a notícia do apuro financeiro da Companhia vazou para o mercado, causando uma queda de 10% no preço das ações.

A enxurrada de denúncias obrigou os diretores, que haviam escondido dos acionistas a real situação da Companhia, a anunciar o adiamento do tão esperado dividendo e a implorar ao governo não apenas a renúncia dos impostos pendentes mas também um empréstimo para cobrir o rombo em suas contas. A relação tradicional entre Estado e corporação se invertera: era o governo, dessa vez, a fonte do dinheiro salvador. Convocou-se imediatamente o Parlamento para aprovar uma legislação que mantivesse a situação sob controle, impedindo a repetição do desastre da Mares do Sul meio século antes. Pairava no ar um espírito de vingança, com parlamentares propensos a "enforcar diretores e funcionários".[42] Ao se verem finalmente frente a frente com a Corte de Proprietários em dezembro, dois dias antes do Natal, tudo o que os diretores puderam oferecer foi um dividendo anual de magros 6%. Enfurecidos, alguns acionistas "denunciaram em juízo a conduta dos diretores". Seis dias

150   A Corporação que Mudou o Mundo

depois, no entanto, diante da realidade dos cofres vazios, foram obrigados a aceitar a sua miserável oferta.

Quanta diferença para a época inebriante dos altos preços e generosos dividendos! Como concluiu um observador cruel, "os verdadeiros trouxas foram os velhos proprietários assíduos e constantes que tinham nos dividendos seu meio de vida".[43] Em menos de uma década, a Companhia percorrera o clássico ciclo de crescimento acelerado e contração, tão elegantemente descrito pelo economista do século XIX Walter Bagehot como "tranquilidade, desenvolvimento, confiança, prosperidade, entusiasmo, superatividade, CONVULSÃO, premência, estagnação, e novamente tranquilidade".[44] A tragédia, então como agora, é o quão rapidamente as lembranças deste ciclo são sufocadas pelo surto seguinte e como suas reais consequências humanas são colocadas de lado. Para o povo de Bengala, a "tranquilidade" que se seguiu à quebra das Índias Orientais significou em todos os casos a paz dos cemitérios. Ao término da bolha do mercado de ações de fins da década de 1990, milhares perderam seus empregos e suas poupanças; na grande quebra das Índias Orientais da década de 1770, milhões perderam a vida.

Nos muros do restaurado Cutlers Gardens, placas circulares assinalam seu antigo uso. No centro de cada uma, há um navio sem nome e, na borda, os nomes das mercadorias que maravilharam Masefield: sedas, peles, chá, marfim, tapetes, especiarias, plumas, tecidos. Essas placas discretas e harmoniosamente desenhadas nada dizem, no entanto, dos custos humanos dessas exóticas mercadorias e da quebra que um dia abalou o mundo inteiro. Há 230 anos, milhões de libras de chá não vendido se amontoavam nos armazéns da Companhia espalhados pela cidade de Londres, consequência de um bem-sucedido boicote organizado nas colônias britânicas da América. Na economia global do fim do século XVIII, uma necessidade comum se impunha a patriotas norte-americanos, parlamentares ingleses e camponeses indianos: era tempo de domar a fera.

6

Regulando a Companhia

O SISMÓGRAFO

Um dos envolvidos na operação de rescaldo das Índias Orientais foi Adam Smith. A braços com sua pesquisa sobre os mistérios da economia global na cidade portuária escocesa de Kirkcaldy, distrito de Fife, Smith, como boa parte da elite dominante escocesa, foi abalado pelo súbito colapso do Ayr Bank. De Londres, o filófoso David Hume, amigo de Smith, lhe perguntou em junho de 1772: "Esses acontecimentos afetam sua Teoria? O que tem a dizer? Eis aqui algum alimento para sua especulação."[1] Smith estava prestes a completar aquela que viria a ser sua obra-prima, *Investigação sobre a natureza e as causas da riqueza das nações*, mas o clima de caos financeiro era tão pesado que ele confessou a William Pultenay, em setembro, ter adiado a publicação do livro por causa de seus esforços para livrar alguns de seus amigos dessa "calamidade pública".

Finalmente apresentado ao mundo em março de 1776, *A riqueza das nações*, de Smith, é um dos poucos livros do século XVIII que conservam sua influência sobre a mente moderna. Nele, Smith formula um "sistema simples e óbvio de liberdade natural" em que o mercado aberto aparece como o modo mais eficaz de produzir

152   A Corporação que Mudou o Mundo

a elevação dos padrões de vida. Smith via a busca do aperfeiçoamento individual como um aspecto perene (e absolutamente positivo) da vida econômica, declarando que "não é da boa vontade do açougueiro, do cervejeiro e do padeiro que esperamos nossa refeição, mas do apreço que eles têm pelo seu próprio interesse".[2] O enfoque de Smith, porém, era muito mais do que meramente econômico; ele via como fundamental que as transações respeitassem as "leis da justiça".[3] Para esse ícone do Iluminismo escocês, professor de Filosofia da Moral da Universidade de Glasgow, as leis naturais da criação da riqueza que descobrira não eram um fim em si mesmas, mas degraus para se atingir a boa sociedade. Na utopia de Smith, a busca incansável do interesse próprio é guiada por uma "mão invisível" a produzir resultados benéficos para a sociedade.[4] Propondo um modelo internamente consistente, Smith esperava derrubar os pilares da ordem mercantilista que ainda dominava rigidamente a vida econômica. Duas instituições obstaculizavam, porém, o caminho: o Estado e as corporações. O Estado superpoderoso era um alvo natural de Smith, assim como as corporações superpoderosas.

Ao contrário do que pretendem aqueles que se apropriaram de *A riqueza das nações* para justificar políticas pró-corporativas, na visão de liberdade econômica de Smith, não há lugar para a corporação. Profundamente desconfiado dos comerciantes em geral, ele dizia que eles "provêm de uma ordem de homens cujo interesse nunca é exatamente igual ao interesse público e que, geralmente mais preocupados em enganar e oprimir, vêm de fato enganando e oprimindo o público em muitas ocasiões".[5] Embora visse o lucro como resultado necessário da atividade econômica, Smith dizia que ele seria "naturalmente baixo em países ricos, alto em países pobres e sempre máximo naqueles países que caminham céleres para a ruína" — um tapa na cara daqueles que hoje veem os altos lucros como medida de tudo.[6] Contudo, era às corporações que Smith mais se opunha, uma atitude de antipatia teórica reforçada pelos indícios de malversações de sua época.

A desgraça da Companhia das Índias Orientais proporcionou farto material para a argumentação de Smith. Escrito no período em que a agressão ultramarina e a especulação doméstica da Companhia dominaram a vida pública britânica, *A riqueza das nações* contém, como era de esperar, extensa análise sobre seu papel. Smith era bem-relacionado nos círculos políticos londrinos, a ponto de ter seu nome lembrado em 1772 como membro potencial de um comitê de inquérito sobre o colapso da Companhia. Para Smith, a ascensão e a queda da Companhia guardavam o segredo de um dos mais intrigantes enigmas de sua época: a distribuição dos benefícios resultantes da integração acelerada da economia mundial. "A descoberta da América e do caminho para as Índias Orientais pelo cabo da Boa Esperança", disse ele, "são os maiores e mais importantes acontecimentos registrados na história da humanidade."[7] Smith acreditava que o pleno potencial dessa espetacular abertura não se havia realizado em virtude da combinação colônias-corporações. Para os nativos das Índias Orientais e Ocidentais, "todos os benefícios comerciais se perderam" em uma série de "terríveis desgraças". Na Ásia, os agentes desse sofrimento foram as Companhias das Índias holandesa e britânica, corporações monopolistas que Smith condenou como "molestas sob todos os aspectos".[8]

Mais cedo que a maioria, Smith percebeu que o sucesso comercial resulta muitas vezes não do atendimento da demanda do consumidor, mas do lucro excessivo gerado pelo fortalecimento do poder de mercado. "Aumentar o mercado e diminuir a concorrência sempre interessa aos comerciantes", afirmou. O resultado dessa atitude anticoncorrencial era a elevação dos lucros acima do nível normal, o que equivalia à imposição de "um imposto absurdo sobre os concidadãos".[9] Os cartéis são, pois, um perigo constante para a economia de mercado; nas palavras imortais de Smith, "pessoas do mesmo ramo raramente se encontram, mas a conversa sempre termina em alguma conspiração contra o público ou algum artifício visando aumentar os preços".[10] Aqui Smith nos dá uma descrição

154   A Corporação que Mudou o Mundo

precisa das operações da Companhia na área de navegação mediante o aluguel de barcos junto a um grupo de armadores. O poder dessa "confederação" era tal que a Companhia alugava mais navios do que precisava a preços mais altos do que o necessário. Isso em parte se explicava pelo fato de vários armadores serem também diretores da Companhia, um conflito de interesses proibido pelos estatutos, mas totalmente ignorado.[11]

Mais perigosa ainda era a criação de corporações exclusivas, como a Companhia das Índias Orientais, que destruía quaisquer vestígios de concorrência. Para Smith, as corporações monopolistas desafiavam a lógica do mercado e resistiam "à redução de preços, consequentemente de salários e lucros, que a livre concorrência seguramente ocasionaria"[12]. Tal conclusão se apoiava na experiência com a Ásia, cujos raros períodos de comércio aberto — Holanda entre 1595 e 1601 e Inglaterra entre 1694 e 1702 — haviam resultado em preços mais altos para os produtores e preços mais baixos para os consumidores, elevando o bem-estar geral. Smith expôs, uma vez mais, as inconveniências do domínio do mercado pela Companhia — entre elas a injusta exclusão de outros comerciantes ingleses e o custo acrescido para os consumidores europeus. Além de pagar "por todos os lucros extraordinários que a Companhia possa ter obtido com essas mercadorias em razão de seu monopólio", os habitantes da Inglaterra padeceram "o fantástico desperdício que as irregularidades, fraudes e abusos, inseparáveis da gestão dos negócios de uma companhia tão grande, hão de ter necessaria- mente ocasionado".[13] O descaminho da Companhia não foi, por- tanto, acidental, mas sim o resultado inevitável e *necessário* de um defeito institucional congênito. O monopólio não só criava injusti- ça econômica como também era ele próprio "um grande inimigo da boa gestão".[14] Na economia aberta vislumbrada por Smith, os empresários não podem se dar ao luxo de não satisfazer seus clien- tes porque estes podem, facilmente, encontrar fornecedores alter- nativos. Não tendo de enfrentar quaisquer pressões por boas con- dutas, corporações monopolistas como a Companhia das Índias

Orientais continuariam, pois, a incidir em práticas que de outra forma teriam de ser abolidas.

Para Smith, a Companhia era imperfeita não apenas como organização comercial. Depois de Plassey, a tirania política foi acrescentada à mistura por meio do "estranho absurdo" de uma sociedade por ações ser dotada de soberania territorial. Um governo de comerciantes era, para Smith, "incuravelmente falho", restringindo o crescimento natural de Bengala "ao estritamente suficiente para atender às demandas da Companhia". Nauseado com essa política desumana, Smith descreveu o procedimento, comum entre executivos da Companhia, de fazer fortuna e sair de Bengala o mais rápido possível, "absolutamente indiferentes ao terremoto que tragava o país inteiro".[15] O terremoto já havia acontecido: foi a Fome de Bengala.

LIBERDADE OU ESCRAVIDÃO

Smith não estava só em sua crítica à Companhia. Imediatamente após a aquisição da *diwani*, já surgiam preocupações com as implicações sociais, políticas e éticas dessa espetacular mudança de posição da Companhia, e elas se tornariam mais e mais agudas à medida que se acumulavam os indícios de desvios administrativos. Passada a euforia inicial, surgiram temores reais a respeito das implicações políticas do rápido crescimento da riqueza e do poder da Companhia. Havia na época uma crescente insatisfação com a podridão do Estado georgiano, uma luta personificada primeiramente por John Wilkes, o exaltado parlamentar de Middlesex, depois pela série epistolar de Junius. Em virtude de suas estreitas ligações financeiras e políticas com o aparato de governo, a Companhia era vista como ainda outra manifestação da "velha corrupção". Políticos e panfletários familiarizados com a história da República romana temiam que, da mesma forma como os benefícios da conquista romana da Ásia (Anatólia Ocidental) haviam sido usados para subverter suas liberdades ancestrais, a tomada de Bengala pela Companhia traria a tirania à Inglaterra. "As riquezas da Ásia têm se derramado sobre nós", declarou Pitt, o Velho, "trazendo com elas não apenas o fausto como também, eu temo, os princípios asiáticos de governo."

Para muitos, a Companhia se tornara um híbrido monstruoso, parte comerciante de Leadenhall Street, parte déspota oriental. Como concluiu a *Gentlemans's Magazine* em abril de 1767, não era apenas a riqueza adquirida pela Companhia que estava em questão, mas também saber "se nesta ilha reinará a liberdade ou a escravidão".[16] Crescia o temor de que a Companhia e seus nababos usassem suas riquezas para subverter o delicado equilíbrio de poder entre a Coroa e o Parlamento e introduzissem um Estado corporativo na Grã-Bretanha. Aspectos éticos se acrescentavam à mistura, impelidos por um genuíno sentimento de indignação com o custo humano do governo da Companhia. Ao lado das questões de princípio político, havia também outros fatores, como o esnobismo da aristocracia dirigente, revoltada com o fato de meros comerciantes, como Robert Clive, conseguirem adquirir status, cadeiras parlamentares e grandes mansões rurais. Na City, os comerciantes adversários da Companhia se agruparam, uma vez mais, sob a liderança do famoso negociante de escravos e prefeito de Londres, William Beckford, que levantou o "antigo clamor pelo livre comércio", ameaçando retirar a Carta da Companhia para que todos pudessem ter acesso à Índia.

Para além da política, as práticas da Companhia na Índia se tornaram um componente central da paisagem cultural britânica, e o nababo "corrupto" um dos personagens literários corriqueiros da época. Um primeiro exemplo foi a sátira anônima *Debates in the Asiatic Assembly*, que caçoava das ações em causa própria dos diretores e acionistas da Companhia — caricaturados como sir Janus Blubber, Shylock Buffaloe, Jaundice Braywell e sir Judas Venom — assim como da rapacidade de lorde Vulture, um maldisfarçado ataque contra Robert Clive.[17] Cinco anos mais tarde essas ideias se haviam generalizado, dando ensejo à peça de Samuel Foote *The Nabob*, que estreou no Haymarket Theatre em junho de 1772. Ela zombava dos saqueadores da Índia da mesma forma como *Serious Money*, de Caryl Churchill, atacava os *yuppies* da década de 1980. Sir Matthew Mite é o nababo que pretende usar seu butim para se unir pelo casamento a uma família ancestral e comprar sua eleição para o Parlamento pelo distrito de Bribe'em.* No entanto, Mite é rejeitado: "Por mais corrupto que seja este país, ainda vivem aqui espíritos superiores que desprezam a aliança com o fausto obtida à custa da honra e da virtude."[18]

REESCREVENDO A CARTA REAL

Para a Companhia das Índias Orientais, a intervenção do Estado fazia parte da ordem natural das coisas. Sua existência dependia da renovação regular de sua Carta. O Estado, de sua parte, via a Companhia como uma importante fonte de financiamento barato e uma forma de terceirizar a promoção dos interesses britânicos na Ásia. Plassey subverteu as suposições subjacentes a esse negócio mutuamente conveniente. Sérias questões foram levantadas, não apenas a respeito do direito à pilhagem que Clive conquistara, mas também à legalidade do fato de uma corporação mercantil governar territórios ultramarinos. A aquisição da *diwani* só fez acentuar a urgência de se encontrarem respostas para essas questões.

Durante todo o século seguinte, o Estado e a Companhia se empenhariam na busca de uma solução para tão extraordinária situação. As complexidades legais e práticas implicavam que qualquer intervenção teria de ser multidimensional, enfrentando, ao mesmo tempo, as falhas de governança da Companhia na Inglaterra e no ultramar, a distribuição de suas finanças indianas e a gestão de

---

* Bribe'em: contração de "suborne-os". (N. T.)

158   A Corporação que Mudou o Mundo

seu monopólio. Dinheiro, poder e princípios estavam todos em questão. Constitucionalmente, o Estado tinha direito a todas as conquistas feitas no estrangeiro por súditos britânicos. Tecnicamente, porém, a *diwani* não fora uma conquista, mas uma concessão do imperador mogol, que seguia sendo o soberano nominal de Bengala. A Companhia proclamava que sua Carta lhe dava autonomia contra qualquer intervenção estatal em seus assuntos internos. Muitos achavam que qualquer tentativa de cercear a Companhia constituiria uma perigosa infração dos direitos de propriedade de uma corporação legalmente estabelecida. Ainda mais importante, talvez, era a questão bastante prática do controle dos cargos imensamente lucrativos do Oriente. A nomeação para um posto na Índia era vista como garantia de enriquecimento rápido, e a Companhia queria preservar o direito de preferência dos diretores. Facções concorrentes no aparato temiam que quem assumisse — a Coroa ou o Parlamento — o controle dessas nomeações se tornaria o árbitro da política britânica. Por todas essas razões, décadas de esforços para reformar a Companhia sempre procuraram tanto conservar o equilíbrio de poder na Grã-Bretanha quanto resolver os problemas de má gestão na Índia. Não admira que seus resultados tenham sido anacrônicos e injustos.

No fim das contas, a pura necessidade de dinheiro sobrepujou as sutilezas constitucionais. A Grã-Bretanha saíra da Guerra dos Sete Anos (1756-63) vitoriosa, mas quase falida, e o primeiro-ministro William Pitt, o Velho, viu a *diwani* como uma dádiva dos céus para cobrir o rombo do Tesouro. Procurando antecipar-se ao governo, os diretores propuseram em janeiro de 1776 que todas as rendas territoriais (menos despesas) seriam destinadas à Coroa em troca da extensão da Carta por 37 anos e da concordância com um dividendo anual de 15% por prazo indeterminado. Os acionistas, porém, rejeitaram essa proposta como demasiado generosa para com o Estado e aprovaram em maio um dividendo de 12,5% que comprometia parcela substancial da *diwani*. Furioso, o governo aprovou rapidamente a Lei do Dividendo, que o limitava a 10%, enquanto

prosseguiam as negociações. Em janeiro de 1769, chegou-se finalmente a um acordo pelo qual o governo receberia 400 mil libras por
ano — na verdade um "imposto fortuito" — e a Companhia conservava o direito de elevar os dividendos até o teto de 12,5%. Os problemas de soberania foram protelados para um futuro incerto —
tendo em vista, entre outros fatores, que a Coroa estava temerosa
da responsabilidade implícita de governar a Índia.

O estouro da "Bolha de Bengala" mudou radicalmente a situação, expondo a Companhia a acusações de má gestão na Índia.
Entre os membros do Parlamento havia vários acionistas. A queda
abrupta do preço das ações fez surgir um poderoso grupo de políticos
descontentes, agora exaltados com as más notícias vindas de
Bengala. Antecipando-se a uma possível intervenção, a Companhia
enviou três supervisores para resolver os problemas, mas o navio,
o *Aurora*, desapareceu com todos os passageiros a caminho da Índia.
Quando a notícia chegou a Londres em 1771, os diretores nomea-
ram Warren Hastings governador em Bengala e deram início aos
preparativos para aprovar uma nova legislação que desse à
Companhia mais poderes legais para controlar seus executivos no
ultramar. Todavia, esses esforços de autorregulação de última hora
estavam inapelavelmente em desacordo com as necessidades da
situação. A Lei da Magistratura de Sulivan foi rejeitada pelo Parlamento em abril de 1772 e em seu lugar constitui-se um Comitê
Especial, presidido por John Burgoyne, para investigar os negócios
da Companhia. Como resultado, a Companhia já vinha sendo esqua-
drinhada pelo Parlamento antes de seu colapso em setembro.

O FIM DA COBIÇA MERCANTIL?

Burgoyne é mais conhecido como o general que perdeu a Batalha
de Saratoga na Guerra da Independência Americana. Como presidente do Comitê Especial, trouxe uma série de testemunhas
famosas para explicar as ações da Companhia desde Plassey.

160   A Corporação que Mudou o Mundo

Clive rejeitou altivamente as perguntas do comitê, afirmando não estar envolvido em qualquer ato de corrupção e que, mesmo tendo aceitado presentes, não conseguia entender "que boa razão poderia haver se ele, depois de arriscar a vida tantas vezes a serviço da Companhia, desprezara a única verdadeira oportunidade que já teve de fazer fortuna e dependera enteiramente [sic] da generosidade de um grupo de Diretores?"[19] Ele voltou-se então contra seus próprios ex-patrões, acusando os diretores de não estar à altura do desafio da aquisição de Bengala e de tratá-la "como uma bolha da Mares do Sul, e não como algo sólido e substancial". Acrescentou: "Eles só pensavam no presente, nunca no futuro".[20]

Quando o Parlamento voltou a se reunir, no inverno, a debacle financeira da Companhia já era do conhecimento geral. Uma vez mais, os diretores tentaram lidar com a questão enviando uma comissão de supervisores — para a qual Smith foi indicado, mas ela veio tarde demais e não levou em conta que a Companhia era objeto do "ódio geral". O primeiro-ministro lorde North criou seu próprio Comitê Secreto, que logo deu uma demonstração de força propondo uma legislação que impedia a comissão de içar velas. A vantagem passara decisivamente ao Estado e North deixou claras as suas intenções ao declarar ao Parlamento em março seguinte: "Eu penso, sir, que o Parlamento tem direitos sobre a Companhia das Índias." As negociações sobre os termos do pacote de ajuda à Companhia começaram a sério no ano seguinte. Os diretores fizeram o primeiro movimento solicitando confidencialmente ao governo um empréstimo de 1,5 milhão de libras, com direito à retomada do pagamento dos dividendos quando metade desse valor houvesse sido paga. Insatisfeito com a proposta, o Parlamento propôs um empréstimo menor, limites muito mais rigorosos para os dividendos e ajuda financeira condicionada a que "se tomassem, ao mesmo tempo, providências para assegurar a boa governança futura dos assuntos da Companhia por meio de uma regulação adequada."[21]

Em maio, Burgoyne encerrou suas investigações e apresentou um relatório final, afirmando que Clive adquirira ilegalmente sua fortuna. Foi apoiado no plenário pelos membros de seu comitê, entre os quais William Meredith, que desferiu um violento ataque contra a tirania da Companhia em Bengala. "Nunca existiu tal sistema", vociferou, "em que a cobiça mercantil fosse o único princípio e a força, o único instrumento de governo". A plenos pulmões, Meredith rejeitou a tentativa da Companhia de despertar simpatias com referências às vidas perdidas no caso do "buraco negro". E declarou: "Eu me lembro de um incidente similar ocorrido na prisão de St. Martin!"[22]* Discursando na Câmara dos Comuns em maio de 1773, Burgoyne declarou que "é obrigação desta Casa, como guardiã da honra da nação, encontrar uma solução", e que "a nossa justiça implacável deve recuar às origens do mal" — em outras palavras, à revolução de 1757.[23] Burgoyne destacou Clive como "o mais antigo, se não o principal, delinquente", um "mau exemplo" para os demais executivos da Companhia. Fora do Parlamento, as invectivas de Burgoyne tiveram a companhia de revistas e folhetos com caricaturas que condenavam Clive por corrupção: em um deles, Clive se encolhe de horror ante os fantasmas de três comerciantes indianos que vieram pedir justiça. Em 21 de maio, Burgoyne submeteu ao voto sua resolução: todas as conquistas territoriais pertenciam à Coroa e a apropriação desses bens públicos — como fizera Clive — por quaisquer indivíduos era ilegal. Uma série de emendas dos aliados de Clive, porém, tornou inofensiva a moção. Depois de aprovada, ela foi seguida por outra que louvava Clive pelos "grandes e meritórios serviços" prestados ao país. Em um debate que durou das três horas da tarde até as cinco da manhã seguinte, Clive acabou escapando da punição, mas sua reputação fora manchada. Ele morreria dezoito meses mais tarde em circunstâncias misteriosas. Muitos pensaram que ele havia cometido suicídio. O dr. Johnson observou que Clive "adquiriu sua fortuna por meio crimes tais que impeliram sua consciência a cortar a própria garganta".[24]

---

* Episódio pouco difundido da história inglesa do século XVIII em que mulheres foram trancadas no cárcere de St. Martin com portas e janelas fechadas. (N. T.)

162   A Corporação que Mudou o Mundo

A atenção se voltou, então, para a Companhia. North havia decidido não dar asas à discussão constitucional sobre quem era o proprietário de Bengala e evitou também tocar na questão do monopólio, consciente de que este era o principal mecanismo de transferência dos tributos da Índia para a Grã-Bretanha. Em lugar de uma reforma fundamental, North optou por três leis destinadas a aliviar a crise financeira da Companhia e reformar suas práticas. A primeira estabelecia os termos e condições do empréstimo governamental de 1,4 milhão de libras, em especial o limite de 6% para os dividendos até a liquidação total da dívida. Em troca, a Companhia tinha de engolir a segunda de suas peças legislativas, a Lei Reguladora de 1773, que equivalia a uma séria intromissão na independência corporativa na Inglaterra e no ultramar. O sistema democrático de governança era visto por muitos como uma das principais causas do mergulho da Companhia rumo ao caos. Para enfrentá-la, a Lei Reguladora reduziu drasticamente os direitos dos acionistas. O patamar mínimo para o direito de voto nas reuniões da Companhia foi elevado de 500 para mil libras. Na época da Lei, eram 2.153 acionistas, 1.246 dos quais possuíam entre 500 e mil libras em ações; todos perderam, de uma penada, o direito de voto. Os acionistas possuidores de 3 mil libras ganharam direito a dois votos, os possuidores de 6 mil libras três votos e os plutocratas possuidores de 10 mil libras ganharam o direito a quatro votos. North nutria a ingênua esperança de que a redução do número de acionistas ativos reduziria a desordem e que a "integridade de conduta acompanhava a maior propriedade".[25] Na verdade, tais medidas agravaram os problemas de "intriga e corrupção" ao permitir que um punhado de nababos retornados da Índia tomasse conta da Companhia. O controle dos acionistas sobre a Corte de Diretores foi também dificultado. A eleição anual da totalidade da diretoria foi substituída por eleições escalonadas de um quarto dos 24 diretores a cada ano. O objetivo era não só dar à liderança da Companhia um caráter mais permanente como também reduzir a responsabilidade dos diretores perante os proprietários, uma vez que não foram criadas novas formas de prestação de contas.

A liberdade da Companhia de conduzir os próprios negócios na Índia foi também restringida com a criação de um novo cargo de governador-geral na Índia, sediado em Calcutá e superior às presidências de Bombaim e Madras. O posto tinha um imponente salário anual de 25 mil libras — não muito menos do que Clive ganhara em um ano com a Sociedade de Comércio. Atribuído ao então governador em Bengala, Warren Hastings, o novo cargo de grão-senhor faria parte de um conselho de cinco membros, três dos quais indicados pelo Parlamento. O decisivo é que isso deu ao Estado uma maioria teórica sobre a tomada de decisões na mais importante subsidiária da Companhia. Entretanto, lançou também as bases para uma constante luta interna entre as indicações do Parlamento e os homens da corporação. Criou-se, além disso, a Suprema Corte de Bengala, com o objetivo de ministrar justiça aos súditos britânicos que lá viviam, porém com poderes muito maldefinidos. A lei retirou também da Companhia o privilégio de confidencialidade comercial ao dar ao governo o direito de acesso a toda correspondência oriunda da Índia, intromissão estendida mais tarde ao direito de rejeitar também as cartas destinadas ao ultramar.

A Companhia protestou alegando que essas mudanças equivaliam à subversão da Carta, precedente que se poderia aplicar em outras circunstâncias para "destruir a independência da própria City londrina". Contudo, não estava em condições de impedi-las. Para o editor da *Gentleman's Magazine*, estava claro que a Lei Reguladora, "em algum tempo (talvez não muito distante), se converterá em instrumento de transferência da riqueza e poder da maior companhia de comércio do mundo para as mãos do governo. *Sic transit gloria mundi*".[26]

A PIOR DAS PRAGAS, O DETESTADO CHÁ[27]

Os problemas da Companhia não haviam terminado. A terceira lei de lorde North foi a Lei do Chá. Os historiadores de hoje concordam que "nunca uma lei de tão momentosas consequências recebeu tão pouca atenção do Parlamento".[28] A preeminência de Bengala nas contas da Companhia costumava mascarar a crescente importância do chá da China. No começo do século XVIII, o valor das importações dessa nova bebida era da ordem de 100 mil libras, cerca de 1% do comércio da Companhia; mas subiu para 2,5 milhões de libras no fim da década de 1740 e superou as 4 milhões de libras anuais entre 1760 e 1767. Nessa época, a Companhia pagava em Cantão a média de 1 shilling por libra de chá, que era depois vendido por um valor quatro vezes maior nos leilões de Londres. Apesar dos custos de frete e das elevadas taxas impostas pelo governo, o chá era de longe a mais lucrativa mercadoria da Companhia. Misturado ao açúcar produzido por mão de obra escrava nas Índias Ocidentais, o chá da tarde era a perfeita expressão do emergente império consumidor da Grã-Bretanha.

Assim como no comércio de tecidos, grande parte da demanda pelo chá da Companhia vinha de fora do mercado britânico, principalmente das Américas. Como a Carta da Companhia só abarcava as importações da Ásia, os comerciantes compravam chá nos leilões quadrimestrais para reexportá-lo para o outro lado do Atlântico. Em 1760, a América consumia mais de um milhão de libras de chá anualmente, mas só uma quarta parte vinha direto da Inglaterra; o restante era contrabandeado para driblar o severo regime fiscal britânico. Depois da Guerra dos Sete Anos, esse importante comércio se viu envolvido em nova controvérsia, com a Coroa britânica tentando exportar seu poder fiscal para as colônias americanas. Da mesma forma como a primeira incursão do Estado nos cofres da Companhia fora impelida pelas necessidades financeiras do pós-guerra, a extensão à América do sistema britânico do imposto do selo em 1765 foi justificada pelo imperativo de dividir os gastos militares com os colonos. A resposta foi rápida e furiosa. Os norte-americanos que se opunham à medida negaram que o Parlamento tivesse autoridade constitucional para taxar as colônias e os boicotes e distúrbios obrigaram sua imediata suspensão não mais que um ano depois.

Durante todo esse tempo, a Companhia agia vigorosamente em busca de maneiras de impulsionar seu comércio legítimo com as Américas. No primeiro acordo com o governo para dividir as receitas de Bengala, em 1767, ela obteve também uma isenção por cinco anos de todas as taxas alfandegárias sobre o chá reexportado para a América. Sem as taxas, o preço do chá equivalia agora ao preço que pagavam os contrabandistas em Amsterdã e as importações legais cresceram 42% para Nova York e 100% para Filadélfia nos dezoito meses seguintes. No entanto, o que o governo deu com uma das mãos tirou com a outra. Ao mesmo tempo que isentou o chá, o secretário do Tesouro, Charles Townsend, introduziu uma lei taxando a importação de vidro, chumbo, papel e chá para as Américas. Townsend simplesmente transferiu a taxação para o outro lado do Atlântico, negando os benefícios que a Companhia acabara de receber.

Pior do que isso, o chá se tornou o foco da oposição dos colonos ao pacote de Townsend. Uma forte campanha antichá se espalhou pela costa leste, com ativistas promovendo a alternativa do chá de Labrador. Muitos decidiram se abster completamente de tomar chá até que as taxas fossem extintas. As importações legais de chá da Companhia despencaram de um recorde de 869 mil libras em 1768 para apenas 108 mil libras em 1770. Quando os comerciantes ingleses se queixaram dos efeitos desastrosos dessa campanha sobre o comércio, o governo mudou de política, eliminando todas as taxas de Townsend em 1770. Contudo, apesar dos esforços da Companhia, lorde North manteve a taxação sobre o chá. Somente mil libras de chá foram exportadas a Nova York e Filadélfia entre 1771 e 1773.

Para a Companhia, o mal estava feito. Somado à quebra do preço das ações de 1769 e aos crescentes problemas de má gestão

166   A Corporação que Mudou o Mundo

em Bengala, o boicote dos colonos deixou 18 milhões de libras de chá não vendido parados nos armazéns de Londres. Os diretores da Companhia reivindicaram, então, ao Parlamento o direito de exportar seu excedente ao outro lado do Atlântico. Em um movimento taticamente brilhante, a Lei do Chá resultante habilitou a Companhia a vender seu chá diretamente à América. Deu-lhe também um considerável respiro fiscal ao abolir a taxação sobre o chá importado para a Inglaterra. A eliminação dos intermediários e a redução dos impostos levariam a uma radical diminuição de custos, permitindo que o chá da Companhia pusesse ser vendido a preços menores que seus rivais contrabandeados. O governo britânico esperava que os preços mais baixos levassem os americanos a aceitar a permanência do modesto imposto sobre o chá de Townsend. Um punhado de parlamentares protestou que o plano do governo entraria em choque com a continuada indignação contra o imposto. O governo, porém, se manteve firme. Como resultado, no verão de 1773 a Companhia planejou embarcar 2 mil caixotes de chá para quatro portos-chave — Boston, Charleston, Nova York e Filadélfia.

Lorde North cometera um erro de cálculo estratégico. O boicote do chá havia começado a fumegar na América quando a maior parte das taxas de Townsend foi suspensa. A Lei do Chá reacendeu a campanha e lhe deu uma nova perspectiva — oposição ao domínio corporativo e aos impostos injustos. Os patriotas foram também substancialmente ajudados pelos comerciantes ingleses que viram seus negócios arruinados pelos novos privilégios da Companhia. De acordo com uma testemunha ocular, "opositores da medida na Inglaterra escreveram então à América incentivando uma resistência tenaz".[29] De outubro em diante, jornais e panfletos abasteceram os cidadãos das treze colônias com uma chuva de análises e polêmicas. O *Boston Evening Post* de 18 de outubro de 1773, por exemplo, continha um vigoroso artigo assinado por "Reclusus" denunciando a insensatez do plano de lorde North. "Embora os primeiros Chás possam ser vendidos a baixo preço para entrar no gosto popular", admitiu ele, "quando esse modo de receber Chá estiver consolidado, eles, como todos os demais Monopolistas, planejarão obter mais lucro com suas mercadorias e as venderão ao preço que quiserem."[30] O conhecimento dos cambalachos da Companhia na Índia foi outra poderosa razão para impedi-la de se firmar na América. Escrevendo no boletim da *The Alarm*, "Rusticus" sublinhou que "a Conduta deles na Ásia durante os últimos anos deu provas cabais da pouca consideração que eles têm pela Lei das Nações e pelos Direitos, Liberdades e Vidas Humanas". A conquista de Bengala por Clive e a fome que se seguiu jogaram ainda mais lenha na fogueira: "Eles fizeram guerras, incitaram rebeliões, destronaram príncipes legítimos e sacrificaram milhões em nome do lucro", continuou "Rusticus", acrescentando: "Diz-se que um milhão e meio de pessoas morreram de fome em um ano, não porque a Terra lhes tenha negado seus frutos, mas [porque] essa Companhia e seus funcionários açambarcaram todos os produtos básicos e cobraram por eles preços que os pobres não podiam pagar."[31]

As ameaças de castigos contra os comerciantes que vendessem o chá surtiram o efeito desejado: comerciantes de Nova York e Filadélfia escreveram à Companhia desistindo da incumbência. Em Boston, porém, três navios aportaram e se recusaram a retornar. Então, na noite de 16 de dezembro de 1773, patriotas vestidos como índios Mohawks atiraram 33 toneladas de chá no valor de 9.659 libras na baía de Boston. O porto foi sumariamente fechado pelas autoridades britânicas até que os cidadãos ressarcissem a Companhia pelos prejuízos. O pagamento evidentemente nunca aconteceu e a Festa do Chá de Boston levou inexoravelmente à rebelião aberta em Lexington em abril de 1775. A Companhia que arquitetara a própria revolução em Bengala havia involuntariamente contribuído para fomentar uma outra revolução nas Américas. Olhando retrospectivamente no início do século XXI, Jane Anne Morris vê um poderoso reflexo nesse ato simbólico de protesto anticorporativo: "O povo que fundou este país não travou uma guerra para ter um par de 'cidadãos representantes' nas reuniões da Companhia das Índias Orientais britânica", ela escreveu em 2001.

168   A Corporação que Mudou o Mundo

"Eles fizeram uma revolução para se livrar da opressão: corporativa, governamental ou qualquer outra."[32]

A VINGANÇA DE RAFAEL

A onda de protestos contra a Companhia estava quase no fim. Todavia, um último ato de ajuste de contas ainda estava por vir. Um dos maiores desgostos de William Bolts, quando publicou suas *Considerations on Indian Affairs* no começo de 1772, era o fato de ainda não se terem levado os canalhas da Companhia às barras dos tribunais. "É tanta a impotência do poder neste lado do oceano", escreveu ele, "que nem um único delinquente na Índia foi trazido à justiça na Europa."[33] Bolts falava por experiência própria, sentindo-se injustamente expulso de Bengala por um sistema judiciário comprometido, crivado de conflitos de interesses. Não contente de haver se livrado de Bolts, a Companhia dissolveu seus empreendimentos conjuntos com prósperos comerciantes armênios. Em uma série de ataques coordenados, o sucessor de Clive na governadoria, Harry Verelst, prendeu sumariamente Gregore Cojamaul e Melcomb Philip em Varanasi em março de 1768, e poucos dias depois Johannes Padre Rafael e Wuscan Estephan em Faizabad. Foram todos transferidos para Murshidabad e libertados depois de mais de cinco meses na prisão, sem acusação nem explicações. De volta à liberdade, eles encontraram a situação comercial de cabeça para baixo: todos os comerciantes armênios, ingleses e portugueses estavam proibidos de operar no mercado interno de Bengala.

Em espetacular reação, dois dos quatro — Cojamaul e Rafael — decidiram viajar à Inglaterra em busca de reparação. A chegada desses dois prósperos comerciantes deu mais substância às queixas generalizadas contra a Companhia do que mesmo as mais duras críticas de Bolt jamais haviam logrado. O esforço, porém, foi penoso: primeiro para convencer os tribunais britânicos de que eles tinham jurisdição sobre o caso, depois para provar a culpabilidade de Verelst a milhares de quilômetros da cena do crime — uma batalha épica que levou oito anos para ser decidida. Em setembro de 1769, Cojamaul e Rafael recorreram aos diretores queixando-se da "maneira cruel e desumana" como foram tratados e da ordem arbitrária de Verelst, que os havia "privado da liberdade de comércio que o país sempre desfrutara, mesmo nos tempos dos piores nababos".[34] Rechaçados, abriram um processo por prejuízos contra Verelst em julho de 1770. Assim começou uma longa jornada pelo labirinto legal inglês. Em dezembro de 1774, na Prefeitura da City, o caso foi finalmente a júri, que considerou Verelst culpado de "prisão injusta" e ordenou-lhe pagar a Rafael 5 mil libras mais custas. Indignado, Verelst pediu outro julgamento, mas tudo o que conseguiu foi adiar o inevitável e reduzir o pagamento a mil libras. Os tribunais decidiram também a favor de Cajamaul, concedendo-lhe 3.200 libras e, em julho de 1777, foi tudo resolvido com 2.500 libras adicionais em danos para Wuscan Estephan. No total, Verelst teve de pagar 9.700 libras — mais de 800 mil libras em valores de 2002 —, além de imensas custas judiciais, sua e dos armênios.[35] Depõe a favor do sistema jurídico britânico que sucessivos juízes e júris tenham decidido pôr de lado a nacionalidade e condenar Verelst por "opressão, prisão injusta e esbulhos singulares".[36] A carreira de Verelst como rico diretor da Companhia foi encerrada. Ele terminaria seus dias fugindo dos credores.[37]

A milhares de quilômetros da cena do crime, o princípio da responsabilidade extraterritorial por má administração corporativa fora estabelecido na Londres de 1770. No meio empresarial, muitos consideram a atual onda de ações globais contra as corporações algo novo e injustificado. No entanto, o caso Verelst é um poderoso precedente, demonstrando que duzentos anos atrás um dos principais executivos da primeira multinacional do mundo foi julgado e condenado pelo que chamaríamos hoje de violações dos direitos humanos. As implicações práticas dessa novidade foram, porém, silenciadas. Poucos tiveram os meios e a determinação de vir à Inglaterra em busca de reparação.

UM SURTO MOMENTÂNEO DE BOA CONDUTA

Adam Smith detestava as colônias quase tanto quanto desprezava as corporações. Aquelas tinha por intrinsecamente perdulárias e estas, por geralmente opressivas. Além disso, lamentava que nenhum país houvesse jamais aberto mão de uma colônia, pelo fato lastimável de que tais "sacrifícios são sempre mortificantes para o orgulho de qualquer país".[38] Para ele, a eclosão da guerra na América representava a perda de uma imensa oportunidade para a construção de uma união atlântica esclarecida, baseada no livre comércio e no governo representativo. Quatro meses depois da publicação de *A riqueza das nações*, as treze colônias divulgaram a Declaração de Independência, que deu início a uma guerra de sete anos. Quando Smith voltou sua atenção para a terceira edição de sua obra-prima em 1783, a guerra americana estava perto do fim. No entanto, depois do "surto momentâneo de boa conduta" que se seguiu à Lei de Regulação, a Companhia das Índias Orientais estava "mais em crise do que nunca".

Como contribuição ao ressurgimento do interesse público e político pelos assuntos da Companhia, Smith escreveu a seu editor, William Strahan, em maio de 1783 informando-o que planejava acrescentar um novo capítulo contendo "uma completa explanação sobre o Absurdo e a nocividade de quase todas as nossas companhias de comércio autorizadas por Cartas Reais".[39] Essa enérgica reação foi publicada no último livro do novo volume, que tratava das "Obras Públicas e Instituições necessárias para facilitar certos Ramos de Comércio". Para Smith, no entanto, a sociedade por ações corporativa era um instrumento de política pública tremendamente falho. Um de seus principais perigos era o arriscado ímpeto especulativo gerado, no sistema de sociedade por ações, pela separação entre propriedade e gestão. A limitação da responsabilidade dos acionistas ao valor nominal de seus investimentos induzia à tomada de riscos excessivos. No caso da Companhia, os investidores eram também atraídos pelo chamariz das nomeações, pelas quais se adquiria "uma cota não do saque, mas da indicação dos saqueadores da Índia".[40] Ao mesmo tempo, os executivos da corporação jamais cuidariam dos fundos dos acionistas com o "mesmo zelo" que dedicariam a uma sociedade comercial em que a propriedade e a gestão estivessem nas mesmas mãos. Consequentemente, "a negligência e o desperdício sempre prevalecerão, um pouco mais ou um pouco menos, na gestão dos assuntos dessa companhia".[41] Como se não bastasse, o status monopolista da Companhia impunha um imposto injustificado sobre produtores e consumidores. Smith admitia que um monopólio temporário pudesse ter sido necessário nos primeiros dias do comércio com a Índia. No entanto, havia muito que sua utilidade estava superada, convertida em mero instrumento de mais "negligência, desperdício e má gestão" por parte de seus executivos.[42] Ele achava improvável que "mais dignidade e firmeza" por parte dos acionistas produzisse resultados. Sua receita para essas terríveis enfermidades era simples: reconhecer que a Companhia nunca estaria "apta a governar" suas possessões na Índia e a tornar o comércio entre a Grã-Bretanha e a Índia "aberto a todos". De um modo mais geral, Smith dizia que as sociedades por ações deviam ser estritamente limitadas a serviços financeiros (bancos e seguros) e serviços públicos (águas e canais).

UMA COMPLETA UTOPIA

Impressiona, ao reler Smith e mergulhar em sua análise da Companhia das Índias Orientais, como sua crítica penetrante da corporação vem sendo ampla e deliberadamente omitida. Não há, no discurso dos advogados atuais do neoliberalismo, nada do ceticismo de Smith em relação às corporações, seu afã de monopólio e seu sistema de governança imperfeito. A visão de livre comércio desses advogados ignora convenientemente que ele só pode ser alcançado mediante firmes restrições ao poder corporativo. Smith foi um defensor do livre comércio, mas liberar o mundo para as

172   A Corporação que Mudou o Mundo

corporações não fazia parte de seu ideário. Ele aprovou com veemência as restrições à criação de sociedades corporativas por ações
introduzidas na Lei da Bolha de 1721, e foi preciso quase um século
inteiro depois da publicação de *A riqueza das nações* para que tais
restrições fossem eliminadas na Grã-Bretanha. Do outro lado do
Atlântico, as corporações jogariam também um papel altamente
limitado nos Estados Unidos recém-independentes. Com as lembranças da Companhia das Índias Orientais ainda vívidas na memória
coletiva, as corporações eram rigorosamente circunscritas na nova
República, com Cartas temporalmente limitadas e passíveis de revogação por má conduta. É significativo que os autores da Constituição
estadunidense não tenham feito qualquer menção a corporações,
uma clara indicação do papel limitado que se lhes atribuía na nova
República.[43] Thomas Jefferson, futuro presidente dos Estados
Unidos e incansável adversário da concentração do poder econômico, escreveu em 1816: "Eu espero que esmaguemos em seu berço
a aristocracia dessas nossas corporações endinheiradas que já ousam
desafiar nosso governo e, em demonstração de força, desacatam as
leis do nosso país." Mais recentemente, John Kenneth Galbraith
imaginou que se Smith voltasse à Terra "ficaria estarrecido com um
mundo em que, como nos Estados Unidos, mil corporações controladas por corpos de administradores contratados dominam a paisagem industrial, comercial e financeira".[44]

Smith era um arguto analista das causas e consequências do
gigantismo corporativo. Contudo, sua fé esclarecida na "mão invisível" o cegou para os caminhos pelos quais o governo do mercado
criaria, ele próprio, injustiça e instabilidade. Não apenas ignorava
aquilo que os economistas modernos chamam de "externalidades"
— a tendência do mercado de esgotar os bens públicos — como
também sua crença nos resultados providenciais do mercado obscu-
recia os ciclos de expansão e contração. A despeito de sua crítica acer-
ba do caráter do comércio, Smith não via razão para moderar as liberdades do mercado. Com o desenrolar da Revolução Industrial, os
"sentimentos morais" que deveriam a seu juízo conter o implacável

autointeresse se revelaram completamente inadequados à tarefa de evitar os terríveis abusos da força de trabalho e a cruel exploração do meio ambiente. Como observou Karl Polanyi após o colapso da ordem mundial liberal na década de 1930, o mercado autorregulado de Smith é uma "completa utopia" que não poderia existir "por certo período de tempo sem aniquilar a substância natural e humana da sociedade".[45]

Adam Smith morreu em julho de 1790, cedo demais para ver como algumas de suas ideias seriam usadas para justificar a progressiva eliminação do monopólio comercial da Companhia das Índias Orientais. Longe, porém, de inaugurar uma era de liberdade e justiça, o resultado foi a dominação colonial. Os fabricantes britânicos foram protegidos por meio de elevadas barreiras comerciais e alfandegárias e toda a economia da Índia foi progressivamente colocada a serviço do interesse imperial. A defesa da liberdade comercial de Smith seria também usada para justificar políticas imperiais muitas vezes desumanas, particularmente de ajuda contra a fome. Em *A riqueza das nações*, Smith afirmou confiante que "nunca sobreveio uma fome por outra causa que não a violência do governo tentando, por meios impróprios, remediar as inconveniências de uma escassez".[46] Essa conclusão se apoiava em seu entendimento da terrível Fome de Bengala de 1770, quando "regulações inadequadas e limitações insensatas impostas pelos funcionários da Companhia das Índias Orientais sobre o comércio de arroz contribuíram, talvez, para transformar a escassez em fome".[47] Há um mundo de diferença, porém, entre a maneira como as corporações manipulam o mercado em benefício próprio e as intervenções que os Estados precisam fazer para assegurar a proteção dos direitos humanos, o mais importante deles o direito à vida. Não obstante, o apelo de Smith à não intervenção governamental em tempos de fome seria aplicado com resultados cruéis pelos britânicos na Índia. Ainda em 1783, funcionários da própria Companhia protestaram contra tentativas de oferecer ajuda contra a fome usando como munição os escritos de Smith. Essa posição foi mais tarde fortemente apoiada por Thomas Malthus, economista político residente da Companhia das Índias Orientais que ensinava na escola da Companhia em Haileybury. A fome pôs à prova o mercado benevolente de Smith e o julgou inadequado, incapaz de responder ao imperativo das necessidades humanas fundamentais.

Adam Smith continua sendo um dos mais vigorosos investigadores do metabolismo malsão da corporação moderna — e da Companhia das Índias Orientais em particular. O que faltou à sua visão de mundo foi atenção suficiente ao problema de como as "leis da justiça" poderiam funcionar em um mercado global anárquico — obsessão de seu amigo Edmund Burke.

7

A Justiça Será Feita

AS ÁRVORES DA DESTRUIÇÃO

Logo ao sul de Fort William, no centro de Kolkata, fica Alipur, um subúrbio exuberante ainda repleto de clubes exclusivos e grandes mansões da época colonial. Uma das mais impressionantes é a Belvedere House, que hoje abriga a Biblioteca Nacional da Índia. Antiga residência de verão do nababo de Bengala, essa casa foi presenteada a Warren Hastings por Mir Jafar em 1763. Foi aqui também que dois dos mais antigos executivos da Companhia se encontraram no amanhecer do dia 17 de agosto de 1780 para travar uma das mais extraordinárias batalhas internas da história corporativa — um duelo de morte.

De um lado estava Warren Hastings, governador-geral de Bengala e arquetípico homem da Companhia. Introduzido na firma em 1749 aos 17 anos de idade, Hastings tinha décadas de experiência na Índia. Fora prisioneiro de Siraj-ud-Daula na rota de Plassey e subira na hierarquia da Companhia à custa de capacidade e dedicação evidentes. No contexto da pilhagem generalizada de Bengala, Hastings desenvolveu uma reputação de integridade pessoal. Foi uns dos poucos que tentou deter a anarquia do comércio particular

176   A Corporação que Mudou o Mundo

na década de 1760, buscando um comércio fundamentado em princípios mais éticos. "Se, em lugar de se elevar à posição de senhores e opressores do país, nossos homens se limitarem ao comércio justo e honesto", disse ele ao Parlamento, "serão respeitados em todos os lugares e o nome da Inglaterra será motivo não de opróbrio mas de respeito universal."[1] Em 1780, Hastings levava oito anos dirigindo os negócios da Companhia em Bengala. A braços com demandas concorrentes de comércio, finanças, justiça e defesa, deixou muitas vezes o pragmatismo se sobrepor aos princípios, acabando por se envolver em infindáveis disputas com a maioria parlamentar do novo Conselho de Bengala.

Do outro lado estava Philip Francis, o líder do Conselho. Talvez o melhor publicista de sua época, Francis é hoje tido como autor das cartas anônimas "Junius", cuja crítica vigorosa sacudiu o governo corrupto de George III entre 1768 e 1771. Até ser nomeado Conselheiro em 1773, Francis tivera uma carreira sem brilho como funcionário no Ministério da Guerra. A única explicação plausível para sua surpreendente ascensão ao Conselho de Bengala com o portentoso salário de 10 mil libras anuais foi o interesse dos grupos dominantes afetados em tirar "Junius" do país. Seu envio a Bengala tinha a vantagem adicional de que ele talvez não voltasse, sucumbindo às doenças como tantos outros empregados da Companhia. No entanto, a necessidade inexorável de resistir à tirania, que era o cerne de sua identidade, fê-lo passar rapidamente da crítica à corrupção da corte britânica ao ataque às malversações da Companhia. Em novembro de 1774, apenas um mês depois de sua chegada em Bengala, Francis escrevia a seu amigo John Bourke dizendo que "a corrupção já não se limita ao tronco da árvore nem aos galhos principais; todo ramo e toda folha estão apodrecidos".[2]

Ambos acreditavam ter o direito a seu lado. Hastings achava que as constantes críticas de Francis à sua política haviam atingido um grau intolerável, desafiando sua autoridade de governador. Francis, por sua vez, via Hastings como encarnação da corrupção institucionalizada na Companhia. Contudo, se os defeitos de Hastings residiam em sua propensão para o autoritarismo e a prepotência, Francis era movido por um sentimento de superioridade que confundia espírito de vingança com virtude pública. Até os amigos o advertiam para a "famosa soberba" que rapidamente o tornou conhecido em Calcutá como "rei Francis". Depois de quase seis anos de querelas ininterruptas, Hastings tomou uma atitude em 14 de agosto de 1780, questionando o caráter do rival e declarando-o "destituído de veracidade e honra". Francis não tinha outra opção senão desafiá-lo para um duelo. A longa batalha entre princípios e conveniências chegara finalmente ao desenlace. Entre 5h30 e 6h da manhã, os dois se encontraram na margem ocidental do Belvedere, à sombra das chamadas "árvores da destruição". Nenhum dos dois havia travado um duelo antes, e Francis provavelmente jamais usara uma pistola. Os dois se puseram a uma distância de 14 passos e, passada a perturbação inicial, Francis atirou e errou. Foi a vez de Hastings, que atingiu Francis no ombro. Francis caiu gritando que era um homem morto, levando Hastings a bradar "Meu Deus! Eu espero que não". Felizmente, o ferimento não implicava risco de morte, mas pôs fim à disputa. Amargurado, Francis retornou à Inglaterra um ano depois jurando vingança.

O duelo do Belvedere foi mais do que uma exótica escaramuça entre dois indivíduos irreconciliáveis. Ele sintetizava a profunda batalha então em curso pelo controle da Companhia — entre os sempiternos imperativos comerciais da sociedade corporativa por ações e os emergentes interesses do Estado imperial britânico. O duelo expôs também ao escrutínio público o completo malogro da Lei Reguladora de North em sua pretensão de trazer tranquilidade às operações da Companhia mediante a atribuição de novas responsabilidades. Durante os quinze anos seguintes, o Estado e a corporação negociariam novas formas de restringir e canalizar o poder e a autonomia da Companhia, uma batalha permeada pela mesma paixão ética que movera as primeiras investigações sobre a Companhia na década de 1770. No fim das contas, a questão que Edmund Burke colocaria perante o mundo no sensacional processo

178   A Corporação que Mudou o Mundo

de *impeachment* de Hastings era: podem ou não a Companhia e seus executivos ser trazidos às barras da justiça?

MANDE MAIS DINHEIRO

A principal preocupação de Hastings ao assumir o cargo de governador de Bengala em 1772 era restaurar a ordem e recuperar a lucratividade das operações da Companhia. A corrupção e os gastos militares crescentes haviam transformado a dádiva da *diwani* em fator de risco. O imposto sobre a terra era a parte do leão da *diwani*, e Hastings decidiu acabar com a miragem do "sistema dual" de Clive transferindo o Tesouro de Murshidabad para Calcutá. Para maximizar a receita, ele começou por delegar por cinco anos a tarefa de coletar os impostos, substituindo mais tarde esse sistema pelos leilões anuais. A comercialização do sistema de impostos rendeu frutos, com as receitas crescendo quase 20% entre 1772 e 1776.[3] Daí em diante, porém, elas voltaram a cair e os casos de opressão fiscal se multiplicaram.

Na economia em geral, Hastings aplicou com rigor a antiga proibição do comércio particular. A lição da fracassada Sociedade de Comércio de Clive o levou a estabelecer monopólios corporativos em vez de particulares sobre o ópio, o sal e o salitre, visando ao aumento das receitas. No caso do ópio, Hastings dizia que esse "pernicioso artigo de luxo" deveria ser cuidadosamente regulado e apenas permitido "para fins de comércio exterior". Em 1773, ele cassou os privilégios do Conselho de Patna, estabelecendo em seu lugar o direito exclusivo da Companhia à compra da totalidade do ópio, função que delegou a terceiros sob seu comando. "Usaram-se todas as formas de coação e coerção para obrigar os *ryots* [camponeses] a plantar ópio e vendê-lo a preços arbitrariamente baixos", escreve Chandra Prakash Sinha.[4] Antes de a Companhia assumir, o ópio era vendido a 3 rupias por *seer*. Obrigados a vender à contratada, o preço logo caíra para 1 ou 2 rupias. Em leilão, o preço médio era 6 rupias por *seer*, proporcionando à Companhia imensos lucros. Quando Francis se queixou de que o monopólio estava gerando "pobreza e despovoamento generalizados" em Bihar, Hastings entregou o contrato de ópio a John Mackenzie, amigo de Francis, para silenciar sua crítica. Mas a gestão de Mackenzie de nada serviu: em 1777, um grupo de camponeses se queixou de que haviam sido obrigados a segar uma grande plantação de milho e substituí-la por ópio.[5]

Hastings adotou a mesma política para o sal, impondo o monopólio da Companhia e delegando a produção a terceiros. A má gestão, porém, acabou reduzindo as receitas, razão pela qual em 1780 ele introduziu o sistema de administração direta. Todo o sal tinha de ser vendido a um preço fixado a agentes da Companhia, que o vendiam então aos atacadistas. Mantendo tão baixos quanto possível os preços pagos aos produtores e vendendo pelo máximo que podia no atacado, a Companhia aumentou suas receitas em cerca de 3 milhões de rupias só no primeiro ano, elevando esse total a mais de 6 milhões em 1784.[6] Esse sistema permaneceria praticamente inalterado até o fim do domínio britânico em 1947.

O último recurso de Hastings para satisfazer a necessidade de dinheiro dos diretores era mirar além de Bengala, usando o exército privado da Companhia como alavanca. Um de seus primeiros atos foi cancelar o tributo anual de 2,6 milhões de rupias ao imperador mogol. Seguiram-se uma série de acordos com o vizinho ocidental de Bengala, Awadh. Primeiro, Hastings transferiu a Awadh as províncias de Allahabad e Kora pela respeitável quantia de 5 milhões de rupias e depois lhe cedeu, por mais 50 milhões, os serviços do exército da Companhia para ajudá-la a anexar Rohilkhand. No total, Hastings auferiu providenciais 5,5 milhões de libras com cessões territoriais e barganhas mercenárias. Em 1775, assumiu o controle de Varanasi (Benares) — "uma valiosa aquisição para a Companhia", escreveu aos diretores —, obtendo um rendimento adicional de um quarto de milhão de libras anuais. Quando as hostilidades com a França eclodiram em 1778 no marco da Guerra de

180   A Corporação que Mudou o Mundo

Independência Americana, Hastings aumentou a pressão sobre Varanasi para obter uma série de pagamentos extras.

A busca incessante de Hastings por dinheiro teve dramáticas consequências humanas, muitas delas apresentadas em seu processo de *impeachment*. Longe de ser um governante cruel, Hastings teve, no entanto, de enfrentar um dilema profundo, maravilhosamente exposto por Macaulay em seu ensaio de 1840. Na essência, os diretores da Companhia queriam que Hastings melhorasse ao mesmo tempo o desempenho financeiro de Bengala e seus padrões éticos. "Governe com brandura e mande mais dinheiro" e "pratique estrita justiça e moderação para com os poderes vizinhos e mande mais dinheiro" eram, segundo Macaulay, os ditames dos diretores.[7] Sempre o administrador prático, Hastings admitiu ser "absolutamente necessário desconsiderar ou discursos morais ou as exigências pecuniárias de seus patrões". Optando pelo caminho mais seguro, ele decidiu "esquecer os sermões e encontrar as rupias".[8]

INJUSTIÇA FUNDAMENTAL

A gestão financeira de Hastings teve algo de desesperado. A drástica mudança do sistema de governança imposta pela Lei Reguladora levou a um aumento de tensões cujo clímax foi o episódio da Belvedere. Tradicionalmente, o governador de cada presidência da Companhia tinha poderes totais, orientado por um conselho amplamente consensual. A nova Lei derrubou essa tradição e introduziu um conselho de cinco membros, que tomava decisões por maioria de votos. Além do mais, três dos conselheiros eram indicados pelo Parlamento para ostensivamente representar o interesse público. A crise começou no momento em que os novos conselheiros indicados pelo Parlamento — general John Clavering, Philip Francis e George Monson — chegaram a Calcutá em outubro de 1774. Em vez da esperada salva de 21 tiros, Hastings mobilizou somente 17 canhões para saudar o desembarque e nem sequer se deu ao trabalho de recebê-los pessoalmente. Quando os encontrou mais tarde naquele dia, ele o fez sem a esperada formalidade. "Com certeza, o sr. Hastings deveria estar usando uma camisa de babados", escreveu Alexander Macrabie, secretário do novo conselheiro Philip Francis. Por baixo dessas questões aparentemente triviais de protocolo havia, porém, uma luta titânica pelo controle da Companhia em Bengala.

Desde o começo, Francis, Clavering e Monson tentaram derrubar Hastings, supondo-o irremediavelmente corrupto, a ponto de pretender subornar os novos conselheiros para que desistissem de suas sindicâncias. O primeiro grande choque se deu em 1775, quando Francis, Clavering e Monson apoiaram as acusações levantadas contra Hastings pelo rajá Nandakumar. Governador de Hugli sob o regime dos nababos, na década de 1770 Nandakumar era o mais poderoso aristocrata de Bengala e inimigo jurado de Hastings. A facção de Francis havia, porém, subestimado a capacidade de autopreservação de Hastings. Desenterrando um antigo caso de fraude contra Nandakumar, Hastings levou Nandakumar a julgamento pela nova Suprema Corte, no qual, de acordo com a lei inglesa, o aliado de Hastings Elijah Impey o considerou culpado e o condenou à morte. Como concluiu Jeremy Bernstein, recente biógrafo de Hastings, "não resta dúvida de que a execução de Nandakumar foi um assassinato judicial".[9] Para além da selvageria do ato em si, é doloroso compará-lo com a infame falsificação do tratado com Amir Chand arquitetada por Clive nos idos de 1757: Clive foi dignificado e aplaudido pelo mesmo crime que levaria Nandakumar à forca.

Inicialmente intimidada, a facção parlamentar tentou desalojar Hastings em junho de 1777, quando chegaram a Calcutá notícias de que seu agente em Londres oferecera sua renúncia. Clavering se declarou imediatamente o novo governador-geral. Hastings, porém, se aferrou ao posto. Negou que havia renunciado e acionou a Suprema Corte, que, uma vez mais, ficou do seu lado. O triunfo de Hastings e a morte de Clavering pouco tempo depois deixaram

182   A Corporação que Mudou o Mundo

Francis isolado. À beira do desespero, Francis escreveu ao primeiro-ministro lorde North em setembro de 1777 acusando o governo da Companhia em Bengala de "injustiça em seu princípio fundamental" e de "ser ao mesmo tempo soberano e comerciante e usar o poder do primeiro para beneficiar o segundo". Para Francis, a única solução era assegurar que "o governo não [continuasse] nas mãos de uma organização mercantil".[10] Em minoria no Conselho de Bengala e vendo sua posição severamente enfraquecida, Francis fez uma trégua com Hastings quando sobreveio a guerra com os maratas. No entanto, a paz entre esses dois personagens irreconciliáveis não poderia durar muito tempo — e o resultado foi o dramático duelo na Belvedere no verão de 1780.

Com o retorno de Francis à Inglaterra, Hastings ganhou carta branca* para conduzir os negócios como lhe aprouvesse. Em março de 1781 ele concedeu, por um preço baixíssimo, o contrato de ópio a Stephen Sulivan, filho do presidente da Companhia — e seu patrão — Laurence Sulivan. O jovem Sulivan imediatamente vendeu o contrato por 350 mil rupias (40 mil libras) a John Benn, que por sua vez ganhou outras 150 mil rupias vendendo-o para William Young.[11] Tendo levado à prática aquele que considerava o melhor mecanismo para lucrar com a produção de ópio, Hastings testou então a possibilidade de fazer vendas extraordinárias do produto na China: despachou para lá dois navios, o *Nonsuch* e o *Betsy*, secretamente carregados com 3.450 caixotes de ópio. Ao tomar conhecimento do deslize, os horrorizados diretores da Companhia em Londres disseram categoricamente a Hastings ser "indigno da Companhia envolver-se com esse comércio clandestino; portanto, nós proibimos terminantemente o transporte de ópio sob os nossos auspícios".[12] Então, em janeiro de 1782, Hastings voltou-se para Awadh, seu antigo aliado, para, usando a subida ao trono de um nababo fraco, extorquir da família das begumes** um tesouro que

---

* No original: *carte blanche*. (N. T.)

** Título equivalente a princesa dado a mães, irmãs ou viúvas de príncipes muçulmanos, p. ex. na Índia ou no Paquistão (fonte: Houaiss). (N. T.)

se dizia valer 2 milhões de libras. Depois de aprisionar as princesas por um ano e de supostamente torturar os eunucos da corte, as tropas de Hastings saíram sorrateiramente com meras 5.500 libras.

Uma vez mais a Companhia parecia estar despencando em uma espiral de corrupção, conflitos e ruína. Em 1769, a notícia de que Haidar Ali, sultão de Mysore, atacara Madras fez estourar a "bolha de Bengala". Em julho de 1780, ele invadiu o Carnático e esmagou as forças da Companhia em Polilur. Em 1781 e 1782, Bengala foi atingida por estiagens, até que finalmente explodiu a rebelião contra o extorsivo sistema de rendas fundiárias da Companhia. Em junho de 1782, os camponeses de Dinajpur se dirigiram a Calcutá com uma petição contra o comportamento opressivo de Debi Singh, o agente da Companhia na região. Os *ryots* queriam a redução dos impostos impagáveis, a eliminação dos tributos não autorizados e o fim da venda compulsória das propriedades para pagar impostos atrasados, além de reparação pela violência dos agentes da Companhia, que rejeitou as queixas como "frívolas" e "inventadas". Em novembro, os *ryots* se recusaram a pagar suas rendas, e, em janeiro, a revolta total explodiu em Dinajpur e em Rangpur.[13] O descontentamento camponês se fundiu à guerra santa dos *sannyasin* liderados pelos xá Munju e xá Musa, rebelião rapidamente reprimida pelas tropas da Companhia. A vizinha Awadh também se levantou contra as crescentes exigências fiscais de Hastings e a punição para quem não conseguia pagar: o "confinamento em gaiolas ao ar livre". Outro levante rapidamente esmagado. Seguiu-se uma fome cruel em 1784, felizmente não com a mesma dimensão do desastre de 1770.

Mais tarde, Bankim Chandra Chattopadhyaya basearia seu romance pioneiro, Anandamath, na história dos levantes *sannyasin* contra a Companhia durante a gestão de Hastings. Um importante aspecto da história de Mahatma Satya, Mahendra, Bhavan e Kalyani é a escolha do hino nacionalista "Bande Mataram" (Salve a Mãe) como canção dos rebeldes. É notável a ênfase colocada pelos perso-

184   A Corporação que Mudou o Mundo

nagens principais na rebelião armada como a única forma de livrar a Índia dos britânicos, estratégia adotada pelo movimento revolucionário de Bengala no começo do século XX. No romance, o radical Bhavan tenta convencer Mahendra da necessidade da revolta: "Os britânicos estão levando nossa riqueza para Calcutá", diz, "e de Calcutá para a Inglaterra. Não há esperança para a Índia até expulsarmos os britânicos... pela força das armas".[14]

Quando Hastings deixou Calcutá em fevereiro de 1785 para retornar à Inglaterra, a paz com os maratas fora restabelecida, Hyder Ali estava morto, e Madras, reconquistada. Sua reputação, porém, se arruinara. William Cowper captou o espírito da época em seu poema "Expostulation", de 1782. Cowper, um ex-colega de escola de Hastings, recriminou-o em um tom bastante pessoal.

> Mesmo amamentado no seio farto da liberdade,
> Exportaste a escravidão para o Oriente submisso
> Derrubaste os tiranos a que a Índia servia reverente,
> E ergueste a ti mesmo, supremo, em seu lugar?
> Lá foste armado e faminto e retornaste repleto,
> Saciado dos mais ricos filões do mogol,
> Déspota prenhe de poder obtido com riquezas
> Acumuladas por meio de rapina e sub-repção?
> Com os defeitos da Ásia guardados na mente,
> E esquecido de suas virtudes, assim como das tuas;
> Vendeste a própria alma e trouxeste à casa a tua paga,
> Para tentar o pobre a se vender aos teus desígnios?*[15]

---

* No original: *Hast thou, though suckled at fair freedom's breast,/ Exported slav'ry to the conquer'd East/ Pull'd down the tyrants India serv'd with dread,/ And rais'd thyself, a greater, in their stead?/ Gone thither arm'd and hungry, return'd full,/ Fed with the richest veins of the Mogul,/ A despot big with pow'r obtain'd by wealth/ And that obtain'd by rapine and by stealth?/ With Asiatic vices stor'd thy mind, But left their virtues and thine own behind;/ And, having truck'd thy soul, brought home the fee, To tempt the poor to sell himself to thee?* (N. T.)

COMENDO A CARTA PELAS BEIRADAS

Depois da quebra de 1772, a prioridade absoluta dos diretores em Londres era pagar a dívida de 1,4 milhão de libras com o governo e recuperar a liberdade financeira da Companhia. A tarefa deles foi dificultada, no entanto, pelos rumores de uma guerra civil em curso no Conselho de Bengala. Escandalizados com o assassinato judicial de Nandakamur e com a luta interna que ele denunciara, os diretores aprovaram a destituição de Hastings no verão de 1776 — decisão posteriormente revogada por uma assembleia de acionistas. Na ocasião, porém, o representante de Hastings em Londres, no afã de apaziguar a situação, ofereceu sua renúncia, que foi aceita pelos diretores. Ao saber de seu afastamento no ano seguinte, Hastings, como era de esperar, recusou-se a deixar o cargo. Sua obstinação inflamou ainda mais as paixões em Londres, expondo a fragilidade de uma Lei Reguladora que não dava ao Estado o direito de destituir o governador-geral. O rei George III exigiu a demissão de Hastings e chegou-se a falar em *impeachment*, mas a guerra na América do Norte tinha precedência e os problemas da Índia foram deixados à própria sorte. Nesse ínterim, a Companhia quitou o empréstimo em 1776, reduziu sua dívida e elevou triunfantemente o dividendo de 6% para 8%.

No entanto, a conjuntura favorável foi rapidamente revertida quando a notícia da invasão do Carnático por Haidar Ali chegou a Londres em abril de 1781. Em meio às negociações com o governo contestado de lorde North para a renovação da Carta, este vívido lembrete da incompetência da Companhia reforçou a mão do governo. North exigia que a Companhia transferisse ao governo três quartos do lucro líquido excedente ao pagamento do dividendo anual de 8%, em um total de 600 mil libras anuais. Falando em nome da oposição *whig*, Edmund Burke saiu em defesa da Companhia dizendo que isso não passava de "uma tentativa violenta e vergonhosa de roubar a Companhia em favor de objetivos do mais absoluto desperdício e da mais perdulária corrupção".[16] Contudo, a Companhia, desesperada

186   A Corporação que Mudou o Mundo

para obter a Carta, concordou em pagar, por mais dez anos de monopólio, 400 mil libras iniciais e três quartos do superávit.

Não foi o fim da questão. Em fevereiro, Burke fora indicado
membro de um comitê parlamentar especial para investigar a administração da justiça em Bengala. Dois meses mais tarde, Henry
Dundas, estrela ascendente da elite escocesa, de 39 anos de idade,
foi encarregado de coordenar um comitê secreto de investigação da
questão do Carnático. Tal como em 1773, a Companhia enfrentava
um duplo ataque parlamentar. Durante os dois anos seguintes, essas
investigações paralelas submeteriam ao Parlamento 17 relatórios
denunciando a Companhia e lançando as bases de sua subordina-
ção ao Estado. Embora fossem adversários políticos, Burke e Dundas
compartilhavam boa parte da análise sobre as raízes do problema.
A diferença estava em quem deveria segurar as rédeas da Companhia.
Para Dundas, a Coroa deveria estar no comando; para Burke, a
Companhia deveria prestar contas ao Parlamento. O grande com-
plicador era a crescente instabilidade política em Westminster
numa época em que o sistema dominante britânico lutava para se
ajustar à perda da América. North caiu, finalmente, em março de
1782. Seguiram-se três efêmeras administrações até Pitt, o Moço,
assumir em dezembro de 1784 e pôr em prática a visão de reforma
de Dundas.

Para Dundas, o problema residia na crônica incapacidade da
Companhia de atuar como organização comercial e resistir ao fascínio da conquista militar. "Eu gostaria", disse ele ao Parlamento,
"que todo funcionário da Companhia entendesse que o objetivo
primordial de sua vida é, e tem de ser, agir como seu leal servidor e
que não tem o direito de, imaginando-se um Alexandre, um
Aurangzeb, preferir frenéticas proezas militares à indústria e ao
comércio do país."[17] Para afirmar a autoridade do Parlamento sobre
a Companhia, Dundas buscou disciplinar os três governadores da
Companhia na Índia — Rumbold em Madras, Hornby em Bombaim
e Hastings em Calcutá. Rumbold era notório por sua corrupção, a
que muitos atribuíam o fracasso de Madras em resistir aos ataques

de Hyder Ali. Entre 1778 e 1780, Rumbold conseguira enviar à Inglaterra 160 mil libras, o equivalente a três vezes seu salário no período. Hastings, porém, era o alvo principal, e, em maio de 1782, Dundas apresentou uma resolução dizendo que ele "agira de modo indigno para a honra e a política do país ao impor sérias calamidades à Índia e grandes despesas à Companhia". O Parlamento concordou e decidiu convocar Hastings. No entanto, os acionistas derrubaram a decisão por 428 votos a 75, da mesma forma como haviam derrubado a ordem de convocação dos diretores em 1776. Para um dos principais acionistas, esse era apenas mais um exemplo do "propósito deliberado de comer pelas beiradas a Carta de Direitos da Companhia".[18] Frustrado em seu intento, na primavera seguinte Dundas propôs uma legislação completa para obrigar os acionistas da Companhia a respeitar "as razões do Parlamento". Nove dias antes, porém, a efêmera coalizão Shelburne a que Dundas pertencia havia caído, abrindo caminho para a extraordinária aliança dos inveterados inimigos lorde North e Charles James Fox, um governo que durou nove meses. Para a Companhia das Índias Orientais, a iniciativa parlamentar passara de Dundas a Burke.

ESSA DRENAGEM CONTÍNUA

Nascido em Dublin em 1729, Edmund Burke é tido por muitos como o pai do conservadorismo moderno por sua apaixonada defesa do Antigo Regime durante a Revolução Francesa. Suas *Reflexões sobre a Revolução na França* se tornaram o livro de cabeceira dos reacionários de toda a Europa em luta pelos "direitos da propriedade" contra os "direitos do homem". Mesmo assim, Burke não era absolutamente um defensor natural do poder monárquico sem peias. Na verdade, durante boa parte de sua trajetória política entre os *whigs*, Burke procurou questionar a tirania e manter o equilíbrio de poder entre a Coroa e o Parlamento surgido da Revolução Gloriosa. Em 1779-80, por exemplo, lançou uma campanha pela "reforma

188   A Corporação que Mudou o Mundo

econômica" cujo intuito era barrar o uso corrupto do dinheiro público pela Corte. Burke assumiu também uma linha resolutamente pró-americana nas lutas da Grã-Bretanha contra as treze colônias e apoiou a tolerância religiosa para com os católicos em sua Irlanda natal. Sua posição em relação à Companhia das Índias Orientais era também consistente com sua filosofia de respeito e dever. Burke defenderia a independência da Companhia desde que ela fosse capaz de provar que cumpria os termos de sua Carta. Contudo, quando concluiu que ela se tornara um instrumento de opressão, passou a pressionar por soluções radicais.

Burke se opusera inicialmente aos esforços de lorde North para regular a Companhia, os quais ele via como uma injustificada infração dos direitos estabelecidos na Carta. Sua hostilidade às políticas de North em relação à Companhia condizia também com o utilitarismo político da oposição *whig*. Tudo mudou, porém, com a queda de North em 1782. A própria posição de Burke vinha mudando à medida que as conclusões de suas intensivas pesquisas sobre a Índia se tornavam claras. No sul, importantes executivos da Companhia em Madras haviam exorbitado de suas funções concedendo uma série de empréstimos particulares a governantes locais, em especial o nababo de Arcot e o rajá de Tanjore. Em um panfleto escrito a quatro mãos em 1779, Edmund e seu grande amigo e homônimo William Burke, que se tornara agente do rajá de Tanjore em 1778, denunciaram o escândalo dessas dívidas odiosas que somavam mais de 3 milhões de libras. No leste, o conhecimento que Burke tinha de Bengala foi reforçado por sua estreita colaboração com Philip Francis, que retornara de Calcutá. Essas duas vertentes se juntaram no verão de 1783 com a publicação do Nono Relatório do Comitê Especial, uma obra-prima de economia política escrita, em sua quase totalidade, por Burke.

A razão do fracasso catastrófico da Lei Reguladora foi, de acordo com Burke, a incapacidade de "seguir o Rastro das Irregularidades" e de aplicar "um Remédio apropriado para uma Doença particular".[19] A revolução de Bengala havia quebrado o "círculo comercial" que assegurava que o comércio entre a Grã-Bretanha e a Índia trouxesse mútuo benefício. Usando as palavras com precisão, Burke descreveu esse modelo de intercâmbio como "Intercurso — pois Comércio não é", com a Índia sofrendo "o equivalente a um Saque Anual de suas Manufaturas e sua Produção no Valor de 1,2 milhão de Libras". De fato, a Índia estava sendo estuprada.

Muito mais do que indignado com o fato de a revolução da Companhia ter prejudicado os direitos tradicionais dos comerciantes e produtores indianos, Burke demonstrou que ela deixara de gerar quaisquer benefícios de longo prazo para a própria corporação. Um modelo de negócio sustentado num intercâmbio tão desigual inevitavelmente reduzia a capacidade produtiva de Bengala, demandando uma quantidade cada vez maior de medidas "casuais e extraordinárias" para lhe arrancar recursos financeiros. Do lado das despesas, o envolvimento da Companhia numa "infindável cadeia de guerras" aumentava substancialmente a quantidade de dinheiro que Hastings precisava levantar por meio do comércio e dos impostos. Em dezembro de 1780, Hastings disse confidencialmente aos diretores que a lacuna era demasiado grande e teria de haver uma "total Suspensão do Investimento" no ano à frente. O sistema comercial da Companhia estava em ruínas. A única maneira de garantir que houvesse o que vender nos leilões quadrimestrais era deixar espaço nos navios para as mercadorias compradas por conta própria pelos executivos de Bengala. Era uma miragem comercial sem nenhuma esperança de lucro para a Companhia depois de deduzidos os custos.

> Por meio desse esquema extraordinário [escreveu Burke], a Companhia é virada de cabeça para baixo, e todas as suas Relações, invertidas. Antes uma organização autônoma dedicada ao Comércio e que empregava Funcionários como Fetores, agora os Funcionários tomaram a totalidade do Comércio em suas Mãos, com seu próprio Capital, e a seu próprio Risco. E a Companhia tornou-se para eles Agentes e Fetores, para vender por Comissão as Mercadorias *deles* em Benefício *deles*.[20]

190 A Corporação que Mudou o Mundo

A única solução para essa crise era restabelecer a Companhia "sobre uma Base autenticamente Comercial",[21] liquidando a presunção de que ela pudesse assumir responsabilidades públicas com alguma forma de justiça. Mais do que isso, os sistemas de governança da Companhia precisavam de uma reestruturação fundamental que fosse além dos paliativos temporários da Lei Reguladora. Em vez de coibir a má conduta dos executivos de Bengala, "a Negligência da Corte de Diretores não só não diminuiu como também deve ter até acelerado o Crescimento das Práticas que condena".[22] A chegada da coalizão Fox-North deu a Burke a oportunidade de pôr em prática suas conclusões, no que foi consideravelmente ajudado pelo estado crítico das finanças da Companhia. Em março de 1783, os diretores haviam enviado ao Parlamento uma petição abjeta, implorando por "socorro e ajuda efetiva" do Estado; no outono, estava claro que a Companhia já não tinha como honrar suas dívidas.

A Companhia estava financeira e institucionalmente falida, violando os termos implícitos de sua "licença para operar" georgiana. Apoiado na rica tradição *whig* de resistência legítima aos governos tirânicos, Charles James Fox disse que as corporações, tal como os reis, tinham obrigações para com o povo. A Carta da Companhia não devia ser considerada uma concessão sacrossanta de direitos, mas sim uma expressão da confiança mútua entre a Companhia e o povo. "Se essa confiança é quebrada", disse Fox, e "o fracasso resulta de culpa, ignorância ou má gestão palpável, quem há de negar que a confiança deva ser devolvida e depositada em outras mãos?" Burke retomou o tema dizendo que "toda classe de privilégio comercial [é] em última instância um encargo, e está na essência de todo encargo que dele se deva prestar contas".[23] Prossegue com um floreio retórico: "A quem, então, diria eu, deve a Companhia das Índias Orientais prestar contas?" E arremata: "Ao Parlamento, é claro." A Lei das Índias Orientais elaborada por Fox pretendia impor tal responsabilidade substituindo-se a Corte de Diretores por um corpo de sete comissários indicados pelo Parlamento. Na prática, a Companhia seria decapitada, permanecendo os acionistas como proprietários nominais, destituídos, porém, de qualquer voz na gestão de seus ativos. Diz-se que quando sir William James, um dos mais antigos diretores da Companhia, leu a lei, teve um colapso fatal. As ações também sofreram com a notícia, caindo a meras 120 libras, cerca de 13%, no fim de novembro.

Ao apresentar a Lei da Índia na Câmara dos Comuns em dezembro de 1783, Burke assinalou que "uma solução nos é exigida por humanidade, por justiça e por todos os princípios da verdadeira política". O sentimento amplamente justificado de indignação com a Companhia na Câmara dos Comuns fez com que uma maioria substancial fosse rapidamente alcançada. No entanto, a Companhia não desistiria facilmente e contra-atacou com uma onda de propaganda que afirmava a santidade dos privilégios concedidos pela Carta, alertava o país para a concentração do poder de nomear nas mãos de Fox e apelava ao profundo ódio pessoal que o rei nutria por ele. Para conter o progresso aparentemente irresistível da lei no Parlamento, James Sayers produziu uma série de caricaturas anti-Fox, a mais bem-sucedida delas publicada em 5 de dezembro, retratando "a Entrada Triunfal de Carlo Khan em Leadenhall Street". Fox é retratado como o "Grande Mogol", montado num elefante que tem a cara do primeiro-ministro lorde North. O elefante é conduzido por Edmund Burke, vestido de arauto e com um mapa de Bengala pendurado na trombeta. E, o mais importante, Fox carrega um estandarte com os dizeres "Rei dos Reis" escritos em grego. Ele não é mais um homem do povo, mas sim um tirano. Refletindo sobre essa dramática virada, lorde North admitiu mais tarde que "aquele total absurdo sobre Carlo Khan enganou de um modo estranho a parte mais fraca do país".[24]

A mudança de estado de espírito do público foi a cobertura de que o rei George precisava para atacar a coalizão. O rei, que rechaçava Fox por interferir em seus assuntos domésticos, viu a Lei da Índia como a oportunidade perfeita para se livrar de um governo incômodo. Ignorando o princípio constitucional de que o rei não deveria se meter nos assuntos do Parlamento, George fez saber que todo compatrício que votasse a favor da lei na Câmara dos Lordes

192   A Corporação que Mudou o Mundo

seria considerado seu inimigo. A tática deu certo. A lei foi derrotada. Recusando-se a ceder, Fox e North foram obrigados a entregar os cargos poucos dias depois de seu aparente triunfo na Câmara dos Comuns. William Pitt, o Moço, foi nomeado primeiro-ministro e Burke nunca mais voltaria a ocupar um cargo público.

DIRIGIR E CONTROLAR

No lugar da estratégia de decapitação de Burke, Pitt introduziu um plano muito mais sutil para impor o controle estatal sobre a Companhia. As eleições que se seguiram à dissolução do Parlamento em março de 1784 geraram uma composição muito mais favorável à causa de Pitt. Os *whigs*, esmagados, atribuíram a derrota ao uso generalizado de propinas por parte dos nababos da Companhia em benefício de Pitt. Suas suspeitas foram justificadas no ano seguinte, quando Pitt providenciou para que os empréstimos particulares dos executivos da Companhia ao nababo de Arcot fossem liquidados sem que sua legitimidade fosse previamente investigada. Entre 1784 e 1804, foram transferidas, em média, 480 mil libras anuais. No entanto, uma nova montanha de empréstimos totalizando cerca de 30 milhões de libras foi contratada nesse mesmo período, das quais não mais que a vigésima parte se revelou autêntica. Nesse escandaloso episódio de perdão de dívidas do século XVIII, o Estado britânico apoiou as reclamações corruptas dos nababos da Companhia em troca de favores políticos, pagando-os com as receitas da Índia.

A primeira prioridade de Pitt era estabilizar as finanças da Companhia. Poucos dias depois da convocação das eleições, em março, bailios haviam entrado na Casa das Índias Orientais para reclamar propriedades da Companhia à conta de mais de 100 mil libras que ela devia ao governo. Era preciso encontrar novas formas de aumentar as receitas comerciais da Companhia e restaurar a confiança dos mercados financeiros. Tal como em 1773, o governo se

Ilustração 7.1: Autor desconhecido, *Casa das Índias Orientais*, fim do século XVIII

voltou para o chá. Entretanto, ao contrário da desastrosa Lei do Chá, que conservara um imposto injusto, Pitt reduziu o odioso imposto sobre o chá de 119% para 12,5%, substituindo a perda de receita inicial com o peculiar Imposto da Janela; uma cartada brilhante, que reduziu o preço do chá legal pondo fora de ação muitos contrabandistas e elevando as importações da Companhia de 5 milhões em 1784 para 13 milhões de libras no ano seguinte. Então, Pitt voltou sua atenção para os mercados. Uma vez mais a Companhia estava em dificuldades financeiras, sem ter como pagar seu dividendo. Em junho de 1784, o presidente da Companhia, Nathaniel Smith, pleiteou ao Parlamento ajuda temporária, advertindo para o risco de um novo desastre financeiro de escala europeia se um pacote de ajuda não fosse concedido. Se tivesse de "ir à Corte de Proprietários para lhes dizer que não teriam nenhum dividendo", disse Smith aos Comuns, ele "não responderia pelas consequências. A notícia logo chegaria à Holanda, e o governo não precisa ser informado do que aconteceria".[25] Para evitar movimentos especulativos, Pitt propôs uma legislação estendendo a capacidade de endividamento da Companhia para poder pagar o dividendo

194   A Corporação que Mudou o Mundo

normal de 8%. Fazia pouco sentido financeiro, é claro, pagar dividendos com nova dívida, mas a medida ajudou a estabilizar a situação.

Para coroar suas realizações, Pitt apresentou aos Comuns a sua lei pela "Melhor Regulação do Governo" da Índia em 6 de julho de 1784. Redigida por seu firme aliado Henry Dundas, a lei respeitava o caráter "sagrado" da Carta da Companhia, mas criava em Whitehall um Comitê de Controle de 5 membros indicados pelo rei com plenos poderes para "supervisionar, dirigir e controlar" os assuntos civis e militares das possessões territoriais da Companhia. Eliminou-se o direito dos proprietários de vetar decisões tomadas pelos diretores, e a Coroa ganhou o poder de convocar qualquer executivo da Índia, resolvendo o problema que Hastings colocara para Londres na década anterior. Como observou um arguto historiador, "foi uma lei engenhosa e desonesta, que dissimulou com sucesso a intenção do ministro de subordinar efetivamente a Corte dos Diretores".[26] Pitt conseguiu assumir o controle por entender que as principais preocupações da Companhia eram eminentemente financeiras, e não políticas. Deixando aos diretores o poder de nomear e elevando o dividendo, ele conseguiu atrair a Companhia aos braços do Estado. Como observou com satisfação um representante do governo depois da aprovação da lei, os diretores haviam sido reduzidos a "simples amanuenses".[27]

A MORAL GEOGRÁFICA

Edmund Burke não era homem de dar por encerrada sua busca de justiça por causa de uma eleição perdida. O que mais o deprimia era acreditar que "toda a tirania, o esbulho e a destruição humana praticados pela Companhia e por seus servidores no Oriente são populares e aprazíveis ao país".[28] De fato, até os amigos mais íntimos de Burke consideravam desconcertante sua preocupação com os "primatas negros" da Índia.[29] Burke, por sua vez, tinha plena consciência da inutilidade de defender a causa da Índia ante a supremacia de

Pitt. Em fevereiro de 1785, vergastou a política de Pitt a respeito da dívida de Arcot, descrevendo Paul Benfield e sua gangue de credores como "esses vermes inexpugnáveis que devoram o ventre da Índia". No entanto, quatro horas de retórica inflamada não foram suficientes para demover Pitt e Dundas, em parte, decerto, por causa de seus negócios eleitorais com os "juros de Arcot". Quatro meses mais tarde, porém, pouco depois do desembarque de Hastings em Plymouth, Burke faria uma última tentativa, dando início a um épico processo de *impeachment* que duraria toda uma década.

O que tolhia Burke era a pobreza dos instrumentos legais que tinha à disposição para chamar à responsabilidade os executivos da Companhia. Podia tentar um voto de censura, como fizera Burgoyne em 1773, ou ressuscitar a antiga prática do *impeachment*, mas nenhum desses procedimentos judiciais podia ser considerado eficaz. Em um processo de *impeachment*, por exemplo, a Câmara dos Comuns tinha primeiro de votar as acusações a serem julgadas pela Câmara dos Lordes, que então funcionaria como tribunal, e não como organismo legislativo. As fragilidades desse processo são óbvias. O voto majoritário, e não as provas ou a lei, decidiria a questão, provavelmente influenciado pelas lealdades partidárias muito mais do que pelo mérito. Além disso, como observaria Macaulay muitos anos mais tarde, "a justiça criminal comum nada sabe sobre compensações. O maior dos desertos não justifica a menor das transgressões".[30] Contudo, no sistema de justiça política representado originalmente pela moção de Burgoyne contra Clive, e depois pelo *impeachment* de Burke contra Hastings, foi precisamente a lei da compensação que se aplicou. A mais forte alegação de Hastings em sua defesa não foi afirmar inocência, mas dizer que "eram necessários meios extraordinários, exercidos com mão forte, para salvar do naufrágio os interesses da Companhia".[31] Em tal situação, a possibilidade de um julgamento justo — para ambos os lados — desapareceu quase imediatamente.

O *impeachment* era o único instrumento à disposição de Burke. Escrevendo a seu aliado Philip Francis, Burke disse taxativamente

196   A Corporação que Mudou o Mundo

que "a minha tarefa não é considerar o que condenará o sr. Hastings (algo que todos sabemos ser impraticável), mas o que me absolverá e justificará frente às poucas pessoas e aos tempos distantes que possam se interessar por tais questões".[32] A prova do domínio de Burke sobre o caso é o fato de ele não apenas ter conquistado os Comuns para suas alegações como também ter sustentado o julgamento até muito tempo depois de a causa ter sido dada por muita gente como perdida. Pitt poderia facilmente ter bloqueado todo o processo. De fato, quando da primeira acusação de Burke contra Hastings por cumplicidade na contratação das tropas da Companhia para reprimir os Rohillas, prevaleceu a acachapante maioria de Pitt. Em seus corações, porém, as figuras de proa do governo sabiam que "a força das evidências" — nas palavras de Dundas — impunha que Hastings devia prestar contas à justiça.[33] Dundas já havia liderado a luta parlamentar pela convocação de Hastings em 1782, e, ao apoiar a moção de Burke pelo *impeachment*, Pitt e Dundas se livraram da pecha de meros instrumentos dos nababos. Por isso, Pitt sinalizou sua concordância quando a acusação contra Hastings por sua conduta em relação a Varanasi foi a voto em junho de 1786.

No total, vinte acusações foram votadas pela Câmara dos Comuns. O julgamento pleno começou em 13 de fevereiro de 1788 em Westminster Hall, com a presença da nata do *establishment* britânico. A dramaticidade do caso e a fabulosa linguagem iluminista empregada por Burke e seu aliado, o dramaturgo e político Richard Brinsley Sheridan, são suficientes para dar ao processo de *impeachment* de Hastings um lugar de destaque na história britânica do século XVIII. Ao acusar Hastings de violências contra as begumes de Awadh, Sheridan lhe atribuiu a "tortuosa obliquidade da serpente" e o censurou por seu caráter absolutamente "dissimulado, ambíguo, obscuro, insidioso e baixo". A Companhia, por seu turno, combinava "a mesquinhez dos mascates com a dissipação dos piratas [...] trazendo um cassetete numa das mãos e batendo a carteira com a outra".[34]

Tudo isso é muito edificante, mas o que torna esse julgamento tão importante para o tema da responsabilidade das corporações são os princípios sobre os quais Burke baseou sua acusação. Para ele, a lei natural estabelece que todos os seres humanos devem ter igual direito à justiça, onde quer que estejam. "As leis da moral", sentenciou no terceiro dia do julgamento, "são as mesmas em todos os lugares e não existe ato classificado como extorsão, peculato, suborno e opressão na Inglaterra que não seja um ato de extorsão, peculato, suborno e opressão na Europa, na Ásia, na África ou em outro lugar qualquer."[35] Contra o relativismo corrosivo que cada vez mais via a Índia como uma país inferior onde se deveriam aplicar outros padrões de justiça, Burke desfraldou a bandeira dos valores absolutos. "Devo fazer justiça ao Oriente", declarou, pois "afirmo que a moral deles é igual à nossa." Cheio de desprezo pela "moral geográfica" de Hastings, Burke denunciou a visão de que "os deveres dos homens não devem ser governados por suas relações com o grande governador do universo nem por suas relações com outros homens, mas pelos climas, pelos graus de latitude e longitude, pelos paralelos de latitude, e não de vida". Arrematou com esta imagem maravilhosa: "É como se, ao cruzar o equinócio, todas as virtudes deixassem de existir." Para quem, no calor da Revolução Francesa, se mostraria um decidido adversário dos *Direitos do Homem* de Tom Paine, soa peculiar que Burke, em sua disputa com Hastings, tenha defendido a causa dos direitos universais do homem.

UM *IMPEACHMENT* LEVE

Para Burke, a maior garantia de que as "leis da moral" prevaleceriam era o respeito pelos sistemas orgânicos de governança. No entanto, a Companhia fizera uma revolução na Índia para derrubar a ordem estabelecida pela qual Burke nutria um respeito inquebrantável. No Nono Relatório, chegou a comparar os *zamindares* de Bengala à aristocracia rural francesa — que com tanta paixão

198 A Corporação que Mudou o Mundo

defenderia depois da queda da Bastilha.[36] Nas palavras do político liberal do século XIX John Morley, Burke tinha "uma veneração refletida e filosófica por toda ordem que fosse antiga e arraigada, [fosse] o Parlamento livre da Grã-Bretanha, o absolutismo de Versalhes ou a pompa secular de Oudh [Awadh]".[37] Para as posteriores gerações de radicais contrários ao Império britânico na Índia, o enigma foi ter sido o conservador Burke, de longe, o maior defensor dos marginalizados pela conquista da Companhia. Comparado a liberais de gerações posteriores como John e James Stuart Mill, pai e filho, e até a socialistas como Karl Marx, Burke foi o verdadeiro paladino da identidade indiana. Apartado da visão da história como uma corrida civilizacional entre países primitivos e progressistas, Burke acreditava que cada sociedade tinha seu valor intrínseco, que não deveria ser sacrificado aos interesses do lucro e do poder.[38] "O primeiro passo para o império é a revolução", afirmou Burke na abertura de seu ataque contra Hastings em fevereiro de 1788. Para ele, era o caráter revolucionário da Companhia, o fato de sua busca pelo domínio do mercado tê-la levado a derrubar tanto príncipes quanto camponeses, seu mais grave defeito. Contra a arrogância de uma Inglaterra que só via "despotismo oriental" quando olhava para leste, Burke descreveu uma sociedade complexa em que os direitos e responsabilidades eram alicerçados por "uma lei tecida com a jurisprudência mais sábia, mais ilustrada e mais esclarecida que talvez já tenha existido no mundo".[39] Se o julgamento de Hastings demonstrasse algo, seria "a grande lição de que os asiáticos têm direitos, e os europeus, obrigações".[40]

Burke e Sheridan tinham certamente a retórica a seu lado. Em sua fala de abertura, que durou quatro dias, Burke castigou Hastings com um duro ataque verbal:

É com segurança que eu, por encargo da Câmara dos Comuns, acuso Warren Hastings Esquire de graves crimes e transgressões.
Eu o acuso em nome do povo da Índia, cujas leis, direitos e liberdades ele subverteu, cujas propriedades ele destruiu e cujo país ele devastou.

Eu o acuso em nome e por virtude das eternas leis da justiça que ele violou.

Eu o acuso em nome da natureza humana, que ele cruelmente violentou, ofendeu e oprimiu, em ambos os sexos e em todas as idades, posições sociais e condições de vida.

Mulheres foram levadas para fora desmaiadas e até o Orador ficou sem palavras. Na questão das begumes, Sheridan precisou de uma semana inteira para completar a acusação, com os espectadores pagando 50 libras por assento para se extasiar com sua extravagância retórica. Ao fim da maratona, em abril de 1795, Burke encerrou sua acusação com um discurso de nove dias de duração.

Todavia, a despeito de toda a sofisticação de sua análise e do poder de sua destreza verbal, a acusação foi uma grande bagunça — um "*impeachment* leve", para usar a fraseologia da grande personagem dramática de Sheridan, Mrs. Malaprop.[41] As peças de denúncia eram mal-escritas e carentes de detalhamento jurídico. O próprio julgamento foi interrompido por imensos intervalos processuais causados, entre outros fatores, pela loucura do rei George III e pela eclosão da Revolução Francesa. Apesar de ter durado sete anos, os Lordes só compareceram 149 dias, e muitas vezes por poucas horas. Para surpresa de ninguém, Hastings foi inocentado de todas as acusações em abril de 1795.

A injustiça do julgamento ainda aguarda uma resposta. Examinando-se as ações de Hastings como governador-geral, restam poucas dúvidas de que muitos dos meios que ele empregou para promover os interesses da Companhia foram no mínimo dúbios, notadamente a condução da guerra de Rohilla e a execução de Nandakumar — nenhuma delas incluída no processo. Suas atitudes para com o rajá de Varanasi e as begumes de Awadh também foram altamente suspeitas, mesmo para os padrões da política externa do século XVIII. Além disso, suas políticas fiscais geraram real opressão em Bengala e em Awadh. Hastings tinha mesmo de ser censurado por esses erros de julgamento e pelo sofrimento que causou.

200   A Corporação que Mudou o Mundo

O *impeachment*, porém, revelou-se uma faca sem corte, um instrumento obsoleto para conter tais abusos políticos. Além disso, a acusação generalista trazida por Burke permitiu que Hastings escapasse por entre as claras brechas das regras corporativas. É incontestável que Hastings aceitou vários "presentes", violando o termo de compromisso firmado com a Companhia. Também a acusação de corrupção na questão do contrato de ópio — concedendo-o ao filho do presidente da Companhia — é simplesmente "irretorquível".[42] A tragédia foi não se terem separado esses crimes inequívocos do processo de *impeachment*, de difícil manejo, para levá-los à sua conclusão lógica nos tribunais criminais.

O PODER EMBOSCADO

Enquanto Burke era todo paixão e princípios, a dupla *tory* Pitt e Dundas era absolutamente pragmática em seu afã de poder. A Lei da Índia de 1784 introduzira um sistema em dois níveis — um "governo duplo" — em que a Companhia mantinha uma fachada de autoridade enquanto o Estado, por trás dos panos, manejava os cordões.

Exteriormente, a Companhia parecia soberana. Na segunda metade do século XVIII, seu comércio total com a Ásia somara mais de 200 milhões de libras, com um substancial lucro médio de 17% ao ano. Sua frota contava 70 navios em 1784 e mais de uma centena ao final das guerras napoleônicas, com navios de 500 a 1.200 toneladas. Depois dos dias difíceis dos bailios e das ações em queda livre, nas décadas de 1780 e 1790 as finanças deram fortes sinais de recuperação. O capital social da Companhia foi aumentado pela primeira vez desde 1709, primeiro com uma injeção de 800 mil libras a 155 libras por ação em 1786 e depois com mais 1 milhão de libras a 174 libras por ação em 1789. O capital integralizado atingiu os 5 milhões de libras. Em fevereiro de 1792, as ações da Companhia atingiram a marca das 200 libras pela primeira vez desde 1770.

Era o Comitê de Controle, no entanto, que comandava a gestão da Companhia na Índia. O primeiro sinal dessa mudança foi a decisão de Dundas de nomear Charles, lorde Cornwallis, governador-geral de Bengala em 1785. Militar — derrotado em Yorktown — e aristocrata rural dono de imensas propriedades em Suffolk, ele podia não ser muito diferente de Hastings, seu antecessor, mas não trazia a pecha de corrupto. O que Cornwallis encontrou na Índia foi "um imundo sistema de especulação".[43] Para pôr fim aos desvios das receitas corporativas, ele separou os segmentos civil e militar da Companhia e depois isolou a máquina administrativa reservando todos os cargos seniores para europeus. Ao contrário de gerações de comerciantes da Companhia que se misturaram com a sociedade local, Cornwallis nutria um profundo desprezo pelo comércio, e particularmente pelo comércio com indianos, chegando a declarar que "todo nativo da Índia, eu estou seguro, é corrupto".[44]

A principal tarefa de Cornwallis era pôr alguma ordem no sistema *ad hoc* de recolhimento de impostos da Companhia. A arrecadação havia aumentado, é certo, sob o domínio da Companhia em Bengala. Uma estimativa sugere que a arrecadação anual de Bengala durante o reinado de Mir Kasim, no começo da década de 1760, era de cerca de 646 mil libras, subindo a 1.470 milhão de libras no primeiro ano da *diwani* da Companhia. Na década de 1770, a arrecadação subiu para 2.577 milhões de libras e, em 1790-1, a 2.680 milhões de libras anuais; vale dizer, quadruplicou em trinta anos.[45] O sistema, porém, permanecia sempre temporário, com frequentes mudanças de alíquotas e métodos de administração. A começar por Philip Francis, um número crescente de pessoas dentro da Companhia acreditava que a única forma de resolver o problema era consolidar de uma vez por todas o sistema de arrecadação. Em um trágico erro de percepção, os analistas da Companhia passaram a ver a classe *zamindari* de cobradores fiscais como equivalente à pequena nobreza de proprietários rurais da Inglaterra, tendo os *ryots* como arrendatários. Contudo, o interesse próprio estava também em ação. A Companhia queria fomentar a criação de uma

202   A Corporação que Mudou o Mundo

classe de proprietários rurais que sustentasse sua presença no país. Em lugar do complexo sistema de posse da terra existente, com direitos e responsabilidades entrecruzados, a Companhia introduziu o sistema inglês de propriedade plena da terra.

Para Cornwallis, a "propriedade permanente" era "a única maneira eficaz de converter os donos das terras em senhores da economia e fiéis depositários do interesse público".[46] Em 22 de março de 1793, uma proclamação fixou a *jumma* em 3 milhões de libras "para sempre". Assim, foram sacrificados os camponeses de Bengala, tal qual os britânicos, que tiveram seus direitos esmagados pelo "cercamento" das terras de uso comum.[47] Os *zamindars* receberam direitos exclusivos sobre suas terras, introduzindo-se o que Ranajit Guha chamou de "governo da propriedade" — uma total ruptura com os sistemas de propriedade da terra e governança até então existentes.[48] John Carper assim descreveu o resultado em 1850: "Vinte milhões de pequenos posseiros foram destituídos de seus direitos e entregues, de pés e mãos atados, a uma piedosa classe de rentistas."[49] Desde uma perspectiva imperial, esta foi a grande realização de Cornwallis — incorporar os territórios da Companhia em Bengala a um sistema legal e administrativo inteiramente alinhado com as necessidades mais amplas do Império britânico. Ao retornar à Inglaterra, Cornwallis foi homenageado pelos agradecidos comerciantes de Londres com o título de cidadão honorário da City e uma medalha de ouro numa caixa metálica banhada no mesmo metal. Em Bengala, porém, muitos *zamindares* que não conseguiram pagar o novo tributo tiveram suas terras compulsoriamente leiloadas. Em 1796, cerca de um décimo do território de Bengala, Bihar e Orissa foi colocado à venda; 163 mil ações judiciais por impostos atrasados permaneciam pendentes em 1812.

As ambições de Dundas, no entanto, não pararam aí. Quando da abertura das discussões para a renovação da Carta em 1793, ele voltou suas atenções para as operações comerciais da Companhia. Sua exclusividade sempre fora motivo de ressentimento nos portos provinciais britânicos. Agora ela era contestada também pelos interesses industriais emergentes, que viam esse monopólio como uma barreira ao sucesso das exportações para a Ásia. Sempre pragmático, Dundas reconhecia que o monopólio da Companhia sobre as importações era ainda essencial como fonte de receita fiscal, mas o direito exclusivo de exportação não mais servia ao interesse nacional. Dourando a pílula para a Companhia e seus acionistas com o aumento dos dividendos assegurados de 8% para 10%, Dundas franqueou o monopólio ao exigir que a Companhia concedesse pelo menos 3 mil toneladas anuais aos exportadores privados, cerca de um terço do total. "Meu plano é enxertar o comércio aberto no privilégio exclusivo da Companhia", falara ele à Câmara dos Comuns.[50] Com a eclosão da guerra com a França, a aprovação da Lei da Carta de 1793 passou quase despercebida. A Companhia obteve autorização para aumentar seu capital em 1 milhão de libras, elevando-o a 6 milhões, ao passo que, nos bastidores, o papel de Dundas era formalizado com a criação do novo cargo de presidente do Comitê de Controle. De sua cadeira, no fundo do plenário, Philip Francis foi um dos poucos parlamentares a reconhecer a importância dessas decisões, acusando seu velho adversário Dundas de "sustentar o nome da Companhia como uma máscara, uma cortina de fumaça atrás da qual o verdadeiro poder continua emboscado".[51]

O CAMINHO NÃO PERCORRIDO

Em meados da década de 1790, já estava claro que, na áspera batalha entre os imperativos do poder e os princípios, fora a justiça a perdedora. A impopularidade de Fox no Parlamento e sua aparente tentativa de monopolizar as nomeações da Companhia arruinaram a cartada *whig* pela reforma corporativa em 1783. Pitt e Dundas jogaram com o sistema muito mais eficazmente, ganhando o poder real em todas as questões essenciais e sem nenhuma responsabilidade associada. Muitos se surpreenderam com seu apoio à apaixonada tentativa de Burke de destituir Hastings, mas eles tinham pouco a perder: o prosseguimento do processo os ajudaria a circunscrever o passado infame da Companhia. Mais importante do que isso, eles sabiam que Burke não tinha nenhuma chance de sucesso. Quando o veredicto do pedido de *impeachment* foi anunciado em 1795, o estado de espírito político da Grã-Bretanha se transformara. Restaurar a honra do país na Índia já não era a ordem do dia, mas sim defendê-lo contra as ambições revolucionárias da França. Os esforços de Burke para derrubar o princípio da "moral geográfica" terminou em glorioso fracasso.

Como advertira Adam Smith em meio à Guerra da Independência Americana, o orgulho e o patriotismo sempre atrapalhariam os esforços para transformar os imperativos éticos do império. Poucos, se é que algum, dos que contestaram as práticas da Companhia questionaram o domínio britânico na Índia. Burke, por exemplo, dizia que a Grã-Bretanha recebera o controle de Bengala do "Provedor Supremo". Para Burke, como para Francis, a incompetência da Companhia não era apenas um desastre ético: ela punha em risco as valiosas aquisições britânicas na Índia. Praticamente só entre seus contemporâneos, George Dempster (1732-1818) dizia que a Grã-Bretanha deveria abrir mão de seu domínio sobre a Índia. Amigo do poeta Robert Burns, Dempster tornou-se acionista da Companhia em 1763 e foi eleito diretor nos dias sombrios de 1769-72. Perturbado pelo rumo que a Companhia vinha tomando, Dempster irritava seus colegas diretores com exortações para que a Companhia abdicasse de suas aquisições territoriais e retornasse às raízes comerciais. Incapaz de progredir na Companhia, Dempster renunciou e entrou para o Parlamento para lutar contra o império assentado sobre o Estado e as corporações. Intervindo no debate sobre a Lei da Índia de Fox em novembro de 1783, Dempster fez uma crítica profunda à Companhia dizendo que, em virtude dos excessos, sua Carta "tinha de ser destruída pelo bem do país, pelo bem da Índia e pelo bem da humanidade".[52] Não se tratava, porém, só da Companhia: a Grã-Bretanha tinha de renunciar à Índia. "De minha parte, eu lamento que a rota marítima para a Índia tenha sido descoberta", concluiu Dempster, acrescentando: "Eu convoco os ministros a abandonar toda ideia de soberania sobre aquela parte do mundo: seria mais prudente tornar rei um dos príncipes nativos e deixar a Índia por sua própria conta."

Todavia, os apelos de Dempster caíram no vazio. A posição comercial e imperial da Companhia era vital para a luta global do Estado britânico contra a França revolucionária. A perda das colônias britânicas da América agravou a situação, impondo uma ênfase crescente na manutenção das possessões indianas da Companhia. Apesar das críticas exaltadas a seu comportamento, a solução a que se chegou foi limitada, falsa e indigna do Iluminismo. Um dos melhores exemplos de "história que não aconteceu" é imaginar a aplicação dos ideais da Revolução Americana a esta outra província-problema do Império britânico, a Índia. Como, porém, a Índia não era moderna, europeia nem cristã, acabou sujeita a uma solução de segunda classe, tratada como uma propriedade, e não como uma vibrante comunidade de povos.

Essa luta épica ainda reverbera na National Portrait Gallery de Londres. No alto da escada que leva ao segundo pavimento, fica a galeria que registra a ascensão do Império britânico no século XVIII. De um lado da sala sobressai o alegre retrato do jovem Warren Hastings pintado por Joshua Reynolds em 1766-8, poucos anos depois de sua nomeação como governador-geral. Do outro lado, Philip Francis, retratado por James Lonsdale entre 1806 e 1810, olha para baixo com cara de decepção. Francis fracassara tanto em seu propósito de derrubar Hastings quanto em seu afã de se tornar governador-geral, ganhando a Ordem do Bath como prêmio de consolação. Reconstrução inconsciente do duelo levado a cabo nos gramados de Belvedere, a distância que separa seus retratos corresponde quase que exatamente aos catorze passos que os separavam naquela madrugada de agosto de 1780. No entanto, a legenda nada diz sobre o duelo que eles travaram pelo destino de uma das mais poderosas corporações do mundo. A ascensão explosivamente controversa da Companhia à primazia imperial foi ocultada uma vez mais.

8

Um Soberano Mercantil

NO RASTRO DE McDRUGGY

O entroncamento viário de Bank é o coração financeiro de Londres. Ao norte está o Banco da Inglaterra, a "Velha Senhora de Threadneedle Street" que outrora rivalizou com a Companhia das Índias Orientais pelo lugar de corporação mais influente do século XVIII. A leste está o Royal Exchange, em cujas adegas a Companhia costumava estocar pimenta. Do outro lado da rua fica Exchange Alley, onde as ações do Banco e da Companhia eram febrilmente negociadas. Mais a leste, subindo a Cornhill, chega-se a Leadenhall Street, onde ficava a Casa das Índias Orientais. Ao sul, na Lombard Street 3, sob uma modesta arcada funciona o escritório da Matheson & Co., posto avançado londrino da Jardine Matheson, o imenso conglomerado sediado em Hong Kong. Fundada em julho de 1832, a Jardine Matheson foi a primeira de uma nova geração de empresas agressivas que almejavam substituir a Companhia no comércio asiático. William Jardine, médico nos navios da Companhia, deixou o posto para seguir carreira nos negócios em 1817, aos 33 anos de idade. James Matheson, oito anos mais novo, era também escocês e entrou direto para o comércio privado em 1815.

Jardine e Matheson criaram uma combinação vencedora entre conhecimento comercial e verve política, que aplicaram com grande habilidade, enquanto a Companhia se arrastava como um dinossauro rumo à extinção comercial. Matheson, o publicista da firma, fundou o periódico *The Canton Register* para servir de porta-voz às suas enfáticas ideias de livre comércio e exigir o fim do monopólio da Companhia. Devidamente preparada quando o Parlamento finalmente abriu o mercado chinês em 1833, a Jardine Matheson transportou as primeiras remessas privadas de chá para a Grã-Bretanha ainda no ano seguinte. Em pouco tempo, a Firma, como era conhecida, já detinha a maior fatia de um mercado em crescimento — "a especulação mais segura e cavalheiresca de que tenho notícia",[1] disse Jardine a um amigo interessado em investir no negócio. No fim da década, a Firma possuía uma frota de doze navios operando ao longo da costa chinesa com exportação de chá e seda e importação de milhares de caixotes de ópio.

A Firma era absolutamente sincera a respeito de seu comércio. Escrevendo a um potencial parceiro de negócios em 1831, Jardine admitiu: "Não hesitamos em dizer abertamente que nossa principal atividade é o comércio de ópio",[2] mesmo sabendo perfeitamente que, na China, a importação da droga era ilegal. Entretanto, as fronteiras absolutamente porosas e a corrupção generalizada significavam, na prática, que a maré de "lama estrangeira" crescera regularmente ao longo da década de 1820. Embora seja fácil criticar a ética do modelo inicial de negócios da Firma, o que a Jardine Matheson e outros adeptos do livre comércio fizeram foi pouco mais do que intensificar um intercâmbio deletério que progredira durante meio século sob a égide da Companhia. Para os particulares, o comércio significava grandes lucros; para a Companhia, um modo rentável de escoar o ópio produzido sob sua licença de monopólio em Bihar; e, para o governo britânico, um meio de custear a paixão nacional pelo chá e de contribuir com parcela substancial da base impositiva do Tesouro por meio das tarifas de importação. Nas palavras de "Um Comerciante Britânico" — muito

208   A Corporação que Mudou o Mundo

provavelmente Jardine ou Matheson — "esse negócio ilícito está tão misturado com nosso sistema financeiro na Índia, e também com nosso comércio, que não é inferior em importância às receitas geradas pelo chá em nosso país".[3] Contudo, nem todos viam com bons olhos esse aberto desafio à lei. Em seu romance *Sybil*, de 1837, o então promissor Benjamin Disraeli parodiou o dr. Jardine como "um sujeito terrível! Um escocês mais rico do que Creso, um McDruggy recém-chegado de Cantão, com um milhão em ópio em cada bolso, denunciando a corrupção e bradando pelo livre comércio".[4]

Esse "bradar" incluía instigar o governo britânico a usar a força para obrigar a China a aceitar a lógica esclarecida do livre comércio de todas as mercadorias, incluindo o ópio. Duas guerras mais tarde, os portos da China foram abertos à força; Hong Kong, transferida à Grã-Bretanha; e o ópio, legalizado. Alcançado seu objetivo, a Firma inteligentemente diversificou sua carteira na década de 1870. Por essa época, William Jardine já era falecido. Matheson, porém, viveria até 1887 e, como outros nababos que o antecederam, usou sua fortuna asiática para ingressar na aristocracia fundiária britânica comprando a ilha de Lewis, no arquipélago das Hébridas, por mais de 500 mil libras em 1844. Na China, porém, o flagelo do ópio se alastrava. Milhões de chineses morreram por causa do ópio no século XIX, um "crime que até hoje ninguém reconhece como aquilo que foi: uma catástrofe causada pelo próprio homem".[5] Não admira, pois, que o ópio esteja ausente da cronologia exibida no *website* da atual Jardine, embora rivalizasse com o chá como principal produto da Firma em seus primeiros anos. A família Keswick, descendente dos sócios fundadores, ainda controla a Firma e permanece como uma das mais ricas da Grã-Bretanha,[6] comandando um amplo leque de negócios, de terras a seguros, de hotéis ao comércio varejista. O ópio já não faz parte da imagem pública da Jardine Matheson, mas a Firma ainda é um dos mais claros elementos de ligação com os dias de agonia da Companhia das Índias Orientais.

Sim, porque, no início do século XIX, a Companhia já experimentava um inexorável declínio como organização comercial.

As reformas das décadas de 1770, 1780 e 1790 haviam puncionado a autonomia empresarial da Companhia e acabado com o monopólio sobre o comércio asiático. Fisgado o peixe, os sucessivos ministros de Whitehall só fariam puxar a linha dos privilégios remanescentes da Companhia, um por um, até só restar uma casca corporativa que pudesse ser abatida com segurança. Nenhum grande plano orientou o processo de liquidação da Companhia, que levou décadas, durante as quais sua imagem externa se manteve, paradoxalmente, mais forte do que nunca, com comércio, receitas e poderio militar sem precedentes. Contudo, como corporação autossuficiente, a Companhia seguiu uma trajetória inapelavelmente declinante até se tornar pouco mais do que uma agência da expansão imperial britânica, perdendo progressivamente a natureza comercial e sendo reduzida a uma organização meramente burocrática.

A COCEIRA DO MALABAR

Em vez dos mercadores e negociantes, foram os militares e aristocratas que comandaram sucessivamente as possessões da Companhia, intensificando a militarização de suas operações na Índia. Clive e Hastings haviam mostrado que o emprego bem-sucedido do exército particular da Companhia podia render benefícios corporativos e particulares — impostos adicionais para os cofres da Companhia e despojos de guerra para seus funcionários. Entre 1763 e 1805, o exército da Companhia cresceu quase dez vezes, passando de 18 mil para 154.500 homens, o que excedia em muito as necessidades de autodefesa. Criou-se, assim, uma poderosa dinâmica rumo a novas agressões. Com o fim da era do comércio particular, restou o aventureirismo militar como a única via aberta para que os ambiciosos fizessem fortuna na Índia. Formalmente, isso estava em desacordo com a Lei das Índias Orientais de 1784, segundo a qual "a promoção de projetos de conquista e ampliação do domínio na

210   A Corporação que Mudou o Mundo

Índia são atividades que ferem o desejo, a honra e a política do país". No entanto, depois da gestão relativamente contida de Cornwallis, o reinício do conflito com a França foi a cobertura perfeita para uma nova fase de agressões sob Richard Wellesley, governador-geral de 1798 a 1805.

No sudoeste da Índia, Wellesley levou o conflito de trinta anos com Mysore a um final arrasador. Conhecido como "o terror de Leadenhall Street", o pequeno principado de Mysore — governado primeiro por Hyder Ali e depois por seu filho Tipu, o Tigre — ameaçou durante décadas a segurança da presidência de Madras. Acalentado por nacionalistas posteriores como governante modernizador, Tipu tentou combater as vantagens institucionais e tecnológicas da Companhia investindo pesadamente em aperfeiçoamento agrícola e expansão naval, além de estender sua rede diplomática na expectativa de forjar alianças contra os britânicos. Tipu tinha fortes conexões com a França revolucionária, que lhe concedeu o título de "Cidadão Tipu". Para granjear apoio para seus repetidos conflitos com a Companhia, ele invocou a noção islâmica de guerra santa (*ghazwa*). Seus esforços para forjar alianças com a França e os otomanos, porém, não o salvaram do cerco da Companhia. Em 1792, ele foi derrotado por Cornwallis e obrigado a ceder o Malabar. Sete anos mais tarde, em abril de 1799, Seringapatam foi finalmente saqueada, e Tipu, morto. Escrevendo em triunfo para Dundas, no Comitê de Controle, Wellesley expressou a esperança de que a conquista lhe "permitisse saciar seu voraz apetite por terras e fortalezas".[7] As forças vitoriosas da Companhia se apropriaram de um imenso butim, notadamente os tesouros de Seringapatam, que foram parar nos museus e mansões rurais da Inglaterra. O infame "Tigre de Tipu", uma espécie de órgão embutido no modelo em tamanho natural de um tigre de corda que dilacera o pescoço de um soldado da Companhia e rosna quando acionado, foi levado para o museu de curiosidades orientais da Companhia em Leadenhall Street e mais tarde transferido para o lugar onde hoje fica exposto, o Museu Victoria and Albert, em Londres.

A conquista também proporcionou à Companhia a oportunidade de empregar suas já provadas práticas monopolistas em novos territórios. A experiência do Malabar é um bom exemplo do trauma econômico tantas vezes causado pelo domínio da Companhia. Aumentaram-se os impostos sobre a terra e introduziram-se monopólios sobre a produção e venda de sal, tabaco e madeira — este último para assegurar o fornecimento de teca para a Marinha Real, vital na guerra contra Napoleão.[8] A Companhia criou também uma imensa fazenda de mil acres em Anjarakandi para produzir canela, café, pimenta e noz-moscada, mas a terra foi usurpada e os trabalhadores, obrigados, na prática, a trabalhar como pouco mais do que escravos. Crianças eram roubadas de suas famílias na calada da noite — com as bocas cheias de pano para ficarem caladas — e tinham todos os sinais de casta removidos.[9] Não surpreende, pois, que os povos locais se recusassem a vender pimenteiras para abastecer a sementeira do gerente da nova fazenda, Murdoch Brown, mas isso foi apenas o começo da reação.

Na primeira década do domínio da Companhia, o Malabar se rebelou duas vezes, liderado por um nobre local, o rajá Pazhassi. A fazenda de Anjarakandi, particularmente odiada, foi destruída pelos rebeldes. Para evitar o combate aberto com as tropas da Companhia, o rajá Pazhassi embrenhou-se nas florestas de Wynad e iniciou um conflito de guerrilhas. Arthur Wellesley, o irmão mais moço do governador-geral que comandava as tropas da Companhia na região, respondeu com o terror. "Quanto mais aldeias incendiarmos e gado e outros bens confiscarmos, melhor", escreveu Wellesley a um de seus oficiais; a outro, disse que "não submeteremos o povo do Malabar pela persuasão: só o terror os convencerá a depor as armas".[10] As táticas cruéis da Companhia deram resultado: em 1805, o rajá Pazhassi finalmente se rendeu nas montanhas. Reza a tradição local que ele se suicidou, ali mesmo, engolindo um imenso diamante.

Com o enraizamento no domínio da Companhia, a situação do povo local piorou drasticamente. Em 1819, os habitantes de

212   A Corporação que Mudou o Mundo

Kadatanad reivindicaram que a Companhia reduzisse a carga de impostos e eliminasse outras formas de opressão.

> Houve casos de pessoas respeitáveis que puseram fim voluntariamente à própria vida para não sobreviver à tortura de não poder alimentar suas crianças exangues. Nem na época dos rajás nem na de Tipu, nós e nossos ancestrais experimentamos tanto sofrimento e tanta crueldade. Não podemos mais suportar.[11]

Nas montanhas, os conflitos de pequena escala continuaram durante décadas com a resistência das tribos Kurichiar aos esforços da Companhia para eliminar a tradicional prática de alternância de cultivos. Para seu desgosto, Wellesley contraiu a "Coceira do Malabar", uma infecção cutânea resistente ao tratamento usual com banha de porco e enxofre e até aos banhos frequentes com ácido nítrico diluído.[12] Wellesley se tornaria conhecido como "general sipai" por suas façanhas indianas e receberia o título de duque de Wellington por suas guerras contra Napoleão. A fazenda Anjarakandi, protótipo da economia baseada na monocultura de exportação que veio a dominar as montanhas de Kerala nos séculos XIX e XX, ainda funciona mais de 200 anos depois.

Em seguida o governador-geral Wellesley voltaria a atenção para os Maratas conquistando Agra, Délhi e Guzerate em 1803. O conflito com a Confederação só seria definitivamente resolvido em 1818. Suas operações comerciais desse período custaram à Companhia 2,5 milhões de libras em barras de prata e um déficit crônico. As dívidas se multiplicaram de 9 milhões de libras em 1792 para 30 milhões em 1809, acrescentando o ônus adicional do pagamento dos juros à carga fiscal que o contribuinte indiano já era obrigado a suportar. Wellesley acabou destituído, mas seu ímpeto expansionista permaneceria. A ação militar se tornara "senhora e não serva da oportunidade de negócios",[13] o que violava não somente a lei de 1784 como também quase todos os tratados com os governantes indianos, sem falar do imenso sofrimento humano resultante. Impotentes e relutantes à mudança de curso, os diretores foram culpados de "lamúrias hipócritas em face da acessão de novos territórios", escreveu Randle Jackson a Joseph Hume em fevereiro de 1819, acrescentando que "a prática usual dos últimos trinta ou quarenta anos tem sido lamentar profundamente os fatos e embolsar avidamente os lucros".[14] Grandes e pequenas guerras continuaram a atrair a atenção durante os quarenta anos seguintes no Afeganistão, Punjab e Sind, a oeste, no Nepal e em Burma, a norte e a leste.

O TERREMOTO DE DACA

A guerra de dez anos com a França que se seguiu à Carta de 1793 perturbou severamente as operações da Companhia, deprimindo o comércio e causando estragos em suas finanças. Muito tempo depois de decidida a contenda na Batalha de Waterloo, o preço de suas ações definhava na City de Londres, só tendo ultrapassado com alguma segurança a marca das 200 libras depois de 1817. Nessa época, o monopólio do comércio com a Índia estava extinto. Os interesses industriais haviam aberto a primeira brecha em 1793 e, quando da renovação da Carta da Companhia em 1813, já tinham força suficiente para impor a abertura total.

No transcurso do século XVIII, a competitividade dos têxteis indianos provocou a adoção, pela Inglaterra, de fortes barreiras protecionistas. Escudado nessa muralha, o nascente setor têxtil inglês pôde crescer, respondendo com mecanização à arraigada vantagem indiana do baixo custo da mão de obra. Essa aplicação pioneira da estratégia moderna de substituição de importações revelou-se notavelmente bem-sucedida. No início da década de 1770, já se produziam na Inglaterra "imitações" de calicô; em 1781, começou a produção em massa das "musselinas" britânicas; cinco anos mais tarde, eram exportados para a Índia os primeiros tecidos de algodão de Lancashire, uma pequena fração das 500 mil peças de musselina

214   A Corporação que Mudou o Mundo

industrial produzidas anualmente. A fiação de Lancashire se tornara 400 vezes mais produtiva do que o tecelão indiano médio.

Enquanto se discutia a renovação da Carta em 1793, os fabricantes de algodão de Manchester solicitaram ao governo isenção de impostos para seus produtos exportados para a Índia e proibição do uso de tecidos indianos na Grã-Bretanha. Sensatamente, o governo rejeitou essa absurda reivindicação em causa própria — por enquanto. Por baixo da superfície, porém, os tradicionais negócios de importação e exportação da Companhia vinham sendo corroídos. Tecidos industrializados tomavam fatias cada vez maiores do mercado de têxteis da Companhia na Inglaterra e em seus principais mercados africanos de reexportação. A mesma Companhia que, em 1798, trouxera tecidos indianos no valor de 3 milhões de libras, em 1807, importou somente 433 mil libras. Pior, seus importados já não eram vendidos com lucro: mais de 7 milhões de peças de algodão bengali mofavam nos armazéns da Companhia em Londres. O governo já não podia ignorar a massa de petições que afluíam a Westminster pedindo o fim da posição exclusiva da Companhia. Não bastasse isso, as dívidas crescentes obrigaram a Companhia a pedir ao governo um empréstimo de 2.500 mil libras em abril de 1812. A pressão combinada dos interesses industriais com a crise financeira deixou a Companhia sem condições de resistir ao ímpeto liberalizante. O resultado foi a abolição quase total do monopólio comercial com o Oriente, à exceção da China, estendido por mais vinte anos. Para muitos, notadamente o evangélico William Wilberforce, o comércio já não era o principal foco de interesse da Companhia, mas a promoção do cristianismo. Depois de anos de campanha, Wilberforce e outros conseguiram incluir na Lei da Carta de 1813 disposições para a criação de um bispado da Igreja Anglicana na Índia e para a abolição do antigo veto às atividades missionárias.

Como previra Smith, a Companhia já não podia competir com o surto de novas empresas. Em 1824, ela parou de exportar mercadorias para a Índia, em ampla medida porque havia muito pouco na Índia que ela pudesse comprar para vender na Grã-Bretanha. Para os produtores indianos, essa assim chamada abertura comercial foi de pouca valia. Depois da revolução de Bengala, a Companhia das Índias Orientais usara sua posição política para impor o controle monopolista sobre a produção têxtil do país. O esforço para aumentar as exportações de tecidos para a Grã-Bretanha tornou mais forte do que nunca a cupidez da Companhia pela produção têxtil e pela riqueza de Bengala, levando às formas mais cruéis de exploração. Para os tecelões locais, o resultado foi a desarticulação e o empobrecimento. Paradoxalmente, porém, o fim do monopólio comercial da Companhia em 1813 é que os deixaria na miséria total. Para assegurar que a competição aberta não prejudicasse o produtor britânico, as taxas de importação sobre os produtos indianos foram aumentadas em 20% naquele ano, elevando as barreiras alfandegárias a incríveis 78% sobre os calicôs e 31% sobre as musselinas. "Não fossem essas taxas e decretos proibitivos", escreveu Henry Wilson em 1858, "as tecelagens de Paisley e Manchester teriam morrido no nascedouro e nada, nem a força do vapor, poderia colocá-las em movimento."[15] Em vez de compradora monopolista dos têxteis indianos, o papel da Companhia era agora simplesmente o de evitar a introdução de medidas compensatórias destinadas a "nivelar o campo de jogo".

O terremoto que atingiu Daca em 1812 — destruindo a agência da Companhia em Tejgaon — foi um mero presságio do desastre econômico muito mais terrível que estava para acontecer. Em 1753, pouco antes de Plassey, Daca exportara 2.850 mil rupias em têxteis para a Grã-Bretanha; no fim do século, essa cifra caíra para 1.362 mil rupias. Bastaram, porém, quatro anos de abolição do monopólio da Companhia para que as exportações cessassem completamente. Em 1818, a feitoria da Companhia em Daca foi "liquidada". A cidade desabou sobre si mesma. Da população de 150 mil habitantes em 1840 só restavam agora 20 mil, com a selva e a malária "descendo rapidamente sobre a cidade". O cataclismo teria assinalado

216   A Corporação que Mudou o Mundo

o sinistro retorno das práticas cruéis, com novos casos de muti-
lação. Syed Muhammed Taifoor relata que, quando os fios industrializados foram introduzidos em Daca em 1821, "artesãos famosos tiveram seus polegares e indicadores cortados para que não
pudessem produzir fios de maior qualidade"[16] e que outros "cortaram as pontas dos próprios dedos para escapar à tirania dos intermediários".

Até 1813, a balança comercial da Índia fora fortemente posi-
tiva, funcionando havia séculos como "a maior oficina mundial de
tecidos de algodão."[17] Nos vinte anos seguintes, porém, as importações de tecidos britânicos cresceram mais de cinquenta vezes, ao
passo que as exportações para a Grã-Bretanha caíram em três quar-
tas partes. A manipulação deliberada da política comercial e industrial resultou na eliminação da tecelagem manual indiana; as mesmas forças impiedosas empurravam para a extinção também os
tecelões ingleses. Na Índia, o papel da Companhia era meramente
passivo — observar e não interferir. Em 1834, o governador-geral
William Bentinck declarou que "a miséria não tem paralelo na história do comércio" e acrescentou: "Os ossos dos tecelões estão
cobrindo de branco as planícies da Índia."[18] Não era esse o livre
comércio que defendera Adam Smith — embora seu nome fosse reiteradamente invocado pelos fabricantes britânicos empenhados
em dominar os mercados indianos. Observando o contraste entre o
que a Grã-Bretanha fez e o que seus filósofos escreveram, o economista alemão Friedrich List citou o comércio de tecidos como um
caso lapidar de uso bem-sucedido do protecionismo para reforçar a
indústria nacional.[19]

O CANTO DO CISNE DO COMÉRCIO

A perda do comércio com a Índia assinalou o auge das operações da
Companhia, com mais de 8 milhões de libras em vendas nos leilões
de 1814, quatro vezes o patamar de 1757. Daí em diante, as vendas

declinaram consistentemente até menos de 4 milhões de libras em 1833.[20] Durante todo esse período, no entanto, o comércio do chá se manteve constante.

O chá começou a eclipsar o comércio indiano ainda em meados do século XVIII, impulsionado pela Lei de Comutação de Pitt de 1784. Ao propiciar preços mais baixos que os do contrabando, essa lei deu um imenso estímulo fiscal para o aumento do consumo do chá. No meio século seguinte, as vendas de chá da Companhia dobraram, passando de 15.931.193 libras em 1786 para 32.913.840 libras em 1833 — um crescimento lento, porém constante, de cerca de 1,5% ao ano, que proporcionou à Companhia lucros anuais de um milhão de libras. Durante décadas, os leilões trimestrais da Companhia foram dominados por quatro variedades de chá preto — Bohea, Congo, Souchon e Pekoe — e três de chá verde — Singlo, Heyson e Bing. O catálogo de chás de setembro de 1798 tinha 635 páginas, e o leilão durou seis dias. Cada caixote era cuidadosamente classificado, segundo a qualidade do produto, como "Comum", "Bom", "Muito Bom", "Ótimo", "Excelente" e "Superior". Apesar das inevitáveis querelas com os fornecedores, o chá da Companhia desfrutava de uma fama consistente de alta qualidade. Ao contrário do comércio indiano, dominado pela violência e pela corrupção, os negócios da Companhia com o chá raramente foram acusados de fraudulentos.

Uma possível explicação para esse aparente oásis de boa conduta são as circunstâncias peculiares do comércio de chá. O império celestial da China Qing desprezava tudo o que era estrangeiro, mas aceitava o comércio com resignação. As autoridades chinesas se recusavam a estabelecer relações diplomáticas regulares com a Companhia — e com qualquer país europeu — pela simples razão de que isso implicaria certa igualdade de status. A Companhia só tinha autorização para operar no porto de Cantão, no rio Pérola, em instalações temporárias que só funcionavam durante parte do ano, e era obrigada a negociar com um cartel de comerciantes chineses, o Co-Hong. Essas e outras indignidades só foram toleradas porque a China era o único fornecedor mundial de chá. Aqui o

218   A Corporação que Mudou o Mundo

monopólio se enfrentava com outro monopólio — e encontrou um *modus vivendi* altamente eficaz. A confiança mútua tornou-se um componente essencial do negócio; o Co-Hong aceitava a palavra da Companhia quando recebia o relatório anual da quantidade de caixotes não aprovados pelo controle de qualidade de Londres. O chá fora do padrão era jogado no Tâmisa e seu valor debitado da conta do Co-Hong ou, extraordinariamente, mandado de volta a Cantão. Reciprocamente, os diretores sempre ressarciam os comerciantes chineses cujas mercadorias haviam sido subavaliadas pelos agentes da Companhia, os *Supercargoes*. "A seus olhos", observaram dois especialistas do comércio de chá, "as considerações de longo prazo eram mais importantes do que o lucro imediato."[21]

Esse saudável intercâmbio escondia, porém, um "segredinho sujo" que desvirtuava a integridade do comércio. Tal como na Índia mogol, a Companhia era incapaz de levar a China imperial a se interessar por mercadorias de fabricação britânica em troca do chá, o que implicava maciças exportações de barras de prata. Como no caso da Índia, a Companhia cessou o fluxo de metal para a China por meios criminosos. Na Índia, a resposta fora a conquista territorial; na China, a solução foi o contrabando de ópio. O ópio de Patna, na região de Bihar, era famoso em todo o Oriente por sua excelência. Conhecido havia muito por suas propriedades medicinais, ele era usado na corte mogol também como narcótico e, na Grã-Bretanha, consumido em forma líquida, misturado com álcool para criar o láudano. Foi na China, porém, que a demanda desse subproduto da papoula oriental tornou-se mais intensa. Em 1729, as autoridades proibiram sua importação, a não ser sob licença e para propósitos médicos. A Companhia entrou, então, em uma de suas fases "tranquilas", com seus comerciantes em Cantão respeitando a decisão imperial. O acesso ao mercado chinês era extremamente precário e os agentes da Companhia não queriam se envolver em práticas que pudessem ameaçar o negócio principal. A Companhia havia conquistado a supremacia do comércio do chá em Cantão e não queria perdê-la.

O domínio do mercado de Bengala habituara, porém, a Companhia a remar contra a corrente pelo monopólio das fontes de abastecimento de ópio. Como vimos, em 1781, Warren Hastings enviou à China dois navios, o *Nonsuch* e o *Betsy*, ilegalmente carregados com a droga. A aventura foi um total fracasso, mas o ópio veio mais tarde a se tornar um elemento central da estratégia da Companhia. Usando seu poder de mercado para obrigar os *ryots* bengalis a produzir ópio por preços abaixo do custo, a Companhia construiu sua posição monopolista de um modo tal que, a cada vez que um caixote de 63 kg era vendido na China, ela obtinha um lucro de 2.000%. Um vasto sistema de suborno foi colocado em marcha para incentivar a alfândega chinesa (*hoppo*) a fechar os olhos para o contrabando endêmico da droga. Periodicamente, as autoridades imperiais de Pequim tentavam fazer cumprir a lei. Em 1811, a Companhia chegou a ser advertida de que devia mostrar especial cooperação, porque se sabia que o ópio era originário da Índia britânica. Os agentes da Companhia, porém, mantiveram a postura audaciosa dizendo por carta aos Diretores: "Estamos absolutamente confiantes de que se trata de uma advertência *pro forma* e de que os representantes do governo não têm a menor intenção de tomar medidas efetivas para suprimir um comércio com o qual, todos sabem há muito tempo, lhes interessa ser coniventes."[22]

A Companhia se eximia, pois, com veemência, de qualquer responsabilidade direta no comércio de ópio e garantia que a droga era enviada à China por agências independentes. No entanto, todos sabiam que seu papel era fundamental: o ópio era produzido na Índia sob seu monopólio, vendido em seus leilões e trazia sua marca gravada nos caixotes como garantia de qualidade. Para proteger sua posição dominante, a Companhia interveio também militarmente. No início do século XIX, quantidades crescentes de ópio de Malwa, produzido em território marata, vinham sendo exportadas para Macau. O efeito desse comércio sobre os preços da variedade bengali da Companhia levou o governador-geral Wellesley a agir em 1803 para contê-lo e, em última instância, "aniquilá-lo".[23] Entre os muitos fatores que contribuíram para as incessantes guerras da Companhia contra os maratas estava, certamente, o controle do comércio de ópio. "As receitas do ópio de Bengala estavam sendo usadas para financiar uma guerra que tinha por objetivo assegurar as receitas do ópio de Malwa", observou Brian Inglis em sua história das guerras do ópio.[24] Impossibilitada, porém, de eliminar a comercialização do ópio de Malwa em virtude da natureza anárquica de sua produção, a Companhia, para controlá-la, foi obrigada a comprar toda a papoula, mas o maciço aumento da oferta fez cair ainda mais o preço do ópio de Bengala. A espiral descendente das receitas da Companhia levou-a então a romper com sua clássica política de restringir a produção para manter altos os preços. Ordenou-se, pois, o aumento da produção de Bengala para compensar a perda de receita, decisão capital que fez aumentar espetacularmente a exportação de ópio, que passou de 5 mil caixotes em 1820 para 12 mil em 1824 e 19 mil em 1831. Quando, porém, em 1832, o Parlamento questionou um ex-membro do Conselho da China sobre o envolvimento da Companhia no comércio da droga, a resposta foi legalista e direta: como o ópio não era mais sua propriedade depois que saía da Índia, a Companhia "não podia ser acusada de comerciá-lo".[25]

Um odor de hipocrisia pairava sobre os últimos anos do comércio da Companhia com a China, um intercâmbio formalmente legal, mas dependente, em última instância, da cumplicidade estrutural com o contrabando de drogas. A economia deste comércio era, porém, bastante interessante. As vendas de ópio proporcionavam à Companhia uma de cada sete rupias em impostos indianos. A exportação do ópio para a China cresceu dez vezes nas três primeiras décadas do século XIX, rivalizando com o crescimento paralelo do consumo de chá (ver Tabela 8.1). Foi assim que o sólido superávit comercial chinês de cerca de 26 milhões de dólares entre 1800 e 1810 se transformou em déficit de 38 milhões de dólares entre 1828 e 1836. Em resumo, em 1828, a Companhia gerava, com a venda de ópio nos leilões de Calcutá, receita suficiente para pagar todas as suas compras de chá — um autêntico comércio de mão única. Além disso, dado que a décima parte da receita do governo britânico provinha de taxas sobre o chá, todo o edifício imperial repousava sobre uma montanha de ópio.

Tabela 8.1 O comércio de ópio com a China — 1800-1879

Ano	Caixotes (63,5 kg)
1800	2.000
1820	5.000
1824	12.000
1831	19.000
1833	24.000
1839	40.000
1844	48.000
1859	58.000
1879	105.000

Fontes: Robert Blake, *Jardine Matheson*. Londres: Weidenfeld & Nicolson, 1999; Brian Inglis, *The Opium War*. Londres: Hodder & Stoughton, 1976; W. Travis Hanes e Frank Sanello, *The Opium Wars*. Londres: Robson Books, 2003.

O sucesso do modelo comercial do chá e ópio não foi, porém, suficiente para proteger a Companhia do clamor pela total liberdade de comércio. Extensos inquéritos parlamentares sobre o comércio com a China, levados a cabo no começo da década de 1830, encontraram poucas irregularidades na conduta da Companhia. Embora a maioria achasse que o benefício do comércio de ópio para o Império justificava sua patente ilegalidade, a decisão de que a Companhia seria privada de seus privilégios monopolistas já estava tomada: em 1829-30, 247 petições em prol do livre comércio foram apresentadas ao Parlamento, quase duas vezes o número de solicitações submetidas durante os debates da Carta de 1813. Sentindo que o fim estava próximo, a Companhia decidiu, em 1825, só conceder contratos de transporte marítimo de curto prazo. A verdadeira questão era se a Companhia devia ou não conservar o status de administrador licenciado da Índia. Sua posição parecia cada vez

222   A Corporação que Mudou o Mundo

mais descompassada com o espírito da época. Um tanto insensatamente, a Companhia reafirmou sua condição de resquício do passado aderindo a uma petição de comerciantes e banqueiros contrários ao Projeto de Lei da Reforma de 1832, destinada a aumentar a proporção da população habilitada a votar. Quando a primeira eleição geral sob as novas regras aconteceu, em dezembro de 1832, a representação dos interesses da Companhia na Câmara dos Comuns caiu pela metade. Os defensores da Companhia geralmente entravam para o Parlamento comprando cadeiras nos "distritos podres" do país, muitos deles eliminados pela reforma.

A solução óbvia teria sido abrir o comércio com a China, deixando a Companhia afundar ou nadar contra uma autêntica concorrência enquanto a Coroa assumia a administração da Índia. O secretário do Departamento de Controle, Thomas Babington Macaulay, reconheceu a peculiaridade dessa situação em que uma organização comercial "exercia soberania sobre mais pessoas, com receitas maiores e um exército maior" do que o próprio Estado britânico.[26] Para ele, havia pouca dúvida de que "a Companhia é uma anomalia" e "parte de um sistema em que tudo é anômalo". O parlamentar James Silk Buckingham foi mais além, assinalando o puro absurdo de um povo inteiro ser controlado por uma assembleia de acionistas — "um corpo tão mutável que não conservava a mesma composição por dois dias seguidos, alguns vendendo suas ações, outros comprando, todos os dias da semana, não sendo necessária qualquer outra qualificação que não a de ser acionista para fazer parte dessa organização governamental".[27] Para esses acionistas, a incerteza a respeito dos ganhos futuros da Companhia se traduzira em uma abrupta queda do valor das ações, de quase 300 libras em abril de 1824 para 194 libras no começo de 1832. Uma solução era necessária, mesmo que pela mera razão de que era preciso acalmar o mercado.

Macaulay decidiu, no entanto, insistir na estratégia de Dundas de dar o controle de Estado sem as responsabilidades decorrentes, deixando a Companhia governar a Índia em benefício próprio com todos os riscos implicados. Persuadida pela decisão governamental de elevar o dividendo assegurado de 10% para 10,5%, a assembleia de acionistas aprovou em 3 de maio de 1833, pela esmagadora maioria de 477 votos a 52, a rendição comercial da Companhia. Um aspecto relevante é que tanto os dividendos anuais quanto os juros de sua imensa dívida seriam pagos com as rendas fiscais da Índia. Em troca da transferência de seus imensos ativos comerciais ao Estado, o Parlamento se comprometeu a prorrogar a Carta da Companhia por mais vinte anos e a garantir os dividendos por outros vinte. Daqui para frente, cada 100 libras em ações da Companhia receberia uma compensação de 200 libras. A Lei da Carta aprovada em agosto dizia claramente que "a citada Companhia deverá, no menor prazo possível, encerrar seus negócios comerciais e pôr à venda todas as mercadorias, provisões e bens móveis no país e no estrangeiro". As docas de Blackwell foram vendidas e os armazéns da Companhia, levados a leilão. Passados 233 anos do início de suas operações comerciais, a Companhia passava a uma existência crepuscular como agente do Estado britânico na Índia, uma espécie de sociedade público-privada com fins lucrativos. Para os acionistas, a decisão de mudar o gene comercial da Companhia para o que equivalia a uma pensão garantida pelo Estado foi acertada: as ações subiram cerca de 30% entre o início de 1833 e o fim de 1834.

UM IMPÉRIO DE DESPREZO

Para sua sorte, a Companhia tivera a causa ante o Parlamento conduzida por James Mill, um dos maiores intelectuais da época. Utilitarista militante nascido na Escócia, Mill entrara para a Companhia em 1819 como examinador assistente, encarregado de preparar diretivas para a Índia. No ano anterior, ele publicara sua imensa *História da Índia Britânica*, cujas ideias viriam a dominar o pensamento da Companhia e até servir como livro-texto de sua escola de treinamento, a Universidade das Índias Orientais em Haileybury. Mill nunca havia visitado a Índia — na verdade ele se orgulhava de seu

224   A Corporação que Mudou o Mundo

distanciamento em relação a seu objeto. Sua análise fez algumas vítimas: ele investiu contra a corrupção e a criminalidade que estavam na base de boa parte das operações da Companhia de Clive a Wellesley, atacou seus privilégios monopolistas com uma impaciente defesa dos benefícios do livre comércio e expôs a iniquidade do "assentamento permanente" denunciando o "déficit permanente" que a Companhia vinha obtendo na Índia.

O mais importante, porém, foi o ataque generalizado lançado por Mill contra a civilização hindu, em que criticou observadores precedentes, como William Jones, por acreditar que ela tinha valor igual ao da Grécia e Roma antigas. Mill introduziu uma perspectiva fundamentalmente moderna ao dizer que as sociedades podiam ser dispostas em uma escala de progresso social. Para Mill, não havia dúvida de que o Hindustão padecia de um estado de absoluto barbarismo: sua história era pura fábula; seu governo, despótico; sua religião, supersticiosa; e seu sistema de castas, essencialmente degenerado. Na opinião dele, os hindus eram "o segmento mais escravizado da raça humana", com uma "propensão irresistível para a impostura e a perfídia".[28] Na visão histórica progressiva de Mill, a supremacia hindu fora substituída pela mais avançada dominação muçulmana e, mais tarde, pela moderna administração britânica. Além disso, o mais importante, Mill afirmou que a sociedade hindu era incapaz de alcançar por si própria o progresso social e dependia da mão amiga da dominação imperial para alcançar a maior felicidade do maior número. Esse ponto de vista já fora exposto com meridiana clareza num artigo crítico publicado em 1810 pela *Edinburgh Review*: "Qualquer que seja a nossa percepção das dificuldades em que nos metemos pela assunção imprudente deste domínio, nós esperamos sinceramente, para o bem dos nativos, que não venha a ser preciso deixá-los ao seu próprio alvedrio."[29]

Quem sabe movido, inconscientemente, pela expectativa de um emprego, Mill tinha no início do século XIX uma opinião mais favorável sobre a Companhia. "Não conheço nenhum governo, do passado ou do presente, que se possa colocar em lugar tão elevado quanto o da Companhia das Índias Orientais", ele escreveu, concluindo que o mesmo era merecedor dos "maiores elogios."[30] Na crise do começo da década de 1830, Mill retribuiu com juros a confiança nele depositada pelos diretores da Companhia aparecendo ante o Parlamento em várias ocasiões para defendê-la. Deixando de lado a crença no livre comércio, Mill declarou que o único princípio aplicável ao comércio do ópio era *caveat emptor* ("o risco é do comprador") e pediu a manutenção do monopólio da Companhia em Bengala enquanto seu ônus financeiro recaísse primordialmente sobre os consumidores estrangeiros — isto é, chineses. Quando questionado por membros do Parlamento recém-eleito sobre a ideia de que alguma forma de democracia deveria ser aplicada também à Índia, respondeu com firmeza que isso estava "totalmente fora de questão", entre outros fatores, em virtude da "total ausência de senso moral naquele país".[31]

Com sua *História* e sua carreira na Casa das Índias Orientais, Mill marcou profundamente as ideias britânicas a respeito da Índia. Sua certeza intelectual da superioridade da modernidade ocidental estava perfeitamente de acordo com a arrogância cada vez maior da administração da Companhia na Índia. Em um alerta cheio de presságios, Thomas Munro, um de seus mais importantes executivos, protestou em 1817 contra a decisão de só empregar indianos em posições subalternas, dizendo que "talvez não exista no mundo um país que exclua mais completamente os nativos da participação no governo do que a Índia britânica". Para Munro, "a consequência da conquista da Índia pelas armas britânicas não conduziu ao crescimento do povo indiano, mas à sua degradação".[32] No entanto, as preocupações de Munro, como as de Burke, foram rechaçadas pelos defensores da supremacia dos valores e instituições anglo-saxões. É claro, diriam reformadores nativos como Ram Mohun Roy, que muitos aspectos da sociedade indiana precisavam ser mudados, a começar do sistema de castas e de práticas como o *sati* (queima de viúvas).

Absolutamente confiantes em sua superioridade, algumas autoridades britânicas chegavam a se deleitar com o desprezo devotado

226   A Corporação que Mudou o Mundo

à Índia, atitude claramente expressa por Macaulay em sua Minuta sobre a Educação de 1835, na qual afirmava que "uma única prateleira de uma boa biblioteca europeia vale por toda a literatura nativa da Índia e da Arábia".[33] Esse desprezo se traduziu em um conjunto de medidas práticas que distanciaram cada vez mais a Companhia de sua hinterlândia indiana. O governador-geral William Bentinck admitiria na década de 1830 que, "na verdade, somos estrangeiros nesta terra".[34] As ofensas verbais se acumulavam: nas décadas de 1840 e 1850, a palavra corriqueira para designar um indiano era "preto".

O progresso social era comumente alardeado para justificar a permanência da Companhia na Índia, mas os pilares da presença tardia da Companhia continuavam os mesmos: domínio comercial e conquista militar. A tecnologia e as barreiras comerciais haviam feito da Índia um mercado vital para a produção industrial britânica, absorvendo 23% de suas exportações de tecidos em 1850 — de longe a maior fatia. A desindustrialização, por outro lado, a convertera em produtor de insumos agrícolas para a economia imperial. Antes da abertura do comércio em 1811, os têxteis respondiam pela maior parte das exportações do país, com 33%, seguidos do ópio com 24%, do índigo com 19%, da seda crua com 8% e do algodão cru com 5%. Em 1850, porém, a exportação de tecidos foi zerada, e o ópio alcançou 30%, seguido do algodão com 19%, do índigo com 11% e do açúcar com 10%.[35] O "déficit permanente" da Companhia era outra valiosa fonte de receita para o Império britânico, com o desvio de receitas fiscais para pagar os juros da galopante dívida indiana, que cresceu de 27 milhões de libras em 1836 para 51 bilhões em 1857. O exército da Companhia também teve seu papel, aumentando o território sob domínio britânico de pouco mais de 7% do subcontinente em 1784, quando a Lei das Índias Orientais proibiu formalmente a expansão, para 62% em 1856, depois das anexações de Jhansi, Nagpur, Hyderabad e Awadh.

IMPONDO O COMÉRCIO DO VENENO

Menos de cinco anos depois do fechamento da feitoria da Companhia em Cantão, a Grã-Bretanha e a China entraram em guerra total. As tensões começaram em agosto de 1834 com o bombardeio, pela Marinha Real, dos fortes que guardavam a entrada de Cantão. Liderada por Jardine Matheson, a nova geração de defensores do livre comércio desafiava abertamente as autoridades chinesas ao mesmo tempo que promovia uma campanha altamente eficaz para mobilizar o governo britânico em favor da intervenção armada. A ruptura se deu em 1839, quando as autoridades chinesas enviaram o comissário Lin Tse-hsu para reprimir o comércio de ópio. O número de usuários de ópio na China era então estimado em 12,5 milhões, drenando a saúde e a riqueza da nação. Em uma vigorosa carta destinada a explicar suas ações à rainha Vitória, o comissário Lin abordou a questão desde o ponto de vista ético. "Ainda que não necessariamente tenham intenção de nos fazer mal, em sua extrema cobiça por lucros, os bárbaros não têm nenhum pudor de prejudicar os outros", dizia a carta, que concluía: "Permita-me perguntar-lhes, onde está a sua consciência?" O interessante é que a visão de Lin era compartilhada por muitos britânicos. Traduzindo a situação em uma linguagem que os britânicos pudessem entender, o iminente *quaker* e magnata do cacau Williams Storr Fry imaginou os britânicos proibindo a importação de vinho por motivo de saúde pública, os franceses respondendo com o suborno das autoridades alfandegárias britânicas, e, quando interceptadas, enviando navios armados para abrir caminho à força.[36]

Tragicamente, a carta de Lin nunca chegou às mãos da rainha Vitória. Depois de cercar os bairros do comércio estrangeiro de Cantão, Lin confiscou e destruiu 20 mil caixotes de ópio, 7 mil dos quais pertenciam à Firma. Os defensores do livre comércio reagiram com um acesso de fúria, até certo ponto encenado, em que denunciavam o ocorrido como um ataque contra a propriedade — quando todos sabiam que o ópio era contrabandeado. Enquanto, no

228 A Corporação que Mudou o Mundo

Parlamento, o futuro primeiro-ministro William Edward Gladstone denunciava o comércio de ópio como injusto, um crime que traria "permanente infortúnio" à Grã-Bretanha, o governo britânico se deixava convencer facilmente pelos argumentos de Jardine a favor do uso da força para extrair da China compensações por suas perdas. Depois de dois anos de bombardeios costeiros, os chineses se renderam. Em agosto de 1842, a China foi obrigada pelo Tratado de Nanquim a pagar 21 milhões de dólares em reparações aos comerciantes e abrir ao estrangeiro os portos de Amoy, Cantão, Fuzhou, Ningbo e Xangai. A antiga base do contrabando de ópio em Hong Kong foi formalmente transferida à Grã-Bretanha como colônia. O papel da Companhia nesse processo foi tenebroso: impôs a produção monopolista de ópio na Índia e deu suporte militar às forças britânicas enviando à China quatro navios armados, o 49º Regimento de Voluntários de Bengala, um corpo de engenheiros bengalis e um corpo de sapadores de Madras. Tecnicamente, o ópio ainda era ilegal, e seu tráfico em Hong Kong foi proibido pelas autoridades britânicas. Matheson, porém, não se alterou, considerando a decisão como "destituída de significado". Na Índia, o governador-geral lorde Ellenborough alertava que "o governo de Sua Majestade não deveria fazer nada que pudesse pôr em perigo a nossa receita do ópio".[37] O governo voltou atrás rapidamente e as importações de ópio retomaram a trajetória ascendente.

A Companhia manteve até o fim sua atitude cúpida em relação ao ópio. A despeito do controle exercido sobre os territórios maratas, ópio não pertencente à Companhia oriundo dos portos de Sind continuava chegando à China. Depois da humilhante retirada do Afeganistão em 1841, Ellenborough buscou recuperar a reputação da *Company Bahadur* ("A Companhia Intrépida") com a conquista de Sind em 1843, executada sobre território absolutamente frágil, um ato de agressão descrito pelo reformador social lorde Ashley como uma "mancha asquerosa" na honra do país.[38] A revista *Punch* satirizou o crime com o conquistador major-general Charles Napier exclamando: *Peccavi* — expressão latina para "Eu pequei".

A estátua triunfante de Napier ocupa até hoje um lugar na Trafalgar Square de Londres. Com a posse de Sind, a Companhia completara o controle dos escoadouros de ópio indiano e poderia ter decidido reduzir ou suprimir a produção. No entanto, sua dependência das receitas da droga já era grande demais.

A ÚLTIMA CARTA

Quando a Carta da Companhia foi renovada uma vez mais em junho de 1853, a coalizão governamental de William Gladstone e John Russell quis promover algumas mudanças administrativas para estender por mais vinte anos um acordo amplamente satisfatório. Ao apresentar sua proposta ao Parlamento, o presidente do Comitê de Controle, Charles Wood, exortou os ouvintes a compreender as dificuldades enfrentadas pela Grã-Bretanha. "Temos na Índia", declarou ele, "uma raça de homens que mudam muito lentamente, presos a preconceitos religiosos e costumes antiquados. Existem, de fato, inúmeros obstáculos ao progresso rápido."[39] Para enfrentar tais obstáculos, Wood propôs reduzir o número de diretores de 24 para 18 e aumentar-lhes o salário de 300 para 500 libras. Para a campanha Jovem Índia liderada pelos parlamentares liberais Richard Cobden e John Bright, a posição anacrônica da Companhia exigia uma solução. Chegara o momento de abolir a Companhia e mudar o foco do governo britânico, da pilhagem para as obras públicas.

Fora do Parlamento, os debates sobre a Carta atraíram o olhar do correspondente europeu do *New York Daily Tribune*, então o jornal mais vendido no mundo. No outono de 1851, o jornal contratou o emigrado alemão comunista Karl Marx para escrever artigos bissemanais oriundos da capital da superpotência imperial do mundo. Marx se refugiara em Londres em 1849, depois da derrota das revoluções de 1848 em todo o continente, e o jornalismo lhe proporcionava uma indispensável fonte de renda. Sob a direção de seu

230   A Corporação que Mudou o Mundo

editor fundador, Horace Greeley, o *Tribune* assumiu uma linha fortemente reformista, proporcionando a Marx uma plataforma para desenvolver sua crítica do capitalismo. Durante todo o verão de 1853, Marx produziu uma série de artigos que dissecavam os negócios da Companhia para seus leitores norte-americanos. A seus olhos, a Carta da Companhia podia ser resumida em cinco pontos: "Déficit financeiro permanente, sobreoferta regular de guerras, nenhuma oferta de obras públicas, um sistema de taxação abominável e um sistema legal e judiciário não menos abominável."[40] Investigando o que havia atrás da fachada do domínio da Companhia, Marx disse que ela "não mais existia a não ser no nome e por pura inércia". Zombou da Corte de Diretores, dos quais somente um estivera na Índia, por acidente, e desancou o afamado sistema administrativo da Companhia, dizendo que "não existe no mundo governo que escreva tanto e faça tão pouco". Para Marx, "temos, pois, uma corporação governando um imenso império, não formado, como em Veneza, por eminentes patrícios, mas por velhos amanuenses obstinados e seus congêneres".[41]

Contudo, o interesse de Marx pela Companhia ia muito além do comentário sarcástico. Apoiando-se em sua análise da sociedade de classes, Marx definiu a Companhia como instrumento dos interesses da elite britânica na Índia: "A aristocracia quis conquistá-la; a dinheirocracia, saqueá-la; e a fabricocracia, vendê-la a preço vil."[42] Como Burke antes dele, Marx disse que a Companhia fizera uma revolução na Índia. No entanto, ao contrário de Burke, que protestara contra o despedaçamento da cultura indiana, Marx, com sua visão quase mística da lógica da história, acreditava que essa destruição traria, em última instância, resultados positivos. Adepto, como James Mill, da crença na marcha do progresso, Marx via a Ásia oprimida pelo jugo imutável do despotismo oriental. A Índia vivia imersa em um estado de barbárie estagnada e vegetativa, marcado pelas castas e pela superstição. Nauseava-o, certamente, o fato de a Companhia ter saqueado a Índia e desmantelado sua economia, destruindo no caminho sua indústria têxtil. Não havia, para Marx, dúvida de que "a desgraça infligida pela Grã-Bretanha ao Hindustão é de um tipo essencialmente diferente e infinitamente mais profundo do que qualquer coisa a que o Hindustão tenha sido submetido anteriormente".[43] Ele via, porém, a intervenção ocidental como essencial para que a Índia alcançasse alguma forma de regeneração. Para Marx, o domínio britânico, ainda que motivado pelos "interesses mais vis", criava as condições para a modernização da Índia: unificação política, exército bem-equipado, imprensa livre e comunicações rápidas, além de uma nova classe "imbuída da ciência europeia".[44]

Dois elementos são particularmente notáveis na análise de Marx da Companhia. O primeiro é o pouco interesse pela Companhia como corporação. Ao contrário de Smith, Marx não se deu o trabalho de avaliar os méritos comparativos das sociedades limitadas e das sociedades anônimas por ações. Seu fascínio era a produção industrial em larga escala de base fabril. Por isso, as grandes companhias de comércio foram relegadas, no primeiro volume do *Capital*, ao território da "acumulação primitiva". Os leitores procuram em vão pelas ideias de Marx sobre a dinâmica especulativa da Companhia de propriedade de acionistas e a participação do ímpeto monopolista da corporação no processo de concentração do capital. Outro aspecto notável das posições de Marx em relação à Índia é seu subjacente alinhamento com as ideias do amigo John Stuart Mill. Lembrado hoje por suas duas obras-primas liberais, *Sobre a liberdade* e *A sujeição da mulher*, Mill, o executivo da corporação, era extremamente hesitante em relação à promoção da liberdade na Índia. Seguindo os passos de seu pai, Mill entrou para a Companhia em 1823, aos 17 anos de idade, e nela permaneceria durante trinta e cinco anos como funcionário leal, ainda que um tanto extravagante. Segundo um relato, "quando particularmente inspirado, ele costumava, antes de se sentar em sua escrivaninha, tirar não apenas o casaco e o colete mas também as calças e só então começar a trabalhar, andando de um lado para outro no quarto e escrevendo a grande velocidade".[45] Mill escreveu copiosamente sobre questões políticas e econômicas,

232 A Corporação que Mudou o Mundo

mas não muito sobre a Índia, o que sugere que sua carreira na Casa das Índias Orientais exerceu pequena influência em seus interesses filosóficos mais gerais. O pouco que escreveu a respeito deixa claro, porém, que ele via o regime antidemocrático da Companhia na Índia como "um modo de governo legítimo no trato com bárbaros".[46] Esse grande apóstolo da liberdade na Grã-Bretanha sustentava a posição da Companhia em ampla medida como um anteparo contra o populismo do Parlamento. A Índia era uma criança que precisava da ajuda paternal de seu "autoritário protetor" britânico para aprender a andar por suas próprias pernas.[47]

Mill era um dos poucos amigos de Marx na Londres do começo da década de 1850 e dividia com ele a mesma paixão pela teoria econômica.[48] Seus *Princípios de economia política* haviam sido publicados em 1848, o mesmo ano do *Manifesto comunista*, antecedendo em uma década o primeiro volume do *Capital* de Marx. Era um casamento extraordinário: de um lado, John Stuart Mill, o *insider* intelectual que ganhava a vida como executivo de um império corporativo ultramarino com um olho num futuro utópico muito além de seu escritório; do outro, Karl Marx, o *outsider* exilado que adivinhava as sementes da revolução nas ruínas do governo imperial, admirando, paradoxalmente, a capacidade do capitalismo de derrubar a velha ordem. O grande erro de Mill foi aceitar a enganosa racionalização do papel da Companhia na Índia como força educativa. Como assinalou Edward Said em *Cultura e imperialismo*, "é verdadeiramente inquietante ver quão pouco serviram as grandes ideias, instituições e monumentos humanísticos britânicos, que ainda celebramos a-historicamente como merecedores de nossa aprovação, para obstaculizar a aceleração do processo imperial".[49] Não surpreende que as obras de James e John Stuart Mill venham sendo aprovadoramente referidas como modelo do "imperialismo democrático" do Iraque ocupado dos dias atuais.[50]

Em agosto de 1853, o Parlamento aprovou, depois de alguns debates perfunctórios, a renovação da Carta da Companhia. Um dos últimos remanescentes dos privilégios corporativos — o direito às nomeações para cargos na Índia — foi substituído pelas provas de seleção e o aumento proposto dos salários dos executivos aprovado a duras penas. Não foi este, porém, o fim da cobertura dos assuntos asiáticos por Karl Marx. Durante os sete anos seguintes, ele se mostraria cada vez mais interessado na série de conflitos interligados que abalaram o Oriente, a começar pela grande rebelião de Taiping, que tinha por alvos tanto a dinastia Qing quanto os invasores estrangeiros. Uma vez mais, a Companhia se afigurou a Marx como causa da revolução no Oriente — dessa vez por força de seu envolvimento no comércio de ópio com a China.[51] A ruptura, em outubro de 1856, da complicada trégua entre a China e a Grã-Bretanha forjada pelo Tratado de Nanquim deu a Marx a oportunidade de investigar as causas mais profundas da segunda guerra do ópio. O que ele viu foi uma luta extraordinária entre "o Imperador Celestial, [que] para impedir o suicídio de seu povo proibiu sumariamente a importação do veneno pelo estrangeiro" e "a Companhia das Índias Orientais, [que] vinha rapidamente transformando a produção do ópio na Índia e seu contrabando para a China em partes vitais de seu sistema de financiamento".[52] Com seu característico talento para apontar o "x" da questão, Marx expôs a hipocrisia no coração da estratégia britânica: "Ao mesmo tempo que prega abertamente o livre comércio do veneno, a Grã-Bretanha defende secretamente o monopólio da sua fabricação. Sempre que examinamos de perto a natureza do livre comércio britânico, encontramos o monopólio refestelado no leito da sua 'liberdade'."[53]

Uma vez mais o governo britânico enviou suas canhoneiras e uma força punitiva. Notícias terríveis os esperavam, porém, ao aportar em Cingapura em junho de 1857: os sipais da Companhia se haviam amotinado em todo o norte da Índia. O grosso da força que se dirigia à China foi, então, imediatamente desviado para Calcutá para ajudar a reprimir os revoltosos. Quando a segunda guerra do ópio terminou, em outubro de 1860, já não havia presença da Companhia na Ásia.

UMA REBELIÃO ANUNCIADA

A Grande Rebelião de 1857 costuma ser vista como um acontecimento singular, uma revolta surgida do nada num cenário de acei-
tação pacífica do governo da Companhia. Houve, porém, vigorosos
sinais de alerta, todos ignorados. Entre as muitas causas apontadas
para o levante, a crescente arrogância racial e administrativa da
Companhia foi, certamente, uma das principais. Sementes de ra-
cismo sempre haviam existido. Ainda no tempo da malfadada eva-
cuação de Calcutá pela Companhia em 1756, Maria Carey, esposa
anglo-indiana de um soldado inglês, teve recusado o ingresso em
um dos navios que partiam devido à sua raça mestiça. Foi, porém,
a partir do começo do século XIX que o mergulho rumo ao separa-
tismo tornou-se irrefreável. Um a um, os vínculos tradicionais entre
o exército e as comunidades locais foram cortados. Os veneráveis
hindus e muçulmanos já não tinham permissão de abençoar as
insígnias dos regimentos sipais, e os soldados, de tomar parte em
desfiles festivos. Com o crescimento da presença missionária,
aumentaram os temores de que a companhia planejava uma maciça
conversão compulsória ao cristianismo.

O primeiro sinal do que estava para acontecer surgiu em julho
de 1806, quando sipais do exército da presidência de Madras se
rebelaram contra a uniformização do vestuário. As novas regras eli-
minavam várias das marcas distintivas de casta e religião que definiam a identidade dos sipais. Instigados pela família exilada do
sultão Tipu, os sipais de Velore se sublevaram matando ou ferindo
mais de 200 dos 370 membros da guarnição britânica. Embora o
motim tenha sido rapidamente debelado, uma investigação poste-
rior assinalou a crescente distância entre os funcionários da Companhia e o povo. Uma comissão de indianos foi proposta como
forma de canalizar as queixas populares, e recomendou-se o envio
de tropas britânicas adicionais por precaução. Nenhuma dessas
medidas foi tomada, no entanto. As advertências se intensificaram
durante as discussões sobre a atividade missionária em 1813.

Em seu último compromisso público, o já aposentado Warren Hastings depôs durante três horas perante um comitê parlamentar que examinava a Carta da Companhia. Seu conselho foi claro: "Chegou ao estrangeiro a notícia de que temos a intenção de impor nossa religião aos nativos. Se propagada entre a infantaria nativa, essa ideia poderá ter perigosas consequências"; na verdade, "pode causar uma guerra religiosa".[54]

Todos esses estratagemas e temores atingiram um ponto crítico quando os sipais do norte da Índia rejeitaram um novo tipo de cartucho que se dizia ser lubrificado com gordura de vaca ou porco. O que transformou, porém, o motim em rebelião foi a atitude estúpida da Companhia para com os governantes locais de Awadh, Kanpur e Jhansi, que ficaram contra ela quando os soldados se amotinaram. Chamada por Veer Savarkar de "Primeira Guerra de Independência da Índia", a rebelião, apesar de geograficamente limitada, tinha o claro objetivo de expulsar os britânicos, considerados "transgressores" por muitos. Simbolicamente, o primeiro ato dos revoltosos de Meerut foi marchar 60 quilômetros até Délhi para proclamar o imperador fantoche Bahadur seu líder. A guerra durou quase dois anos e caracterizou-se por uma extrema selvageria de ambos os lados. Quando a Companhia retomou Kanpur (Cawnpore), onde os rebeldes haviam massacrado mulheres e crianças europeias, os sipais capturados foram obrigados a lamber o sangue do chão antes de subir à forca. Execuções sumárias tornaram-se norma. De acordo com um oficial, "organizávamos cortes marciais a cavalo e todo negro que encontrávamos nós enforcávamos ou abatíamos a tiros".[55] A retomada de Délhi pela Companhia foi seguida de pilhagens sistemáticas, e os sobreviventes deixados à míngua do lado de fora dos portões. No fim dessa terceira e última guerra entre a Companhia e os mogóis, os dois filhos e o neto do xá Bahadur foram assassinados a sangue frio, e o velho imperador enviado para o exílio em Rangum.

A Companhia, que crescera em um relacionamento simbiótico com o Império mogol, não pôde sobreviver a seu fim. A rebelião

236   A Corporação que Mudou o Mundo

provocara uma selvagem sede de sangue na sociedade britânica, e a Companhia anômala foi um fácil bode expiatório para a ira nacional. A revista *Punch* resumiu o sentimento de muita gente com uma charge, publicada em 15 de agosto de 1857 (ver ilustração 8.1), parodiando a prática da Companhia de explodir rebeldes capturados na boca dos canhões. Intitulada "A Execução da John Company — Explosão (tinha de ser) em Leadenhall Street", a charge mostrava a Casa das Índias Orientais indo pelos ares com todo seu esplendor neoclássico e seus principais atributos: "avareza", "estupidez", "nepotismo", "desgoverno" e "negligência". Até o comedido Charles Dickens desejou ser comandante em chefe na Índia para "fazer o que estivesse ao meu alcance para exterminar a Raça que carrega a mancha de tais crueldades" — uma prévia horripilante do louco apelo de Kurtz para "exterminar os selvagens" na novela *O coração das trevas*, de Joseph Conrad.[56]

Tal como sucedido com todas as corporações fracassadas anteriores e desde então, a única solução era a nacionalização da Companhia. Iniciou-se então uma luta desesperada para impedir o inevitável. Promovido ao cargo de examinador-chefe em março de 1858, John Stuart Mill apresentou uma longa petição ao Parlamento — talvez a mais longa lamúria da história corporativa — em que alegava ter a Companhia "adquirido para o país, à própria custa e por iniciativa de seus servidores civis e militares, o esplêndido império no Oriente" — como se ela tivesse prestado um favor ao país. Abusando da grandiloquência, Mill afirmou que a Companhia fora o "[governo] mais beneficente que a humanidade já conheceu". Nos debates que se seguiram, o parlamentar George Cornewall Lewis desmascarou a vacuidade das afirmações de Mill dizendo que "nenhum governo civilizado jamais fora tão corrupto, tão pérfido e tão predatório" quanto o da Companhia das Índias Orientais entre 1757 e 1784. Para Lewis, a Companhia se tornara um "corpo fortuito" de acionistas sem relação alguma com os assuntos da Índia. Pondo-se de acordo, o restante do Parlamento aprovou uma lei que destituía a Companhia de todos os poderes administrativos na Índia e os

Ilustração 8.1 Punch, A Execução da "John Company", 1857

transferia à Coroa. Em 1º de novembro de 1858, uma proclamação foi lida em todos os quartéis da Índia: a Companhia das Índias Orientais foi extinta em favor do governo direto da rainha e do Parlamento — seguida de ruidosos espetáculos de fogos de artifício.

238   A Corporação que Mudou o Mundo

Muitos veem a Companhia como um degrau inevitável rumo ao Raj britânico. O mais correto, porém, seria ver o Império britânico na Índia como produto do fracasso da Companhia. Observando a queda da Companhia com certo regozijo, Marx disse a seus leitores norte-americanos que os diretores "não morrem como heróis: começaram comprando soberania e terminaram vendendo-a".[57]

QUEM RI POR ÚLTIMO

No entanto, a Companhia não estava totalmente morta. Boa parte de sua historiografia acaba com a abolição de seus privilégios comerciais em 1833 ou com sua exclusão dos assuntos indianos em 1858. Todavia, ela sobreviveu dezesseis anos mais, um zumbi corporativo reduzido à mais elementar de suas tarefas: a distribuição do dividendo anual. Com todas as funções administrativas transferidas para o Indian Office em Whitehall, do outro lado da cidade, a Companhia vendeu sua imponente sede de Leadenhall Street e aposentou a maioria de seus empregados: John Stuart Mill ganhou 1.500 libras anuais e um tinteiro marchetado. A Companhia manteve um guarda-livros e seus diretores continuaram a se reunir, primeiro na sala da diretoria da Red Sea Telegraph Company, em Moorgate Street 62, e depois em Pancras Lane 11, ao norte da cidade.

Os arquivos da Companhia na Biblioteca Britânica se estendiam por quilômetros, mas o registro de suas atividades após 1858 está contido em um único volume, as Atas da Corte do Tesouro. Esse livro, encadernado em couro e marcado na contracapa com o timbre da Companhia, está preenchido somente até a metade com o registro de uma existência desconexa de reuniões vazias e pagamentos rotineiros. No verão de 1873, o ciclo começou a se fechar. Em maio, o Parlamento aprovou sumariamente as propostas do governo para o resgate das 6 milhões de libras em ações da Companhia. A lei de 1833 não apenas garantira aos investidores um dividendo de 10,5% até 1874 como também estabelecera termos generosos para uma eventual aquisição. Na Lei de Resgate das Ações das Índias Orientais, o governo ofereceu aos acionistas, para cada 100 libras em ações da Companhia, 200 libras em anuidades governamentais a 3%, 200 libras em títulos da dívida da Índia a 4% ou 200 libras em dinheiro. Na prática, outras 12 milhões de libras foram acrescidas à dívida da Índia, com juros equivalentes a mais de 650 milhões de libras em valores atuais a serem pagos pelos contribuintes indianos.[58] Depois de transferidas as ações, os acionistas se reuniram pela última vez em dezembro, e o último dividendo foi pago em 30 de abril de 1874. Entre os beneficiários estavam o Corpus Christi College, Oxford, com 145 libras em ações, Richard Benyon de Beauvoir com cerca de 4 mil, Deeble Boger com 10 mil e Joseph Dobree com 11.700.

Tratava-se agora da liquidação total dos negócios da Companhia. Em 13 de maio de 1874, o guarda-livros enviou uma carta patética ao Secretário de Estado para a Índia perguntando se "deveria cuidar das Cartas, Selos, Documentos etc.". Na quarta-feira 20 de dezembro, às 13h30, a Corte de Diretores se reuniu pela última vez. Havia 32 mil libras contabilizadas, praticamente o equivalente às 30 mil libras aportadas pelos primeiros investidores nos idos de 1599 — uma curiosa simetria histórica. Depois de pagar os vencimentos dos diretores, do zelador, do guarda-livros e do contador, o presidente "ordenou a suspensão da Corte". Ela nunca mais se reuniu. A Companhia foi oficialmente dissolvida em 1º de junho de 1874.

No entanto, suas ações ainda sobreviveram. Um relatório governamental sobre "o progresso moral e material e a situação atual da Índia", publicado no mesmo ano, relatou receitas fiscais de cerca de 50 milhões de libras, das quais 8 milhões provenientes do sal e 6 milhões do ópio, resultantes de medidas introduzidas na campanha de Hastings para "mandar mais dinheiro". A essa altura a Jardine Matheson já diversificara seu comércio em razão da baixa lucratividade do ópio decorrente da legalização da droga pela

240   A Corporação que Mudou o Mundo

Convenção de Pequim de 1860. O negócio, porém, seguiu crescendo, atingindo em 1879 a marca de 105 mil caixotes, quatro vezes o que a Companhia comerciava ao encerrar suas atividades na China em 1833. A dependência da China tornou-se ainda mais profunda; em 1895, 80% de seu comércio exterior era com o Império britânico.[59] Somente em 1907, a Grã-Bretanha concordou em suspender a exportação do ópio indiano. Em 1911, sua produção foi encerrada em Bihar, em virtude da "perda do mercado chinês". O imposto sobre o sal continuou, é claro, até o fim do domínio britânico na Índia e foi o alvo da famosa Marcha do Sal até Dandi, em 1930, com a qual Ghandi conseguiu romper o monopólio estatal imperial sobre o produto.

Os rastros financeiros da Companhia se estenderam também profundamente pelo século XX adentro. Em um escrito de 1908, Romesh Chander Dutt expressou sua ira contra o fato de o povo indiano, depois de abastecer as tropas que o conquistaram e de financiar a aquisição do subcontinente com pesadas taxações, ter pagado também a nacionalização da Companhia. "E está até hoje pagando dividendos sobre o capital de uma companhia extinta na forma de juros da dívida!"[60] Essa fantasmagórica drenagem só acabou no abismo da Segunda Guerra Mundial, quando os maciços gastos da Grã-Bretanha na Índia extinguiram finalmente as dívidas históricas da Companhia e do Raj. Até muito depois de sua morte, a Companhia continuou a plasmar as economias e sociedades que deixara para trás.

9

Um Negócio Inacabado

ESTÁTUAS PARA UM LADRÃO DE OVELHAS

Quem vai ao Foreign and Commonwealth Office de Londres, saindo de St. James Park, tem de subir a "Escada de Clive", batizada em tributo à hiperbólica estátua de Robert Clive situada na entrada do edifício do antigo Indian Office (ver ilustração 9.1). Foi para lá que se transferiu a governança da Índia depois da liquidação da Companhia em 1858. Passaram-se, porém, mais sessenta anos até que esse monumento ao grande "fazedor de nababos" fosse erguido, atraso cujas razões têm muito a ver com seu controvertido currículo. O triunfo de Clive em Arcot fizera dele, já na Grã-Bretanha de começos da década de 1750, o "general caído do céu" nas palavras do primeiro-ministro William Pitt, o Velho. A Revolução de Plassey lhe rendeu fama ainda maior como grande herói nacional da encarniçada Guerra dos Sete Anos. Por isso, Clive foi feito barão de Plassey — dignidade um tanto maliciosa, no entanto, de mero baronete irlandês, com um característico status de segunda classe. A estima cedo se transformou em abominação quando o tamanho de sua fortuna e os meios pelos quais ele a adquiriu se tornaram conhecidos. Até o rei George III protestou contra as patifarias de Clive na

Ilustração 9.1 Estátua de Robert Clive, Londres

Índia. Convocado ao Parlamento para explicar suas ações, Clive protestou indignação por estar sendo tratado como "um reles ladrão de ovelhas". Mesmo inocentado na votação que se seguiu, sua reputação foi arruinada. Por ocasião de sua morte, pouca dúvida havia de que ele se tornara "o homem mais odiado da Inglaterra", de acordo com um biógrafo recente.[1]

Durante as décadas subsequentes, as façanhas militares de Clive seriam louvadas na literatura imperial, e sua corrupção igualmente denunciada como "não britânica", entre outros, por Macaulay em seu célebre ensaio de 1840. Foi somente às vésperas do 150º aniversário de Plassey, em 1906-7, que um ex-vice-rei da Índia, lorde Curzon, propôs reabilitar a memória de Clive nas cidades imperiais irmãs de Londres e Calcutá. A recepção a essa ideia foi glacial. As autoridades britânicas na Índia temiam que a celebração exacerbasse a crescente tensão nacionalista em Bengala e, em Londres, o secretário de Estado para a Índia, o liberal John Morley, respondeu que teria sido melhor para a Grã-Bretanha que Clive tivesse perdido aquela batalha. Em vez de uma estátua para Clive, Morley sugeriu que se erguesse um monumento ao líder nacionalista italiano Garibaldi. A ideia de Curzon, porém, calou no chauvinismo imperial em ascensão. Com dinheiro obtido por meio de subscrições públicas — e de alguns relutantes príncipes indianos —, duas pomposas estátuas de Clive foram erguidas em 1911, ano do *durbar* imperial britânico em Délhi.

Em Kolkata, a estátua de Clive em mármore branco ainda ocupa o saguão do Victoria Memorial, à vista de milhares de visitantes que vêm diariamente olhar as curiosidades históricas que ele contém. Em Londres, do outro lado do mundo, a estátua de Clive ocupa um lugar mais formal e elevado no coração de Whitehall (ver Mapa 3). A mão esquerda pousada sobre a empunhadura da espada sublinha o papel capital da força militar na ascensão da Companhia ao poder; a mão direita traz um maço de documentos, talvez o falso acordo com Amir Chand que abriu o caminho para a tomada de Bengala.

244 A Corporação que Mudou o Mundo

Mapa 3: A Londres da Companhia

Um Negócio Inacabado   245

Painéis ao redor da base da estátua relatam as proezas de Clive no cerco de Arcot e o retratam pronto para a vitória às vésperas de Plassey e desfrutando as glórias da aquisição da *diwani*.

Clive está virado para oeste, olhando na direção das numerosas propriedades que adquiriu com a pilhagem da Índia. A pouco mais de 1 quilômetro de distância, em Berkeley Square, fica a casa onde ele morreu, em novembro de 1774, com uma placa a celebrá-lo como "soldado e administrador" — não como homem de negócios. No hoje rico subúrbio londrino de Surrey fica Claremont, que Clive comprou do falido duque de Newcastle. Clive não chegou a executar os planos grandiosos que tinha para o lugar em virtude de sua morte prematura, mas Macaulay relata que "os camponeses de Surrey, ao olhar com misterioso horror para a mansão que se erguia em Claremont, sussurravam que o senhor malvado mandara fazer paredes bem grossas para o demônio não poder entrar". A antiga mansão de Clive foi convertida em escola infantil particular, e seus magníficos jardins, onde papagaios verdes voam entre faias como voariam entre os *gumbads* dos Jardins de Lodi, em Délhi, viraram propriedade do Patrimônio Nacional. Mais para oeste ainda, em sua Shropshire natal, a mansão de Clive em Walcot Hall hoje abriga apartamentos de temporada com nomes sugestivos como "Arcot" e "Plassey", ao passo que sua mansão Plassey, nas cercanias de Limerick, Irlanda, foi transformada em alojamento universitário.

Estátuas públicas refletem os valores da elite dominante. Em muitos países, a Índia entre eles, os heróis dos regimes anteriores foram retirados de seus lugares de honra para marcar a mudança de ponto de vista sobre o passado. O fato de um dos maiores patifes corporativos da Grã-Bretanha conservar seu lugar de honra no coração do governo sugere que a elite britânica ainda não enfrentou seu passado corporativo e imperial. Igualmente curioso é o fato de a estátua estar em Whitehall, e não na City. Clive era um "homem da Companhia", cujos interesses foram, ao lado dos dele, a razão de suas aquisições. O memorial — se é que se precisa de um — deveria estar em Leadenhall Street, no lugar onde outrora existiu a Casa das

Índias Orientais. No entanto, como vimos, a City é curiosamente evasiva a respeito de sua história corporativa.

O interessante é que a glorificação de Clive está em manifesto desacordo com o modo como muitos contemporâneos da Companhia queriam que seus principais executivos fossem lembrados. O grande pensador utilitarista Jeremy Bentham, por exemplo, propôs em 1822 que os diretores e acionistas da Companhia mandassem fazer uma estátua de Warren Hastings com a seguinte inscrição: "Cuidemos, pois, de encher os bolsos de dinheiro; nenhuma tirania é hedionda a ponto de não podermos cultuá-la." Bentham acrescentou que a estátua devia ser parecida com a de "um cúmplice de capa longa [...] depositando suborno na mão de alguém".[2] O memorial a Hastings foi finalmente erguido, por iniciativa de sua viúva e com uma inscrição muito diferente, na entrada do transepto norte da vizinha abadia de Westminster. É uma escultura modesta, onde se lê que Hastings "se distinguiu por seus grandes talentos e sua integridade". Do outro lado da nave, em um lugar da abadia que poderia ser chamado de Cantinho da Companhia, monumentos a dois dos principais protagonistas de Plassey — o almirante Charles Watson e Eyre Coote, então capitão e mais tarde general — celebram a supremacia corporativa mesclando o clássico e o oriental ao estilo de *The Offering*, de Spiridione. Watson, debaixo de uma palmeira, tem à frente uma indiana caída, nua, com a cabeça nas mãos; Eyre Coote contempla um indiano com as mãos atadas atrás das costas.

Um século se passou desde que Curzon decidiu restabelecer a reputação de Clive. Nesse período, o mundo se transformou: vimos o fim do império, a queda do comunismo e o ascenso da globalização. Vista com olhos de hoje, *in loco*, a estátua de Clive é um anacronismo impressionante. Cem anos depois, o enfoque do 250º aniversário de Plassey impõe uma reavaliação do status da Companhia em nossa memória social — não para derrubar as estátuas, mas para aprender com sua ascensão e queda e agir de acordo com as lições que elas nos ensinam.

No transcurso de sua existência, a Companhia das Índias Orientais gerou uma variada gama de sentimentos, que vai da admiração ao ódio absoluto, passando pelo medo. Esse choque de percepções veio à tona com especial clareza nos inflamados debates parlamentares de 10 de maio de 1773 sobre a conduta de Robert Clive em Bengala. Até dentro do governo da época as opiniões se dividiam. O procurador Alexander Wedderburn fez uma veemente defesa da Companhia, alegando que

a pena de um historiador honesto relatará essas transações tais como foram — e ele não se furtará a alardear, para a admiração da posteridade, que em uma revolução que adquiriu para a Companhia domínios maiores, mais ricos e mais populosos do que jamais possuíram Atenas e mesmo Roma [...] nem o mais rigoroso dos pesquisadores descobrirá mais que umas poucas ações que desonrem indivíduos e nenhuma que denigra o nome da Grã-Bretanha.

Ato contínuo, o procurador geral Edward Thurlow se levantou para contradizer seu ilustre colega, protestando: "A que, se não à brutalidade dos funcionários da Companhia, se pode atribuir o fato de Bengala, tão próspera sob seu próprio governo, ter sido levada pelo nosso à beira da ruína?"[3]

O que salta à vista em seus longos 275 anos de existência é que não houve uma única Companhia, mas várias. Em termos institucionais, a corporação original em forma de sociedade por ações para cada empreendimento era um animal totalmente diferente da multinacional global de primeira linha de 1750, que dirá da agência administrativa imperial de 1850. Seu progresso, também, nada teve de linear. Quase extinta em 1657, trinta anos depois, sua arrogância e aventureirismo lhe custaram seus privilégios comerciais, só recuperados por meio de brechas legais e de uma fusão com seus adversários na Companhia Unificada de 1709. Depois que a Revolução de Bengala virou o mundo de cabeça para baixo, ela perdeu pouco a pouco seus atributos de empresa comercial autônoma — primeiro

248   A Corporação que Mudou o Mundo

a independência de seus sistemas de governança, depois seus privilégios comerciais e, finalmente, todas as funções remanescentes, até que só restou uma casca financeira de distribuição de dividendos. Dessa contínua metamorfose emergem, claramente, as quatro faces da Companhia das Índias Orientais: como agente empresarial, como força revolucionária na história mundial, como instrumento de dominação imperial e como corporação responsável por suas ações. Examinemos agora, uma a uma, essas quatro faces.

UM AGENTE EMPRESARIAL

A morte da Companhia das Índias Orientais em 1874 encerrou a era das companhias privilegiadas, leviatãs do mercantilismo que já não eram adequados ao império do livre comércio que a Grã-Bretanha vinha estabelecendo em todo o globo. A dupla função de soberano e agente comercial ultramarino outrora atribuída a essa e a outras companhias privilegiadas foi cindida, cabendo agora à Marinha Real a função de impor os interesses da Grã-Bretanha, como foi o caso nas guerras do ópio. O declínio do comércio de escravos determinara o fim da Companhia Real Africana em 1821, seguido, dois anos depois, da extinção da Companhia do Levante. Estranhamente, a Companhia dos Mares do Sul, que tanto pânico causou em 1721, durou um século mais e só foi extinta em 1853. A Companhia da Baía de Hudson existe até hoje, tendo renunciado a seus direitos territoriais em 1869 em favor de um futuro no comércio varejista (Hudson Bay Company). Paralelamente, as antigas restrições à expansão corporativa foram progressivamente eliminadas com a revogação da Lei da Bolha (1721) em 1825 e a aprovação, em 1844, da Lei das Sociedades por Ações, que permitiu a criação de companhias mediante simples registro. Finalmente, em 1862, um ano depois da demolição da Casa das Índias Orientais, a abrangente Lei das Companhias foi introduzida no Código Civil, logo seguida de uma bolha no mercado de ações e do colapso da importante organização bancária Overend & Gurney em 1866.[4]

O modelo legal encarnado pela Companhia das Índias Orientais pode ter morrido, mas seus sistemas de administração e governança sobrevivem nas modernas multinacionais. De fato, a gestão da informação na Companhia — por meio de seu exército de escreventes e guarda-livros — fez dela uma pioneira da corporação baseada no conhecimento.[5] Sua capacidade de ajustar oferta e demanda ao longo de extensas cadeias de fornecedores, nos casos dos têxteis e do chá, foi um dos segredos de seu duradouro sucesso comercial. Nas "épocas de ouro" da Companhia — de 1670 a meados da década 1880 e nas décadas de 1720 e 1730 —, enfoques sofisticados e precisos nas áreas de compras, marketing e finanças proporcionaram produtos de qualidade aos consumidores, dividendos regulares aos investidores e polpudas receitas fiscais ao Estado. Em todos os casos, porém, a expansão foi seguida não só de contração, mas também de tentativas deliberadas de obter riquezas e poder injustificados. Para Philip Francis, recém-chegado a Bengala na década de 1770 como paladino do interesse público, em vez de "lucros moderados, mas permanentes", a Companhia demonstrou obsessão pelos "retornos imediatos e excessivos".[6]

Parte do problema proveio do lugar essencial do monopólio na identidade comercial da Companhia, que a compelia a dominar as duas pontas da cadeia. Mais importante ainda, no entender de Adam Smith, era a predisposição da sociedade por ações para "a negligência e a prodigalidade" em favor de seus executivos e investidores. Para Smith, a separação entre propriedade e gestão expunha a empresa a um duplo perigo: executivos atuando em benefício próprio e acionistas investindo sem a responsabilidade que só o envolvimento direto proporciona. Embora não tão espetacular quanto a Bolha da Mares do Sul em 1720, a Bolha de Bengala é uma prova da inexorável propensão das sociedades por ações para a "manipulação administrativa":* o uso de informações privilegiadas,

---

* No original: *managerial capture*. (N. T.)

as projeções exageradamente otimistas de ganhos futuros e a exuberância irracional do mercado financeiro. A implosão do preço das ações e a quebra que se seguiram revelaram a um estupefato *establishment* inglês as consequências financeiras e humanas de se dar rédea solta às corporações.

O exemplo da John Company nos mostra que mercados abertos e corporações não necessariamente se combinam — que a diversidade econômica e a livre iniciativa florescem melhor ali onde as corporações são mantidas sob controle. Do estudo de Smith sobre a ascensão da economia comercial da Grã-Bretanha do século XVIII depreende-se que a verdadeira iniciativa empresarial mais provavelmente tem raízes locais, é limitada em tamanho e responsável pelos custos que impõe a terceiros. Embora frequentemente citado como inspirador teórico da globalização, Smith ficaria horrorizado com o domínio da corporação ilimitada sobre a vida econômica e política atual, um perigo não apenas para a prosperidade mundial, mas também para a prática da ética social em geral.

A REVOLUCIONÁRIA CORPORATIVA

A aquisição de direitos de preferência e bens imóveis era a segunda natureza das companhias privilegiadas. O que distingue a Companhia das Índias Orientais britânica é o modo como ela adquiriu regiões inteiras e as administrou como propriedades lucrativas. Nesse aspecto, ela não foi a única: a VOC holandesa já havia mostrado, na conquista da Indonésia, como estabelecer o governo corporativo; e foram os franceses os pioneiros, no sul da Índia, da prática da "criação de nababos" que Clive adotaria com tanto sucesso para Bengala. A grande diferença da revolução da John Company foi ter subvertido a ordem comercial que imperava no mundo.

Bengala era a mais rica província de uma das duas grandes economias asiáticas — Índia e China — e se tornou a base da estratégia comercial da Companhia a partir do fim do século XVII. Sua busca

Um Negócio Inacabado   251

por lucro pessoal e corporativo, porém, não se satisfez com a con-
firmação de seus direitos de isenção fiscal pelo famoso *firman* de
1717. Quase imediatamente, seus funcionários em Bengala começaram a usá-la como cobertura para negócios particulares, o que
não apenas violava o termo de compromisso por eles firmado como
implicava evasão fiscal em larga escala, em prejuízo do tesouro de
Bengala. A estrada até Plassey seria marcada pelos reiterados esforços do nababo local para fazer a Companhia respeitar os termos de
seu tratado de comércio. Tanto os executivos da Companhia na
Índia quanto seus diretores em Londres admitiram, durante anos,
que isso era uma "grave irregularidade", mas nada fizeram para
erradicar o problema.* Infringir a lei local era uma prática imensamente lucrativa e profundamente arraigada.

A triunfal conquista de Clive deu à Companhia meios efetivos
para desviar o excedente de Bengala das cortes do imperador mogol
e dos nababos provinciais para as mansões e propriedades rurais da
Grã-Bretanha. A aquisição proporcionou também à Companhia
um trampolim para sua aventura seguinte, na China. Hesitan-
temente a princípio, mas de um modo cada vez mais consistente, a
Companhia assumiu o controle monopolista da produção de ópio
de Bihar e incentivou ativamente seu contrabando para a China
como meio de financiar o próspero comércio do chá. Uma vez mais,
os homens da Companhia na Inglaterra e no estrangeiro tinham
perfeita consciência da ilegalidade de suas ações, mas o prêmio era
simplesmente fabuloso. Quando, finalmente, as autoridades chinesas intervieram para reprimir o tráfico, a diplomacia das canhoneiras foi a resposta unida da Companhia e da Coroa.

O uso persistente e combinado de meios econômicos e políticos
destinados a satisfazer os objetivos financeiros da Companhia está
por trás da quebra desses impérios mundiais. O Império mogol já
estava em declínio na década de 1750. As companhias europeias

---

* Corte de Diretores, 8 de dezembro de 1732, citado em Chaudhury, *From Prosperity
to Decline*, p. 37. (N. T.)

desempenhavam um papel apenas marginal, com territórios limitados às faixas costeiras e um comércio que não somava mais que uma fração do comércio exterior do império. Depois de Plassey, e seguindo-se à transferência da *diwani* em 1765, uma instituição com fins lucrativos foi instalada no coração do regime mogol cambaleante, drenando progressivamente seus recursos e sua influência. A investida pelo controle dos mercados da China demorou um pouco mais para acontecer, e o papel da companhia foi, em todo caso, secundário em relação ao ímpeto imperial do próprio Estado britânico. A impiedosa promoção do ópio pela Companhia foi, porém, alavancada com que se forçou a porta da economia autossustentável da dinastia Qing; a produção industrial de Manchester foi somente o golpe de misericórdia.

Não havia, nas mentes de Robert Clive, Edmund Burke e, muito mais tarde, Karl Marx, qualquer dúvida quanto ao caráter revolucionário das realizações da Companhia. O interminável afluxo das riquezas do Oriente para o ocidente foi, para Clive, motivo de pura satisfação. Burke começou por se regozijar com os sucessos de Clive, mas, ao mergulhar mais profundamente nas práticas da Companhia e aprender como ela, uma entidade comercial, derrubara ilegitimamente a ordem estabelecida na Índia, acabou tomado de profunda consternação. Marx, sempre o dialético, viu a revolução engendrada pela Companhia como uma catástofre humana, mas também como um acicate para a modernização. Nem mesmo a grande simpatia de Burke para com o povo da Índia o ajudaria a perceber plenamente a realidade da dominação imperial.

O GENE IMPERIAL

Nos vinte últimos anos de atividade, a Companhia governou como mero agente do Império britânico. Recuando no tempo, é possível enxergar, na momentosa Lei da Índia de 1784, sua transformação de organização puramente comercial em agente da administração imperial. O negócio imperial — para usar a expressão de Hun Bowen — foi, portanto, crucial para a identidade da Companhia durante pelo menos a última terça parte de sua existência. Todavia, é possível identificar um "gene imperial" influenciando suas ações desde muito antes, em especial na malsucedida cartada de Josiah Child pelo poder na década de 1680. O constante litígio com o Estado a propósito de quem se beneficiaria dos regimes regulatórios e fiscais era inerente à forma corporativa. O que tornava imperial essa tensão era a natureza peculiar dos privilégios da Companhia, que lhe conferiam atributos de Estado soberano em suas tratativas com os poderes estrangeiros. Mais fundamental ainda, contudo, era o perpétuo impulso corporativo para a maximização dos retornos de executivos e investidores, o que poderia ser mais eficazmente alcançado, colocando-se o Estado e a sociedade em papéis subordinados e extraindo-se as riquezas sem responsabilidade — o modo de agir dos impérios no transcurso das eras.

O resultado inevitável foi a maciça drenagem da Índia, objeto de acalorada controvérsia desde que Burke cunhou essa expressão na década de 1780. Dois problemas têm dificultado a análise dos impactos econômicos da Companhia sobre a Índia: as estatísticas e as implicações. A natureza fragmentária da contabilidade corporativa e nacional nos séculos XVIII e XIX torna criticáveis todas as estimativas dos impactos financeiros da Companhia. É preciso também uma boa dose de discernimento para estabelecer o que contabilizar nessa drenagem, que, na sua forma mais ampla, abrangeria o valor do comércio de mão única da Companhia com a Índia e o valor do comércio particular de seus executivos. Apesar das controvérsias, as estimativas dos acadêmicos modernos não diferem substancialmente do 1,2 milhão de libras anuais que Burke calculou em 1783. Na década de 1960, o professor N. K. Sinha sugeriu a cifra um tanto mais elevada de 1,6 milhão de libras em média entre 1757 e 1780, ao passo que Rajat Datta mais recentemente reduziu esse valor a um milhão de libras anuais entre Plassey e 1794.[8] Todos esses valores são, no entanto, provavelmente muito subestimados, dado

254   A Corporação que Mudou o Mundo

que não contabilizam o significativo valor que o monopólio da Companhia lhe proporcionava ao adquirir bens como têxteis e ópio a preços abaixo do mercado e o consequente subsídio assim proporcionado ao comércio com a China. É claro também que a drenagem mudou radicalmente de caráter no século XIX, quando a Companhia parou de comerciar. Para Montgomery Martin, que escreveu em 1838, a transferência média dos trinta anos anteriores teria sido da ordem de 3 milhões de libras, o equivalente a 723.997.917 libras à taxa de juros composta de 12%.[9] Em termos de poder de compra do século XXI, isso representa um tributo bastante superior a 40 bilhões de libras.[10]

A questão mais substantiva é que papéis desempenharam esses fluxos na ascensão da Grã-Bretanha e no declínio da Índia e, subsequentemente, da China. Os contemporâneos foram claros. "Podemos datar o começo do declínio", escreveu Alexander Dow em 1772, "no dia em que Bengala caiu sob o domínio dos estrangeiros".[11] No caso da Grã-Bretanha, há controvérsias sobre o papel da tomada da Índia pela Companhia no financiamento da Revolução Industrial. Para Brooks Adams, que escreveu no fim do século XIX, a coincidência do butim de Bengala com o emprego de novas tecnologias é conclusiva. Sem os recursos da drenagem da Índia, diz Adams, a *spinning jenny*,* a máquina de fiar de Crompton e o motor a vapor de Watts teriam permanecido latentes. "Desde o começo do mundo, talvez", arrematou Adams, "nenhum investimento foi tão lucrativo quanto a pilhagem da Índia."[12] As conclusões de Adams foram amplamente utilizadas pelos nacionalistas indianos na luta pela independência. Historiadores indianos modernos têm sido, porém, mais cautelosos, alegando, por exemplo, ser "muito improvável que essas fortunas particulares tenham constituído um elemento relevante no financiamento da Revolução Industrial".[13]

Para ir ao coração do problema, faz-se necessária uma análise mais fina. Os mercados se movem na margem, e a chave para a questão da drenagem está em seu impacto sobre os padrões relativos

---

* Máquina de fiar primitiva. (N. T.)

de consumo e formação de capital. Na Índia, a drenagem deprimiu o consumo e desviou a já esquálida taxa de poupança, ao mesmo tempo que permitiu à Grã-Bretanha viver acima de seus meios, consumir, comerciar e investir a uma taxa mais alta do que sua economia interna permitiria. O grande segredo da drenagem da Índia não está no suporte dado ao estilo de vida perdulário de uns poucos nababos, mas no fornecimento de mercadorias para um amplo comércio de reexportação de produtos asiáticos para a Europa, Américas e outras partes. O superávit de importações da Companhia com a Ásia subiu de 1,4 milhão de libras em 1770 para 4,8 milhões de libras em 1800. Essa estatística bruta esconde, porém, a verdadeira importância da mudança. De acordo com recente análise de Utsa Patnaik, a drenagem da Ásia cresceu como proporção do Produto Interno Bruto da Grã-Bretanha de 1,7% em 1770 a 3,5% em 1800.[14] E, o que é crucial, a partir de 1800, a drenagem da Ásia começou a se equiparar com a enorme extração de riqueza que a Grã-Bretanha obtivera historicamente com o açúcar de base escravagista nas monoculturas de exportação das Índias Ocidentais. O superávit combinado de 1801 equivaleu a cerca de 86% do total da formação de capital da Grã-Bretanha com poupança interna.[15]

Para Jawarhalal Nehru, o mais forte indicador do impacto negativo da Companhia e do Raj britânico é o fato de que "as regiões da Índia que mais tempo estiveram sob o domínio britânico são hoje as mais pobres", em particular Bengala, Bihar e Orissa.[16] Estimativas especializadas indicam que a renda *per capita* já debilitada da Índia caiu de 540 dólares no ano de Plassey para 520 dólares na eclosão da grande rebelião de 1857; no mesmo período, a renda *per capita* da Grã-Bretanha saltou de 1.424 para 2.717 dólares.[17]

A COMPANHIA DEVE PRESTAR CONTAS

Como observou Edmund Burke, as corporações não são capazes de se autocorrigir. Não há em sua estrutura nada que impeça uma expansão de mercado indefinida ou que as faça abrir mão de

256   A Corporação que Mudou o Mundo

intervenções políticas que distorçam o mercado a seu favor. Na época de Burke — como na nossa —, a criação de mecanismos externos que obrigassem as corporações a prestar contas por conduta irregular era, pois, um imperativo. No entanto, quando a extensa rede de subornos da companhia veio à luz na década de 1690 e o Parlamento tentou destituir o presidente do Conselho Privado, o rei simplesmente o dissolveu. Quando os crimes "mais hediondos" de Clive foram levados à Câmara dos Comuns setenta anos depois, seus malfeitos foram sopesados com sua contribuição para a expansão imperial e ele ficou sem punição. Quando o instituto do *impeachment* foi uma vez mais acionado por Burke para responsabilizar Hastings por suas ações em Bengala, a Câmara dos Lordes o inocentou. À vista das evidentes irregularidades de Hastings, a má condução do caso por parte de Burke torna ainda mais frustrante o resultado.

A Companhia dispunha, é certo, de uma série de regras e compromissos para controlar o comportamento de seus empregados. Passada a corrupção da década de 1690, ela conseguiu encontrar um padrão de conduta razoavelmente ético. Diante, porém, das dádivas que lhe caíram do céu da Índia, esse controle simplesmente se dissolveu num frenesi de cobiça. A proibição de receber propinas de 1764 foi insuficiente e tardia. Lawrence Sulivan bem que tentou dominar os aspectos mais extremos do aventureirismo de Clive, mas, ao se ver desesperadamente necessitado de dinheiro na década de 1770, não hesitou em enviar seu filho, Stephen, a Bengala para reconstruir a fortuna da família com ópio e contratos. O poder de monopólio, advertiu Adam Smith, prejudica o mercado e propicia a negligência administrativa. Além de perdas econômicas para consumidores ingleses e produtores indianos, as práticas da Companhia resultaram em perturbação social e corrosão da esfera pública. A fome de Bengala de 1770 ainda assombra os séculos como um terrível alerta de até onde pode ir a negligência corporativa. Em 1877, mais de um século depois do ocorrido, George Chesney, um funcionário do Indian Office, admitiu que a fome de Bengala havia causado uma "devastação [...] cujas marcas ainda não se apagaram de todo".[18]

Para Burke, a única forma de acabar com essa impunidade era reformar a Carta da Companhia de modo que a obrigasse a prestar contas de seus feitos. Discursando no Parlamento em defesa de sua Lei da Índia de dezembro de 1783, Burke fez uma clara distinção entre direitos políticos e comerciais. A "Magna Carta* existe para conter o poder e destruir o monopólio"; mas "a Carta das Índias Orientais existe para criar o monopólio e gerar poder". Burke acreditava ter fortes argumentos para tornar a Companhia e seus executivos responsáveis por seus atos: "Eles próprios são responsáveis — sua organização como organização corporativa, eles próprios como indivíduos —, e todo o corpo e seu séquito de funcionários são responsáveis pela elevada justiça deste reino." Para Burke, a concessão de uma Carta corporativa trazia consigo obrigações intrínsecas, dado que "este país jamais atribuiu poder sem impor responsabilidades proporcionais".[19] No entanto, a apaixonada retórica de Burke não bastou para que esses princípios de lei natural sobrepujassem os interesses estabelecidos e o orgulho imperial dominantes na Grã-Bretanha do século XVIII.

Durante séculos, os Estados promoveram os interesses imperiais dos monarcas contra os próprios e outros povos. Reformas e revoluções impuseram aos Estados limitações internas por meio de Constituições e externas por meio do Direito Internacional, e os incumbiram de promover o interesse público no âmbito da comunidade de nações. Hoje é patente que, quando um Estado age de maneira imperial — promovendo interesses próprios à custa de outros Estados —, está violando regras de comportamento estabelecidas. O fervor da oposição internacional à invasão do Iraque pelos Estados Unidos e Grã-Bretanha em 2003 foi em boa medida derivado da certeza de que aquela ação constituía uma flagrante violação de padrões éticos e legais amplamente consolidados.

E, o que é surpreendente, esse processo de democratização passou pelos portões da corporação. Assim como o Estado foi domado

---

* Documento de 1215 que limitou o poder dos monarcas da Inglaterra. (N. T.)

258   A Corporação que Mudou o Mundo

por meio da democracia e da lei, as corporações precisam ser ressintonizadas para trabalhar em harmonia com o restante da sociedade. "Não foi preciso jogar fora o governo para acabar com a monarquia", diz Marjorie Kelly, autora de trabalhos sobre ética de negócios, "em vez disso, nós mudamos as bases da soberania sobre as quais se apoiava o governo."[20] Para tanto, a história da Companhia contém fragmentos de esperança, princípios que podem ser trazidos à nossa época — notadamente a análise de Smith sobre o problema da ação corporativa e sua propensão monopolista, e o duplo reconhecimento de Burke de que todos os povos têm iguais direitos à justiça, independentemente de suas culturas, e de que as corporações são instituições públicas responsáveis perante o Parlamento.

ENXERTANDO O GENE DA ÉTICA

A teoria e a prática nos ensinam que as condições sob as quais a corporação pode contribuir para o bem-estar humano são claras e precisas. Primeiro, seu poder de mercado e sua influência política têm de ser limitados. Se ela tiver um grau excessivo de controle do mercado, negará o direito de escolha e inevitavelmente usará sua posição para restringir as oportunidades alheias, pressionar fornecedores e extorquir consumidores. Além disso, se vier a se tornar uma força política poderosa, tenderá a burlar as regulações para desfrutar de proteção e subsídios públicos injustificados. Segundo, regras estritas são necessárias para assegurar que gestores e investidores não usem a corporação como instrumento de seus interesses de curto prazo à custa de outros. Finalmente, devem-se estabelecer regimes jurídicos claros e aplicáveis para responsabilizar a corporação por danos à sociedade e ao ambiente. As soluções legais devem ser acessíveis e eficazes no sentido de nivelar o campo de jogo entre indivíduos e instituição.

Para que as energias criativas do empreendimento se realizem, é preciso restabelecer a ética da confiança entre a corporação e a sociedade. O problema é como codificar a conduta ética na estrutura corporativa. Defensores da reforma corporativa geralmente se concentram na adoção de regulações que ataquem questões específicas como segurança no trabalho, igualdade de oportunidades e gestão ambiental. Outros consideram a propriedade estatal como solução para o abuso de poder corporativo, na contramão dos processos de privatização que vêm ocorrendo em todo o mundo. Contudo, a busca inerente do autointeresse institucional e individual — base do modelo britânico e norte-americano — tem sido deixada intocada no direito corporativo. Como que cegados de admiração pelo poder imperial das corporações, os políticos vêm não apenas ampliando os direitos legais da empresa moderna como também privando deliberadamente o Estado de seus poderes compensatórios. Sob muitos aspectos, a economia global vive atualmente o pior de dois mundos: eliminam-se os controles governamentais sobre a atividade econômica sem que se criem freios compensatórios ao poder das corporações.

Em muitos países, entre os quais a Grã-Bretanha e a Índia, até hoje os diretores das grandes empresas só prestam contas aos acionistas. A despeito das boas intenções de muitos executivos, esse imperativo legal tem efeitos profundamente nocivos sobre o enfoque das companhias a suas responsabilidades sociais. Na maioria dos casos, responsabilidade corporativa é apenas uma expressão alternativa para autointeresse ilustrado — a ideia de que a boa conduta para com clientes, reguladores e comunidades ajuda a gerar a "licença para operar". O problema surge, porém, quando há conflito de interesses entre a companhia e a sociedade. Em tal circunstância, a responsabilidade corporativa desliza para as sombras e reafirma-se a supremacia dos valores dos acionistas. Tampouco existem códigos ou regulamentos que obriguem os acionistas a limitar suas expectativas de retorno ao marco do respeito pelos interesses de longo prazo da empresa e dos direitos de terceiros. Como disse com total propriedade Adam Smith, são necessárias medidas especiais para trazer mais "dignidade e firmeza" à conduta de executivos e investidores.

260   A Corporação que Mudou o Mundo

Um aspecto crucial desse esforço é o reequilíbrio dos direitos e privilégios corporativos, de tal modo que a atual proteção da responsabilidade limitada não sirva para eximir executivos e investidores das consequências de seus atos. Para um dos pioneiros do investimento socialmente responsável no Reino Unido, a questão é clara: "A sociedade dá às companhias o privilégio da responsabilidade limitada; a tal privilégio deveria estar associada a responsabilidade social".[21] Para que isso aconteça, há que inserir-se um "gene ético" na legislação corporativa. A primeira regra ética é "não causar dano algum". Para que ela seja cumprida no âmbito corporativo, é preciso obrigar legalmente os diretores a cuidar para que suas ações não prejudiquem a sociedade nem o ambiente; paralelamente, é preciso obrigar os investidores a cuidar para que suas demandas de retorno financeiro não causem dano algum. Lucrem por quaisquer meios, mas não à custa de outros.

Ações nesse sentido já estão em curso. Depois de anos de consultas, a legislação corporativa britânica vem sendo atualizada, de maneira a obrigar os diretores a "observar os interesses dos empregados" e "levar em conta os impactos sobre a comunidade e o ambiente". Isso confere aos diretores uma "obrigação de pensar", mas não uma "obrigação de agir". A coalizão Corporate Responsibility (CORE) diz que é preciso aperfeiçoar a legislação no sentido de obrigar os diretores a não apenas considerar os impactos negativos sobre terceiros interessados, mas também a tomar medidas para reduzir e eliminar esses ônus.[22] Criar um marco legal é apenas o primeiro passo. As companhias precisariam rever suas operações para se ajustar às novas leis. Poder-se-iam prever prazos de transição para a transferência das indústrias danosas àquelas que realmente agregam valor por meio de seus produtos e processos. Finalmente, a essas obrigações estatutárias deveriam corresponder sanções claras e dissuasórias, entre elas a cassação do alvará da empresa por irregularidade grave. Como falou Burke há mais de duzentos anos, "irregularidade comprovada é quebra de contrato".

Por meio dessas mudanças simples, porém profundas, no código genético da corporação, sua dinâmica interna seria redesenhada para ajustar-se às obrigações sociais. Os acionistas tomariam consciência das implicações mais amplas de seus investimentos, estimulando-se a busca por companhias que assumam um enfoque pró-ativo de redução dos impactos negativos sobre terceiros. Não somente as corporações, o próprio capital começaria a se tornar responsável.

ENXUGANDO A CORPORAÇÃO[23]

A escala corporativa serve para ampliar problemas de comportamento subjacentes. Quando pequena, o dano que a Companhia podia infligir era relativamente limitado. Quando cresceu a ponto de dominar mercados e territórios inteiros, seu potencial de causar danos cresceu proporcionalmente. Raras corporações do século XXI desfrutam do monopólio concedido por Carta que a Companhia das Índias Orientais tanto se empenhou em conservar. Resta, no entanto, pouca dúvida de que o duplo foco da corporação na "ampliação do mercado e restrição da concorrência", observado por Smith, continua a prevalecer. Tragicamente, a desregulação global não se fez acompanhar de políticas antitruste e pró-concorrência, razão pela qual a concentração de mercados-chave vem atingindo níveis economicamente destrutivos e politicamente perigosos. O ímpeto monopolista da corporação contemporânea é premiado por seus investidores, que, de olho nos sobrelucros, dão preferência às firmas que criam fortes "barreiras ao ingresso" de concorrentes no mercado e demonstram maior "poder de determinar preços".

Setor após setor — bancos, energia, processamento e varejo de alimentos, mídia e telecomunicações —, a busca impiedosa por lucros está levando as companhias a acabar com a concorrência por meio de fusões e aquisições. A indústria global da comunicação de massa é um bom exemplo. No começo da década de 1980, o mercado norte-americano era dominado por cinquenta empresas; na virada do milênio, já eram menos de dez. Discursando no

Dia Mundial da Liberdade de Imprensa de 2002, o presidente tcheco Vaclav Havel declarou: "Daqui a cinquenta anos, o processo de globalização talvez seja a maior ameaça à liberdade de expressão."[24] A privatização e a desregulamentação têm contribuído de maneira perversa para essa tendência. Um recente estudo sobre o setor de energia europeu concluiu que "a concentração de mercado na área de geração de energia deve ser vista como uma ameaça aos mercados equitativos, competitivos e sustentáveis".[25] Da mesma forma como a Companhia das Índias Orientais monopolizava a produção têxtil da Índia para forçar a baixa de preços e exercer maior controle, muitas das grandes cadeias de *commodities* de hoje se tornaram altamente concentradas, gerando fortes pressões baixistas sobre os preços de bens exportados pelos países em desenvolvimento. Três companhias controlam 45% de toda a torrefação mundial de café, por exemplo, enquanto quatro respondem por 40% da moagem de cacau.[26] A diversidade vem encolhendo drasticamente no setor varejista global, em que as 30 maiores empresas respondem por cerca de um terço de todas as vendas de produtos alimentícios. Essa concentração varejista ajuda a explicar por que sucessivas rodadas de liberalização no comércio em nada contribuíram para a prosperidade dos países pobres. Como concluiu Jean Ziegler para a Comissão de Direitos Humanos da Organização das Nações Unidas (ONU) no começo de 2004, "os mercados globais de *commodities* estão cada vez mais dominados por umas poucas corporações transnacionais globais que têm o poder de impor baixos preços aos produtores e altos preços aos consumidores, assim aumentando suas margens de lucro".[27] A grande drenagem está em curso uma vez mais. Os supermercados empregam seu poder de mercado para "drenar a riqueza das comunidades agrícolas e pequenos produtores marginalizados".[28] Além disso, como ficou demonstrado pelas relações da Companhia com os Estados europeus e asiáticos, o poder corporativo é um problema político, tanto quanto econômico.

Seja na forma de acordos comerciais que distorcem o desenvolvimento a favor dos interesses corporativos, seja na forma de sucessivas reduções da parcela dos impostos recolhidos pelas corporações (proporção que caiu à metade nos Estados Unidos desde a década de 1950), a imensa sombra da Companhia das Índias Orientais paira sobre um processo de globalização que tantos de seus defensores afirmam ser novo no mundo.[29]

As políticas antitruste e pró-concorrência, supostamente concebidas para enfrentar tais ameaças à diversidade do mercado, vêm fracassando amplamente em seu intuito de "agir sobre a concentração da atividade econômica".[30] Mesmo violando os princípios da teoria neoclássica, o domínio do mercado por umas poucas grandes empresas (oligopólio) tem sido uma prática cada vez mais aceita em todo o mundo. Escrevendo na década de 1970, John Kenneth Galbraith admitiu um tanto desesperadamente que "o rei Canuto vê com a máxima compreensão e simpatia aqueles que administram as nossas leis antitruste".[31] Desde então, trinta anos de privatização, desregulação e liberalização do comércio desfizeram muitos desses modestos ganhos e criaram novas combinações globais para substituir os paladinos nacionais de épocas passadas. O resultado é uma crise de controle a exigir uma potente abordagem global antitruste como a que inspirou os reformadores do século passado. Além de economicamente urgente, essa abordagem global antitruste aponta também para uma poderosa nova aliança entre aqueles que defendem os mercados abertos e aqueles que almejam conter o poder corporativo.

Na visão econômica de Adam Smith, as corporações monopolistas eram "flagelos em todos os sentidos". Uma ação urgente é necessária para reverter o processo de concentração corporativa. Investigações antitruste direcionadas e globais são necessárias para restabelecer o equilíbrio, por exemplo, nas cadeias de *commodities* altamente concentradas das quais dependem os países em desenvolvimento. Essas investigações podem ajudar a construir o mandato para a criação de uma autoridade concorrencial global encarregada de romper os cartéis e as combinações de poder corporativo mais danosos. Um aspecto muito importante é que essa autoridade

264   A Corporação que Mudou o Mundo

teria de ser totalmente independente da Organização Mundial do Comércio. É preciso também intensificar as ações no âmbito nacional, com a aplicação do princípio do "fica tudo como está" para impedir futuras concentrações corporativas e do princípio da "reversão" para abrir os mercados, visando, mais uma vez, ao florescimento da diversidade econômica.

A LEI DE RAFAEL

A ausência de uma autoridade concorrencial mundial é, decerto, uma grande lacuna na arquitetura da governança global, mas não a única. Como demonstrado pela luta de Burke contra a impunidade de Hastings e outros, a responsabilização legal das corporações e seus executivos é outro elemento essencial de uma ordem internacional eficaz. Hoje, como no passado, os direitos humanos são universais e sujeitos ao regime da lei, independentemente de apelos a circunstâncias especiais e à "moral geográfica". Ainda que as vitórias judiciais contra violações dos direitos humanos fossem raras na época do Iluminismo, como são, infelizmente, ainda hoje, a momentosa condenação do governador da Companhia em Bengala, Harry Verelst, a indenizar George Cojamaul e Johannes Rafael por perdas e danos demonstra que o princípio da responsabilidade extraterritorial já foi há muito estabelecido, pelo menos no sistema judicial britânico.

Vem da mesma época um instrumento que tem permitido a vítimas de abusos corporativos pedir reparações cíveis. Em 1789, a recém-criada República norte-americana aprovou a Lei de Indenizações por Agravos no Estrangeiro (Alien Tort Claims Act — ATCA) para permitir que estrangeiros trouxessem violações da lei internacional a julgamento nos tribunais do país.[32] Concebida para combater o flagelo da pirataria, a ATCA foi recuperada pelos juristas no fim da década de 1970 para trazer acusados de violações internacionais dos direitos humanos às barras da justiça norte-americana. Em 1979, Dolly Filartiga venceu um julgamento memorável em Nova York contra o inspetor de polícia que comandara a tortura e assassinato de seu irmão no Paraguai. Resumindo a sentença, o juiz Irving Kaufman disse que "o torturador se tornou — como antes dele o pirata e o mercador de escravos — *hostis humanis generis*, um inimigo da humanidade". Subsequentemente, Ferdinand Marcos, ex-ditador das Filipinas, e Radovan Karadzic, da recém-criada República Sérvia da Bósnia, foram acusados com base na ATCA. Desde meados da década de 1990, o uso da ATCA tem se expandido para tratar da cumplicidade das corporações norte-americanas e outras com violações dos direitos humanos em todo o mundo em desenvolvimento. Cerca de duas dúzias de ações, envolvendo a Chevron e a Shell na Nigéria, a Exxon e a Freeport na Indonésia e a Unocal em Burma, foram ajuizadas nos tribunais dos Estados Unidos por indivíduos e comunidades que se dizem vítimas de assassinato, tortura, prisão arbitrária e trabalhos forçados.

Assim como Cojamaul e Rafael enfrentaram imensos obstáculos legais para obter justiça na década de 1770, as vítimas de hoje lutaram penosamente para obter reconhecimento nos tribunais. Cerca de metade dos casos contra corporações com base na ATCA foram rejeitados. Um grande avanço se deu quando, em dezembro de 2004, a Unocal chegou a um acordo extrajudicial com quinze reclamantes birmaneses em um processo de oito anos com base na ATCA. Os reclamantes alegaram que a empresa de energia Unocal, sediada na Califórnia, fora cúmplice de trabalhos forçados, estupros e assassinatos cometidos por militares birmaneses durante a construção do gasoduto de Yadana, que liga a antiga Birmânia (atual Mianmar) à Tailândia. Apesar da natureza extrajudicial do acordo, vários precedentes legais importantes já haviam sido estabelecidos, demonstrando que as corporações podem ser judicialmente responsabilizadas nos Estados Unidos por instigar e ajudar violações dos direitos humanos por parte de regimes estrangeiros opressivos.[33] O caso Unocal lança luzes também sobre os limites

266   A Corporação que Mudou o Mundo

dos atuais mecanismos internacionais de responsabilização corporativa. Da mesma forma como na Londres de 1770, os armênios só conseguiram reparações financeiras pelas ações de Verelst, a ATCA só envolve o Direito Civil, deixando à margem a frequente necessidade de processos criminais por violações corporativas. Além disso, até mesmo essa modesta conquista foi ameaçada pelo governo Bush em seu afã de livrar as empresas de quaisquer formas de reparação por crimes cometidos no estrangeiro.

O caso de Cojamaul e Rafael é uma boa fonte de inspiração em face dessa última tentativa de livrar as corporações do alcance da lei. Os instrumentos jurídicos devem ser tão internacionais quanto os negócios. É preciso clarificar a responsabilidade das corporações pelos danos que causam e facilitar o acesso das pessoas à justiça. É preciso que todos os países, Índia e Grã-Bretanha incluídos, coloquem à disposição dos afetados pelas corporações recursos jurídicos eficazes que lhes permitam acioná-las, no lugar de registro da empresa como nos tribunais internacionais. A perspectiva realista da ação judicial para punir irregularidades — onde quer que elas ocorram — seria um poderoso meio de dissuasão e um incentivo às empresas a adotar práticas responsáveis e políticas preventivas.

O CARMA CORPORATIVO

Nas páginas finais de seu livro *A descoberta da Índia*, Nehru abordou as consequências de duzentos anos de domínio da Índia pela Inglaterra como carma, a lei hindu de causa e efeito. "Enredados nessa herança do passado", escreveu ele em sua cela no Forte Ahmadnagar em 1944, "temos lutado em vão para nos libertar e começar de novo sobre novas bases".[34] A independência era, evidentemente, o indispensável ponto de partida para a libertação, mas precisava ser complementada por medidas que tratassem das amargas lições do império. Para Edward Thompson, amigo de Nehru e defensor da independência, a Inglaterra precisava expiar (*prayaschitta*) — mais do que tudo pelas barbaridades que se seguiram à rebelião de 1857-8 — para que as relações entre os dois países pudessem florescer.[35] Na época, esse era um passo muito grande. Hoje, a uma distância maior dos acontecimentos, talvez seja possível um sincero ajuste de contas cultural que permita a ambas as sociedades "começar de novo".

O primeiro passo da expiação é a confissão, que, no caso da Companhia das Índias Orientais — como de outras corporações históricas —, requer visibilidade. As práticas da Companhia, seu legado e sua dívida histórica precisam ser trazidos à luz. Seus vestígios materiais podem ser pontos de partida de um vigoroso programa de desafio e interpretação, desde que não limitado a debates superficiais — como o de se a estátua de Clyde deveria ou não permanecer na calçada do Ministério das Relações Exteriores (embora pudesse ser uma boa ideia substituí-la pela do paladino chinês da luta contra o ópio, o comissário Lin). A questão mais importante é a de como os vestígios da Companhia poderiam se tornar símbolos vivos de renovação. Em Kolkata, a Belvedere, mansão de Hastings e cenário de seu duelo com Francis, hoje abriga a Biblioteca Nacional da Índia; em Londres, a mansão de um ex-diretor da Companhia foi convertida em uma fundação educacional muçulmana. Ainda mais inspiradora, quem sabe, foi a transformação da antiga capela da Companhia, em Poplar, em um centro social das diversas comunidades das Docklands de Londres.

Há, também, crescentes sinais do interesse público em um ajuste de contas histórico com a Companhia das Índias Orientais. Nos anos recentes, venho colaborando com o grupo artístico e ambiental londrino Platform em um programa de atividades destinado a revelar a história oculta da Companhia e traçar seus vínculos com as atividades corporativas contemporâneas. As caminhadas guiadas promovidas pelo grupo aos lugares onde ficavam a sede, os armazéns e as docas da Companhia vêm estimulando um amplo debate público. Apoiada no sucesso dessa iniciativa, a Platform lançou o projeto de criação do Museu da Corporação, que se propõe a ser um centro de reflexão pública sobre esta que é a mais poderosa instituição de nossa época.[36] Projetado para informar e despertar a curiosidade, o museu poderia combinar exposições com atividades educativas e outras destinadas a esclarecer o público sobre as forças e fraquezas das corporações e o papel que elas desempenham em suas vidas. Conectado a uma rede de instituições irmãs de todo o planeta e combinando elementos materiais com o melhor da mídia eletrônica, o museu cobriria toda a história das corporações mostrando as continuidades e rupturas entre as empresas contemporâneas e as pioneiras como a Companhia das Índias Orientais. O museu londrino poderia ser sediado em um dos antigos armazéns da Companhia, como o Cutlers Gardens, parte do qual foi destinada ao uso público no âmbito do plano de redesenvolvimento da década de 1970. Na Índia, a antiga residência de Clive em Dum-Dum, Kolkata, seria um lugar de reflexão com igual peso simbólico.

É preciso também mudar a visão distorcida da Companhia veiculada pelos museus existentes, cheios de artefatos maravilhosos, mas quase sempre mudos em suas vitrines. A necessidade de novas formas de mostrar o passado da Companhia ficou clara na exposição "Encounters", do Museu Victoria and Albert, em Londres, no fim de 2004, que retratou como mutuamente benéfico e fascinante o intercâmbio econômico e estético entre a Europa e a Ásia no período 1500-1800. Parecia haver pouco interesse em examinar, por trás dos suntuosos objetos em exposição, as realidades humanas, o conteúdo do comércio e sua condução. Uma simples túnica neoclássica, por exemplo, poderia ter contado uma história mais profunda e mais trágica. Feita de musselina bengali, mais provavelmente em Daca, por volta de 1800, a túnica à primeira vista era apenas uma bela vestimenta. Nenhuma referência havia, porém, ao fato de que essa túnica era um objeto em extinção, produto de uma indústria prestes a ser eliminada pela tecnologia, pelas barreiras alfandegárias e pela administração imperial da Companhia. Meros dezoito anos depois de sua confecção, a Companhia fechou sua feitoria em Daca e suspendeu todas as importações de musselina indiana.

Um simples olhar sobre esse e outros artefatos através das lentes da cultura não é suficiente para apreender toda a história.

FLORESCIMENTOS FUTUROS

Para que haja esperança de um futuro auspicioso, é preciso enfrentar o papel da Companhia no passado comum da Europa e Ásia. Para o escritor Ben Okri, "os países e povos são, em ampla medida, as histórias que eles próprios alimentam", e "os que contarem mentiras para si mesmos sofrerão suas consequências futuras". Por outro lado, prossegue Okri, "os povos que contarem a si mesmos histórias que enfrentem suas próprias verdades libertarão suas histórias para florescimentos futuros".[37] É na perspectiva desses "florescimentos futuros" que a Companhia das Índias Orientais tem de ser examinada no século XXI.

A história da Companhia das Índias Orientais é, em última análise, uma tragédia. É a história de uma instituição que gerou imensas riquezas, mas também grandes males, uma instituição condenada, em última instância, pelas imperfeições de seu desenho corporativo. Essa história tem muito a ensinar ao século XXI sobre os perigos do poder corporativo ilimitado e sobre a inquebrantável capacidade dos povos de exigir justiça. Quanto mais cresce o interesse pela relevância da Companhia para o mundo de hoje, mais tardio se faz o acerto de contas. Uma confrontação honesta com as origens corporativas da Era Moderna pode tanto ajudar a iluminar nossa história quanto estimular novas ações para alinhar as corporações ao interesse público.

Conhecendo a história da Companhia, nossa obrigação é lembrar e, em seguida, agir. Foi isso que motivou aqueles que, como Edmund Burke, defenderam a causa da justiça no século XVIII sem nenhuma expectativa de recompensa pessoal ou mesmo de sucesso. No fim da vida, Burke escreveu a seu jovem amigo e testamenteiro literário, French Laurence, para lhe dizer o que ainda valorizava em sua longa carreira política e literária. Burke, hoje conhecido por sua defesa conservadora da hierarquia social durante a Revolução Francesa, disse a Laurence que tudo devia ser esquecido, com exceção de seu trabalho para fazer justiça à Índia. Ardendo de indignação uma vez mais, ele condenou o fato de a Companhia ter transformado suas relações com a Índia em "nada mais que uma oportunidade de satisfazer seus mais baixos propósitos, suas mais baixas paixões". Ao contrário de Macaulay, com seu feroz desprezo por tudo o que era asiático, Burke continuou a lutar pela igualdade ética entre Oriente e Ocidente — violada pela aquisição e subsequente opressão da Índia pela Companhia. O enorme déficit moral resultante é também europeu. "Se a Europa um dia recuperar sua civilização", concluiu Burke, sua "obra terá sido útil". Convocando sua geração e as vindouras para enfrentar a plena realidade da Companhia das Índias Orientais, Burke clama do remoto século XVIII: "Lembrai-vos! Lembrai-vos! Lembrai-vos!"[38]

Notas

INTRODUÇÃO

1. Edmund Burke, Discurso ao Parlamento, 1º de dezembro de 1783.
2. Karl Marx. "The British Rule in India". *New York Daily Tribune*, 25 de junho de 1853.

CAPÍTULO 1: A FERIDA OCULTA

1. Edward Edwards. *Anecdotes of Painters*, citado em William Foster, *Catalogue of Paintings, Statues etc. in the India Office*. Londres, 1921, p. 57.
2. As interpretações do deus-rio divergem entre o Tâmisa e o Ganges.
3. Ver Kees Zandvliet. *The Dutch Encounter with Asia, 1600-1650*. Amsterdã: Rijksmuseum, 2002.
4. Usando o índice de preços no varejo, "em 2002, 2.500 mil libras de 1757 valem 232.673.621 libras e 234 mil libras de 1757 valem 21.778.251 libras". Ver http://www.eh.net [última consulta em 30/10/05].
5. Alexander Dow. *History of Hindostan*, 1773, citado em Sushil Chaudhury. *The Prelude to Empire: Plassey Revolution of 1757*. Nova Délhi: Manohar, 2000, p. 18.
6. Nono Relatório do Comitê Especial, julho de 1873, em P.J. Marshall, org. *Writings and Speeches of Edmund Burke*, vol. V, Oxford: Clarendon Press, 1981, p. 232.

272   A Corporação que Mudou o Mundo

7. Adam Smith. *Inquiry into the Wealth of Nations*, livro I, capítulo VIII, Nova York: The Modern Library, 1994 [1776], p. 84.

8. "To the Tradesmen and Mechanics of Pennsylvania", 4 de dezembro de 1773.

9. Nono Relatório, em Marshall, *Writings and Speeches of Edmund Burke*, vol. V, p. 226.

10. Lawrence Norfolk. *Lemprière's Dictionary*. Londres: Minerva, 1996.

11. John Keay. *The Honourable Company*. Londres: HarperCollins, 1993, p. 219.

12. James Noorthouck. *New History of London*, citado em William Foster, *The East India House*. Londres, 1924, p. 133.

13. Citado em Anthony Sampson. *Company Man: The Rise and Fall of Corporate Life*. Londres: HarperCollins, 1996, p. 21.

14. Olwen Campbell. *Thomas Love Peacock*. Londres: Arthur Barker, 1953, p. 54.

15. Antes da construção do novo edifício, havia uma placa com a inscrição: "Lugar da Casa das Índias Orientais, 1726-1861."

16. Romesh Chunder Dutt. *The Economic History of India under Early British Rule, 1757-1837*. Londres: Kegan Paul, Trench, Trubner & Co., 1908, p. xii.

17. Jawaharlal Nehru. *The Discovery of India*. Londres: Meridian Books, 1946, p. 248.

18. Gurcharan Das. *India Unbound*. Nova Délhi: Penguin India, 2002.

19. Citado em "Enron's Abuse of Power", *Multinational Monitor*, vol. 18, n. 9, setembro de 1997.

20. Arundhati Roy. *The Algebra of Infinite Justice*. Londres: Flamingo, 2002, p. 146.

21. Sandip Roy, "Enron in India: The Giant's First Fall". Pacific News Service, 8 de fevereiro de 2002.

22. Ver *Rediff Business Special*, 26 de maio de 2000 ou *Tehelka*, 14 de fevereiro de 2004.

23. Sowmya Sundar e Suresh Krishnamurthy. "Foreigners hold 30pc shares in nifty cos". *Business Line*, 28 de março de 2004.

24. Arvind Virmani. "Economic Reforms: Policy and Institutions — Some Lessons from Indian Reforms": ICRIER, Nova Délhi, janeiro de 2004.

25. Ver o discurso de Shri Shankar Roy Chowdhury sobre a reforma de patentes, debates de Rajya Sabha, 23 de março de 2005.

Notas 273

26. Patrick Gillam e Mervyn Davies, Prefácio do Patrocinador em Antony Farrington. *Trading Places*. Londres: Biblioteca Britânica, 2002.
27. Rod Eddington. "Only the world's favourite empires last", *Financial Times*, 14 de julho de 2003.
28. Ver http://www.theeastindicacompany.com. Acesso em 23/2/2001.
29. Ver http://www.metrojayaonline.com.
30. William Dalrymple, citado em Archie Baron. *An Indian Affair*. Londres: Channel 4 Books, 2001, p. 110.
31. William Dalrymple. *White Mughals*. Londres: HarperCollins, 2003, p. 501.
32. Ver Baron. *An Indian Affair*.
33. Ver http://www.thetruthabouttradingplaces.org.uk [última referência em 24/6/2002].
34. *Gentleman's Magazine*, março de 1767, pp. 100-1.
35. *Gentleman's Magazine*, abril de 1767, p. 152.
36. Nehru. *The Discovery of India*, p. 226.
37. Richard Clarke. "The Nabob" (1773), citado em *Arenas of Asiatic Plunder*, Jack P. Greene, 2003, ver http://www.uga.edu/colonialseminar/AsiaticPlunders.pdf [última referência em 24/10/2005].

CAPÍTULO 2: A COMPANHIA IMPERIAL

1. Citado em Rozina Visram. *Asians in Britain: 400 Years of History*. Londres: Pluto Press, 2002, p. 19.
2. Thomas Babington Macaulay. *A History of England in the 18th Century* [1849]. Londres: Folio Society, 1980, p. 183.
3. Kirti N. Chaudhuri. *The Trading World of Asia and the East India Company 1660-1760*. Cambridge: Cambridge University Press, 1978, p. 21.
4. Fernand Braudel. *Civilization and Capitalism*, vol. 2: *The Wheels of Commerce*. Londres: Collins, 1982, p. 436.
5. Ver Ron Harris. *Institutional Innovations: Theories of the Firm and the Formation of the East India Company*, Berkeley Program in Law and Economics Working Paper n. 161, 2004, p. 49.
6. Philip Lawson. *The East India Company*. Londres: Longman, 1993, p. 21.
7. *Gentleman's Magazine*, julho de 1767, p. 348.
8. Thomas Friedman. *New York Times*, 28 de março de 1999.

274   A Corporação que Mudou o Mundo

9. Chaudhuri. *The Trading World of Asia and the East India Company 1660-1760*, p. 13.

10. Citado em Huw Bowen. *Revenue and Reform*. Cambridge: Cambridge University Press, 1991, p. 39.

11. Ver Santhi Hejeebu. "Contract Enforcement in the English East India Company", Cornell College, julho de 2004/ também em *Journal of Economic History*, vol. 65, n. 2, 2005, pp. 1-27.

12. Ver Ann M. Carlos; Stephen Nicholas. "Giants of an Earlier Capitalism: The Chartered Trading Companies as Modern Multinational Corporations", *Business History Review*, vol. 62, n. 3, outono de 1988.

13. Timothy Alborn. *Conceiving Companies*. Londres: Routledge, 1998, p. 2.

14. Adam Smith. *Inquiry into the Wealth of Nations*, livro IV, capítulo VIII, pp. 692-3.

15. Ibid., livro IV, capítulo III, p. 527.

16. George Miller. "Everyday Low Wages", Câmara de Representantes dos Estados Unidos, 16 de fevereiro de 2004.

17. Centro para a Ética Comunitária e Corporativa, *Wal-Mart Watch Annual Report 2005*, http://www.walmartwatch.com.

18. Frank Partnoy. *Infectious Greed; How Deceit and Risk Corrupted the Financial Markets*. Londres: Profile Books, 2004, p. 4.

19. William Bolts. *Considerations on Indian Affairs* [1772], in *The East India Company: 1600-1858*, ed. Patrick Tuck. Londres: Routledge, 1998, pp. iv-v.

20. Anistia Internacional. *Clouds of Injustice — Bhopal disaster 20 years on*. Londres: Amnesty International Publications, 2004.

21. *Gentleman's Magazine*, abril de 1767, p. 152.

22. P.J. Marshall. *Problems of Empire: Britain and India 1757-1813*. Londres: George Allen & Unwin, 1968, p. 17.

23. Karl Marx. "The Government of India", *New York Tribune*, 20 de julho de 1853.

CAPÍTULO 3: SAINDO DAS SOMBRAS

1. Willke Jeeninga. *The East Indies House and St. Jorishof*. Utrecht: Wanders Uitgevers, 1995.

2. Els M. Jacobs. *In Pursuit of Pepper and Tea, The Story of the Dutch East India Company*. Amsterdã: Netherlands Maritime Museum, 1991, p. 16.

3. Jeeninga. *The East Indies House and St. Jorishof*, p. 38.
4. David Landes. *The Wealth and Poverty of Nations*. Londres: Little, Brown & Company, 1998, p. 143.
5. Henry Hobhouse. *Seeds of Change: Six Plants that Transformed Mankind*. Londres: Papermac, 1999, p. xiii.
6. Holden Furber. "Rival Empires of Trade 1600-1800", em *Maritime India*. Nova Délhi: Oxford University Press, 2004 [1976], p. 231.
7. Richard Hall. *Empires of the Monsoon*. Londres: HarperCollins, 1996, p. 172.
8. Hall, ibid., p. 190, cita a justificativa de João de Barros para essa política: "É verdade que existe um direito comum de todos navegarem os mares, e na Europa nós reconhecemos o direito que outros detêm contra nós, mas esse direito não se estende além da Europa, e por conseguinte os portugueses estão justificados, pela força de suas frotas, ao obrigar todos os mouros a obter salvo-condutos sob pena de confisco ou morte. Os mouros e gentios estão fora da lei de Jesus Cristo, que é a verdadeira lei que todos devem observar sob pena de danação ao fogo eterno. Se a alma é tão condenada, que direito tem o corpo aos privilégios das nossas leis?"
9. Descrito por Gaspar Correa em *The Three Voyages of Vasco da Gama* e citado em Hall. *Empires of the Monsoon*, p. 198.
10. Citado em Om Prakash. *European Commercial Enterprise in Pre-Colonial India*. Nova Délhi: Cambridge University Press, 2000, p. 139.
11. Ibid., p. 48.
12. William Logan. *Malabar Manual*. Nova Délhi: Asian Educational Services, 2000, p. 308.
13. Giles Milton. *Nathaniel's Nutmeg*. Londres: Hodder & Stoughton, 1999, p. 70.
14. Citado em Furber. "Rival Empires of Trade 1600-1800", p. 32.
15. Logan. *Malabar Manual*, p. 70.
16. Ver Ramkrishna Mukherjee. *The Rise and Fall of the East India Company*. Nova York: Monthly Review Press, 1974, p. 393.
17. Keay. *The Honourable Company*, p. 113.
18. Citado em Mukherjee. *The Rise and Fall of the East India Company*, p. 73.
19. Ver Furber. "Rival Empires of Trade 1600-1800", p. 91.
20. Keay. *The Honourable Company*, p.150.

276   A Corporação que Mudou o Mundo

21. Thomas Babington Macaulay. *History of England from the Accession of James II*, Londres 1848-60, capítulo XVIII.
22. Chaudhuri. *The Trading World of Asia and the East India Company*, p. 77.
23. Daniel Defoe. *Anatomy of Exchange Alley*, citado em Maureen Waller. *1700: Scenes from London Life*. Londres: Hodder & Stoughton, 2000, p. 243.
24. Para um fascinante relato da economia política de Child, ver Stephen Pincus. *Whigs, Political Economy and the Revolution of 1688-89* (2002).
25. Citado em John E. Wills. *1688 — A Global History*. Londres: Granta, 2002, p. 285.
26. Companhia das Índias Orientais ao Forte St. George, 9 de junho de 1686, citado em Pincus. *Whigs, Political Economy and the Revolution of 1688-89*, p. 12.
27. Companhia das Índias Orientais ao Forte St. George, citado em Chaudhury. *The Prelude to Empire*, p. 68.
28. Boletim de Londres, 14 de agosto de 1688, citado em Pincus. *Whigs, Political Economy the Revolution of 1688-89*, p. 14.
29. Macaulay. *History of England from the Acession of James II*, capítulo XVIII.
30. Citado em Lawson. *The East India Company*, p. 53.
31. Relatório da Inquirição de sir Thomas Cooke. *House of Lords Journal*, vol. 15, 27 de abril de 1695.
32. Inquirição de sir Basil Firebrace. *House of Lords Journal*, vol. 15, 27 de abril de 1695.
33. Edward Chancellor. *Devil Take the Hindmost*. Londres: Macmillan, 1999, p. 50.
34. Smith. *Inquiry into the Wealth of Nations*, livro V, capítulo I, art. 1, p. 808.
35. Lucy Sutherland. *The East India Company in Eighteenth-Century Politics*. Oxford: Clarendon Press, 1952, p. 17.
36. Carta a um parlamentar, 1708, publicada em *Gentleman's Magazine*, 1781, p. 1.018.
37. Smith. *Inquiry into the Wealth of Nations*, livro V, capítulo I, art. 1.
38. "Em 2002, 200 mil libras de 1699 valem 18.786.836 libras usando o índice de preços no varejo." Ver http://www.eh.net [última consulta em 30/10/2005].
39. Citado em Brian Gardner. *East India Company*. Londres: Rupert Hart-Davis, 1971, p. 53.

40. Citado em Chaudhury. *From Prosperity to Decline: 18th Century Bengal.* Nova Délhi: Manohar, 1999, p. 24.
41. J.H. Plumb. *England in the 18th Century.* Harmondsworth: Penguin, 1990, p. 171.
42. 31 de janeiro de 1708, *Weekly Review*, citado em Prasannan Parthasarathi. "Rethinking Wages and Competitiveness in the 18th Century: Britain and South India", *Past and Present*, n. 158, fevereiro de 1998.
43. Robert J. Allen (org.). *Addison and Steele.* Orlando: Rinehart, 1974, p. 212.
44. Furber. "Rival Empires of Trade 1600-1800", p. 130.
45. Citado em James Mill. *History of British India* [edição de 1858, 10 vols.], vol. III, livro IV, capítulo 1. Londres: Routledge/Thoemes Press, 1997, p. 30.

CAPÍTULO 4: A REVOLUÇÃO DE BENGALA

1. William Bolts. *Considerations on Indian Affairs* [1772], em Patrick Tuck (org.). *The East India Company: 1600-1858*, p. 84.
2. Krishna Dutta. *Calcutta.* Northampton: Interlink Books 2003, p. 55.
3. "Em 2002, 1 milhão de libras de 1797 valia 70.725.603 libras usando o índice de preços no varejo". Ver http://www.eh.net [última consulta em 30/10/2005].
4. Fernand Braudel. *Civilization and Capitalism*, vol. 3: *The Perspective of the World.* Londres: Collins, 1984, p. 489.
5. Ver, por exemplo, a edição de março de 1767 de *Gentleman's Magazine*, p. 99.
6. Philip Francis, citado em Joseph Parkes; Herman Merivale. *Memoirs of Sir Philip Francis.* Londres: Longman, Green & Co., 1867, II, p. 18.
7. Citado em Mike Davis. *Late Victorian Holocausts.* Londres: Verso, 2002, p. 294.
8. Uzramma. *A Brief History of Cotton in India.* Hyderabad: Independent Handloom Research Group, 2002.
9. P.J. Marshall. *East Indian Fortunes: The British in Bengal in the Eighteenth Century.* Oxford: Clarendon Press, 1976, p. 33.
10. Prakash. *European Commercial Enterprise in Pre-Colonial India*, p. 121.
11. Chaudhury. *From Prosperity to Decline*, p. 206.
12. Sudipta Sen. *Empire of Free Trade: the East India Company and the Making of the Colonial Marketplace.* Filadélfia: University of Pennsylvania Press, 1998, p. 13.

278   A Corporação que Mudou o Mundo

13. Citado em Chaudhury. *From Prosperity to Decline*, p. 35.
14. Marshall. *East Indian Fortunes*, p. 43.
15. Citado em Chaudhury. *From Prosperity to Decline*, p. 316.
16. Citado em Chaudhury. *The Prelude to Empire*, p. 69.
17. Smith. *The Wealth of Nations*, livro V, capítulo 3, art. 1, p. 809.
18. Citado em Keay. *The Honourable Company*, p. 299.
19. Citado em Chaudhury. *The Prelude to Empire*, p. 42.
20. Sen. *Empire of Free Trade*, p. 74.
21. Ibid., p. 74.
22. *Gentleman's Magazine*, julho de 1757, p. 309.
23. Citado em Chaudhury. *The Prelude to Empire*, p. 111.
24. Citado em Chaudhury. *From Prosperity to Decline*, p. 322.
25. Gardner. *East India Company*, p. 84.
26. Chaudhury. *The Prelude to Empire*, p. 86.
27. Robert Clive. Carta aos Diretores, 26 de julho de 1757.
28. Jean Law, citado em Chaudhury. *The Prelude to Empire*, p.119.
29. Chaudhuri. *The Trading World of Asia and the East India Company 1660-1760*, p. 109.
30. Robert Clive ao Comitê Secreto de Diretores, 26 de julho de 1757, disponível em http://www.mssc.edu/projectsouthasia/history.
31. Robert Harvey. *Clive: Life and Death of a British Emperor*. Londres: Hodder & Stoughton, 1998, p. 193.
32. Clive, citado em ibid., p. 251.
33. Clive Mathieson. "Vodafone chastised by vote over bonus", *The Times*, Londres: 28 de julho de 2000.
34. Philip Mason. *The Men Who Ruled India*. Londres: Jonathan Cape, 1985, p. 37.
35. Thomas Macaulay. "Essay on Lord Clive", janeiro de 1840.
36. Chaudhury. *The Prelude to Empire*, p. 166.
37. Luke Scrafton. *Reflections on the Government of Indostan* [1763], citado em R. Palme Dutt. *India Today*. Londres: Victor Gollancz, 1940, p. 113.
38. R.C. Dutt. *The Economic History of India under Early British Rule (1757-1837)*, p. 23.
39. Smith. *Inquiry into the Wealth of Nations*, livro IV, capítulo VII, p. 687.
40. "Em 2002, 300 mil libras de 1759 valiam 34.150.824 libras, usando o índice de preços no varejo". Ver http://www.eh.net [última consulta em 30/10/2005].

41. "Em 2002, 1.650.900 libras de 1765 valiam 152.072.698 libras, usando o índice de preços no varejo." Ver http://www.eh.net [última consulta em 30/10/2005].
42. Robert Clive. Carta aos Diretores, setembro de 1765, citado em Bolts. *Considerations on Indian Affairs*, p. 154.
43. Ver http://banglapedia.search.bd/HT/C_0290.HTM.
44. James Mill. *History of British India*, vol. III, livro IV, capítulo IX, p. 359.
45. Braudel. *Civilization and Capitalism*, vol. 3, p. 496.
46. Parthasarathi. "Rethinking Wages and Competitiveness in the 18th Century."
47. "Of the mode of providing the Company's Investment", citado em Guha, Ranajit. *A Rule of Property for Bengal*. Nova Délhi: Orient Longman, 1981, p. 136.
48. Hameeda Hossain. "The Company's Controls over Textile Production", *Journal of the Asiatic Society of Bangladesh*, junho de 1983, inédito, p. 13.
49. Bolts. *Considerations on Indian Affairs*, p. 193.
50. Ibid., p. 74.
51. Ibid., p. 194.
52. Shahid Ali. "Dacca Gauzes", em *The Half-Inch Himalayas*. Middletown: Wesleyan University Press, 1987.
53. Citado em Harvey. *Clive*, p. 309.
54. Furber. "Rival Empires of Trade 1600-1800", p. 177.

CAPÍTULO 5: A GRANDE QUEBRA DAS ÍNDIAS ORIENTAIS

1. Citado em Jeremy Bernstein. *Dawning of the Raj: The Life and Trials of Warren Hastings*. Londres: Aurum Press, 2000, p. 66.
2. Citado em Penelope Hunting. *Cutlers Gardens*. Londres: Standard Life, 1984.
3. Sutherland. *The East India Company in Eighteenth–Century Politics*, p. 47.
4. Macaulay. "Essay on Lord Clive", 1840.
5. Citado em Keay. *The Honourable Company*, p. 324.
6. Citado em Dutt. *The Economic History of India under Early British Rule (1757-1837)*, p. 37
7. Citado em Huw Bowen. "Lord Clive and Speculation in East India Company Stock, 1776", *Historical Journal*, 1987, p. 910.

280 A Corporação que Mudou o Mundo

8. Citado em James Mill. *History of British India,* vol. III, livro IV, Capítulo VII, p. 300.
9. Baron. *An Indian Affair,* p. 80
10. Mill. *History of British India,* III, IV, capítulo VII, p. 307.
11. *Gentleman's Magazine,* dezembro de 1769, p. 618.
12. *Gentleman's Magazine,* abril de 1769, p. 211.
13. Citado em Sutherland. *The East India Company in the Eighteenth-Century Politics,* p. 192.
14. Cornelius Walford. "Famines in History", *Journal of Statistical Society,* vol. 41, 1878, pp. 442-3.
15. Walford, citado em Davis. *Late Victorian Holocausts,* p. 287.
16. Davis. *Late Victorian Holocausts,* p. 286.
17. Citado em Palme Dutt. *India Today,* p. 115.
18. *Gentleman's Magazine,* 1771, p. 402.
19. Ibid., p. 403.
20. Citado em Sen. *Empire of Free Trade,* p. 147.
21. Dutt. *The Economic History of India under Early British Rule (1757-1837),* p. 52.
22. George Chesney, citado em Walford. "Famines in History", p. 519.
23. Citado em Chandra Prakash N. Sinha. *From Decline to Destruction: Agriculture in Bihar during Early British Rule.* Nova Délhi: Manohar, 1997, p. 25.
24. Rajat Datta. *Society, Economy and the Market: Commercialisation in Rural Bengal c.1760-1800.* Nova Délhi: Manohar, 2000, p. 264.
25. Cornwallis, citado em Datta, ibid., p. 264.
26. Citado em Mukherjee. *The Rise and Fall of the East India Company,* p. 353.
27. Dean Mahomet. *The Travels of Dean Mahomet.* Berkeley: University of California Press, 1997, pp. 35-6.
28. Ibid., p. 54.
29. Ver Sugata Bose. *Peasant Labour and Colonial Capital: Rural Bengal since 1770.* Cambridge, Nova York: Cambridge University Press, 1993.
30. Bolts. *Considerations on Indian Affairs,* p. x.
31. Extraído de Marshall. *East Indian Fortunes,* Tabela VI, p. 232, Tabela VII, p. 241 e Tabela VIII, p. 250.
32 "Em 2002, 1.086.255 libras de 1770 valiam 98.490.650 libras, usando o índice de preços no varejo." Ver http://www.eh.net [última consulta em 30/10/2005].

33. *Gentleman's Magazine*, abril de 1769, p. 197.
34. Citado em Marshall. *East Indian Fortunes*, p. 200.
35. Citado em Sutherland. *The East India Company in Eighteenth-Century Politics*, p. 137.
36. Citado em Harry Verelst. *A View on the Rise, Progress and Present State of the English Government in Bengal*. Londres [1772], em Patrick Tuck (org.). *The East India Company: 1600-1858*. Londres: Routledge, 1998, p. 123.
37. Citado em Bolts. *Considerations on Indian Affairs*, p. 53.
38. *Gentleman's Magazine*, dezembro de 1770, p. 587.
39. Baron. *An Indian Affair*, p. 79.
40. *Gentleman's Magazine*, 30 de março de 1771, p. 141.
41. Bolts. *Considerations on Indian Affairs*, p. 216.
42. Francis Sykes a Warren Hastings, 14 de setembro de 1773, citado em Willem Kuiters. *The British in Bengal 1756-1773*. Paris: Les Indes Savantes, 2002, p. 68.
43. *Gentleman's Magazine*, dezembro de 1769, p. 618.
44. Citado em Charles Kindleberger. *Manias, Panics and Crashes – A History of Financial Crises*. Nova York: John Wiley & Sons, 2000, p. 91.

CAPÍTULO 6: REGULANDO A COMPANHIA

1. Citado em Ian Simpson Ross. *The Life of Adam Smith*. Oxford: Clarendon Press, 1995, p. 241.
2. Citado em Robert Heilbroner. *The Worldly Philosophers*. Nova York: Touchstone, 1999, p. 55.
3. Smith. *Inquiry into the Wealth of Nations* [1998 ed], livro IV, capítulo IX, p. 745.
4. Ibid., IV, capítulo II, p. 485.
5. Ibid., I, capítulo XI, p. 288.
6. Ibid., I, capítulo XI, p. 287
7. Ibid., IV, capítulo VII, p. 675.
8. Ibid., IV, capítulo VII, p. 693.
9. Ibid., I, capítulo XI, p. 288.
10. Ibid., I, capítulo X, parte 2, p. 148.
11. Ver Sutherland. *The East India Company in Eighteenth-Century Politics*, p. 38.

282   A Corporação que Mudou o Mundo

12. Citado em David Korten. *When Corporations Rule the World*. Londres: Earthscan, 1996, p. 56.
13. Smith. *Inquiry into the Wealth of Nations*, IV, capítulo VII, pp. 681-2.
14. Ibid., I, capítulo XI, parte I, p. 170.
15. Ibid., IV, capítulo VII, p. 692.
16. *Gentleman's Magazine*, 1767, p. 151.
17. Ver Jack Greene. *Arenas of Asiatic Plunder*, p. 5.
18. Citado em Lawrence James. *Raj — The Making and Unmaking of British India*. Londres: Little, Brown and Company, 1999, p. 47.
19. Citado em *Gentleman's Magazine*, 13 de abril de 1772, p. 303.
20. Citado em Harvey. *Clive*, p. 343.
21. Sutherland. *The East India Company in Eighteenth-Century Politics*, p. 251.
22. *Annual Register*, abril de 1773.
23. Harvey. *Clive*, p. 358.
24. Citado em ibid., p. 372.
25. Citado no Nono Relatório do Comitê Especial, em Marshall. *Writings and Speeches of Burke*, V, p. 200.
26. *Gentleman's Magazine*, 1773, p. 637.
27. Folheto de Boston, 28 de novembro de 1773, citado em Thom Hartmann. *Unequal Protection: The Rise of Corporate Dominance and the Theft of Human Rights*. Emmaus, PA: Rodale, 2004, p. 58.
28. Benjamin Woods Labaree. *The Boston Tea Party*. Nova York: Oxford University Press, 1964, p. 73.
29. Hartmann. *Unequal Protection*, p. 56.
30. *Pennsylvania Chronicle*, 15 de novembro de 1773, citado em Leo Huberman. *We, the People*. Londres: Victor Gollancz, 1940.
31. Hartmann. *Unequal Protection*, pp. 56-7.
32. Jane Anne Morris. "Corporations for the Seventh Generation" em Ruiz, Dean (org.). *Defying Corporations, Defining Democracy*. Nova York: The Apex Press, 2001, p. 82.
33. Bolts. *Considerations on Indian Affairs*, p. 213.
34. Petição de George Cojamaul and Johannes Padre Rafael, citado em Bolts. *Considerations on Indian Affairs*, p. 109.
35. "Em 2002, 9.700 libras de 1777 valiam 826.603 libras, usando o índice de preços no varejo." Ver http://www.eh.net [última consulta em 30/10/2005].
36. *Annual Register*, dezembro de 1774, pp. 170-1; ver também *Annual Register*, fevereiro de 1776, p. 120.

Notas 283

37. O capítulo XVI, "The Armenians in London" contém uma detalhada análise desses casos, em Kuiters. *The British in Bengal 1756-1773*.
38. Smith. *Inquiry into the Wealth of Nations*, IV, capítulo VII, p. 666.
39. Citado em Ross. *The Life of Adam Smith*, p. 353.
40. Smith. *Inquiry into the Wealth of Nations*, V, capítulo 1, p. 812.
41. Ibid., p. 800.
42. Ibid., art. 1, p. 814.
43. Ver Richard L. Grossman; Frank T. Adams. *Taking Care of Business* [1993], POCLAD, 2002.
44. John Kenneth Galbraith. *A History of Economics*. Londres: Hamish Hamilton, 1987, p. 71.
45. Karl Polanyi. *Origins of Our Times — The Great Transformation*. Londres: Victor Gollancz, 1945, p. 13.
46. Smith. *Inquiry into the Wealth of Nations*, IV, capítulo V, p. 563.
47. Ibid., p. 564.

CAPÍTULO 7: A JUSTIÇA SERÁ FEITA

1. Dutt. *The Economic History of India under Early British Rule (1757-1837)*, p. 29.
2. Joseph Parkes; Herman Merivale. *Memoirs of Sir Philip Francis*, II, p. 18.
3. Dutt. *The Economic History of India under Early British Rule (1757-1837)*, p. 69.
4. Sinha. *From Decline to Destruction*, p. 2.
5. Ver Brian Inglis. *The Opium War*. Londres: Hodder & Stoughton, 1976, p. 26.
6. Ver Roy Moxham. *The Great Hedge of India*, 2001, p. 45.
7. Thomas Babington Macaulay. *Hastings*, 1886, p. 39.
8. Ibid., p. 40.
9. Bernstein. *Dawning of the Raj*, p. 83.
10. Citado em Guha. *A Rule of Property for Bengal*, p. 148.
11. P.J. Marshall. *The Impeachment of Warren Hastings*. Oxford: Oxford University Press, 1965. p. 169.
12. Inglis. *The Opium War*, p. 30.
13. Ver Narahari Kaviraj. *A Peasant Uprising in Bengal — 1783*. Nova Délhi: People's Publishing House, 1972.

284   A Corporação que Mudou o Mundo

14. Bankim Chandra Chatterji. *Anandamath*. Nova Délhi: Orient Paperbacks, 2000, p. 40.
15. William Cowper. "Expostulation", em *The Poetical Works of William Cowper*. Oxford: Oxford University Press, 1913, p. 51.
16 Citado em *Gentleman's Magazine*, 1782, p. 469.
17. Citado em Michael Fry. *The Dundas Despotism*. Edimburgo: Edinburgh University Press, 1992, p. 114.
18. Johnstone, novembro de 1782, citado em *Gentleman's Magazine*, 1782, p. 548.
19. Nono Relatório, citado em Marshall. *Writings and Speeches of Edmund Burke*, V, p. 222.
20. Ibid., p. 236.
21. Ibid., p. 269.
22. Ibid., p. 291.
23. Edmund Burke. Discurso ao Parlamento, 1º de dezembro de 1783.
24. Ver *History Today*, junho de 2001, p. 26.
25. *Gentleman's Magazine*, agosto de 1784, p. 702.
26. C.H. Philips. *The East India Company 1784-1834*. Manchester: Manchester University Press, 1940, p. 34.
27. William Atkinson, citado em Philips. Ibid., p. 34, n. 1.
28. Carta a William Eden, 17 de maio de 1784, citada em Stanley Ayling. *Edmund Burke*. Londres: Cassell, 1988, p. 162.
29. William Burke, citado em Ayling. Ibid., p. 168.
30. Thomas Babington Macaulay. "Essay on Lord Clive", 1840.
31. Hastings Evidence, citado em Marshall. *The Impeachment of Warren Hastings*, p. 108.
32. Citado em Ayling. *Edmund Burke*, p. 170.
33. Citado em Fry. *The Dundas Despotism*, p. 122.
34. Richard Brinsley Sheridan. Discurso sobre o *Impeachment* de Warren Hastings, 7 de fevereiro de 1787.
35. Edmund Burke. Discurso sobre o *Impeachment* de Warren Hastings, 15-19 de fevereiro de 1788.
36. Ver Nono Relatório, em Marshall. *Writings and Speeches of Edmund Burke*, V, p. 425.
37. John Morley. *Burke*. Londres: Macmillan, 1892, p. 191.
38. Ver "Edmund Burke on the Perils of Empire", em Uday Singh Mehta.

Liberalism and Empire. Chicago: University of Chicago Press, 1999, pp. 153-89.

39. Citado em ibid., p. 186.
40. Morley. *Burke*, p. 197.
41. Richard Brinsley Sheridan. *The Rivals*. Londres: Samuel French, Ato V, Cena III, p. 68.
42. Ver Marshall. *The Impeachment of Warren Hastings*, p. 170.
43. Percival Spear. *A History of India*, vol. 2. Harmondsworth: Peguin, 1993, p. 95.
44. Ibid.
45. Dutt. *The Economic History of India under Early British Rule (1757-1837)*, p. 92.
46. Ibid., p. 91.
47. Ver E.P. Thompson. *Customs in Common*. Harmondsworth: Penguin, 1993.
48. Ver Guha. *A Rule of Property for Bengal*.
49. John Capper. *The Three Presidencies of India*. Nova Délhi: Asian Educational Services, 1997 [1853], p. 281.
50. Fry. *The Dundas Despotism*, p. 197.
51. Citado em Philips. *The East India Company 1784-1834*, p. 78.
52. John Evans. *The Gentleman Usher: The Life & Times of George Dempster, 1732-1818*. Barnsley: Pen & Sword, 2005, p. 130.

CAPÍTULO 8: UM SOBERANO MERCANTIL

1. Inglis. *The Opium War*, p. 89.
2. Citado em Robert Blake. *Jardine Matheson — Traders of the Far East*. Londres: Weindenfeld & Nicolson, 1999, p. 46.
3. Citado em Inglis. *The Opium War*, p. 103.
4. Citado em Blake. *Jardine Matheson*, p. 96.
5. Hobhouse. *Seeds of Change*, p. xvi.
6. Ver Lista dos Ricos do *The Sunday Times*, 2004.
7. Irfan Habib. *Resistance and Modernisation under Haidar Ali & Tipu Sultan*. Nova Délhi: Tulika, 1999, p. xl.
8. K.N. Panikkar. *Against Lord and State: Religion and Peasant Uprisings in Malabar, 1836-1921*. Nova Délhi: Oxford University Press, 1992.

286   A Corporação que Mudou o Mundo

9. K. Ravi Raman. *Bondage in Freedom: Colonial Plantations in Southern India 1797-1947*, Centre for Development Studies, Trivandrum, Working Paper n. 327, março de 2002, pp. 8, 32.
10. Wellington's Supplementary Dispatches, citado em Lawrence James. *The Iron Duke*. Londres: Weindenfeld & Nicolson, 1992, p. 77.
11. Panikkar. *Against Lord and State*, p. 1.
12. Jac Weller. *Wellington in India*. Londres: Greenhill Books, 1993, p. 110.
13. Simon Schama. *A History of Britain*, vol. 2: *The British Wars 1603-1776*. Londres: BBC Books, 2001, p. 496.
14. Citado em Philips. *The East India Company 1784-1834*, p. 219.
15. Continuação, por Henry Wilson, de Mill. *History of British India*, vol. VII, 1858, citado em Mukherjee. *The Rise and Fall of the East India Company*, p. 404.
16. Syed Muhammed Taifoor. *Glimpses of Old Dhaka*. Daca: S.M. Perwej, 1956, p. 53.
17. Karl Marx. "The East India Company — Its History and Results", *New York Daily Tribune*, 11 de julho de 1853.
18. Citado em Karl Marx. *Capital*, vol. 1, capítulo 15, seção V, "The Strife Between Workman and Machine".
19. Ver Dutt. *The Economic History of India under Early British Rule (1757-1837)*, pp. 300-1.
20. Huw Bowen. *The Business of Empire*. Cambridge: Cambridge University Press, 2005, p. 235.
21. Hoh-cheung Mui; Lorna H. Mui. *The Management of Monopoly: a Study of the English East India Company's Conduct of it's Tea Trade, 1784-1833*. Vancouver: University of British Columbia Press, 1984, p. 127.
22. Citado em Inglis. *The Opium War*, p. 49.
23. Citado em ibid., p. 62.
24. Ibid., p. 65.
25. Ibid., p. 92.
26. Citado em Denys Forrest. *Tea for the British*. Londres: Chatto & Windus, 1975, p. 96.
27. Citado em Philips. *The East India Company 1784-1834*, p. 294.
28. James Mill. *History of British India*, II, p. 132.
29. James Mill. "Affairs of India", *Edinburgh Review*, 16, 1810, citado em Man To Leung. *James Mill's Utilitarianism and British Imperialism in India*.
30. James Mill. *History of British India*, VI, p. 14.

Notas   287

31. Citado em Foster. *The East India House*, pp. 205, 202.
32. Citado em Michael Edwardes. *History of India*. Londres: Thames & Hudson, Londres, 1961, p. 258.
33. Citado em ibid., p. 261.
34. Citado em James Mill. *History of British India*, I, p. xxx.
35. Tirthankar Roy. *The Economic History of India, 1857-1947*. Nova Délhi: Oxford University Press, 2000, pp. 33-4.
36. Inglis. *The Opium War*, p. 156.
37. W. Travis Hanes; Frank Sanello. *The Opium Wars*. Londres: Robson Books, 2003, p. 157.
38. James. *Raj*, p. 105.
39. Citado em Karl Marx. "The Charter of the East India Company", *New York Daily Tribune*, 9 de junho de 1853.
40. Karl Marx. "The Government of India", *New York Daily Tribune*, 20 de julho de 1853.
41. Ibid.
42. Karl Marx. "The Future Results of British Rule in India", *New York Daily Tribune*, 8 de agosto de 1853.
43. Karl Marx. "The British Rule in India", *New York Daily Tribune*, 25 de junho de 1853.
44. Karl Marx. "Future Results of British Rule in India", *New York Daily Tribune*, 8 de agosto de 1853
45. Sir George Birdwood. *Report on the Old Records of the India Office*, Londres, 1891.
46. Citado em M. Moir, D. Peers e Lynn Zastoupil. *John Stuart Mill's Encounter with India*. Toronto: University of Toronto Press, 1999, p. 4.
47. John Stuart Mill. *Representative Government*. Oxford: Oxford University Press, 1940 [1861], p. 175.
48. Ver Francis Wheen. *Marx*. Londres: Fourth Estate, 2000, p. 188.
49. Edward Said. *Culture and Imperialism*. Londres: Chatto & Windus, 1993, p. 97.
50. Ver, por exemplo, Stanley Kurtz. "Democratic Imperialism: a Blueprint", *Policy Review*, n. 118, abril/maio de 2003.
51. Karl Marx. "Revolution in China and in Europe", *New York Daily Tribune*, 14 de junho de 1853.
52. Karl Marx. "Trade or Opium?", *New York Daily Tribune*, 20 de setembro de 1858.
53. Karl Marx. "Free Trade and Monopoly", *New York Daily Tribune*, 25 de setembro de 1858.

288   A Corporação que Mudou o Mundo

54. *Gentleman's Magazine*, 30 de março de 1813, p. 569.
55. Citado em Karl Marx. "The Indian Revolt", *New York Daily Tribune*, 16 de setembro de 1857.
56. Charles Dickens, citado em James. *Raj*, p. 283.
57. Karl Marx. "The Indian Bill", *New York Daily Tribune*, 24 de julho de 1858.
58. "Em 2002, 12 milhões de libras de 1873 valiam 650.143.844 libras usando o índice de preços no varejo." Ver http://www.eh.net [última consulta em 30/10/2005].
59. François Crouzet. *The Victorian Economy*. Londres: Methuen, 1982, p. 353.
60. Dutt. *The Economic History of India under Early British Rule (1757-1837)*, p. 399.

CAPÍTULO 9: UM NEGÓCIO INACABADO

1. Harvey. *Clive*, p. 368.
2. Jeremy Bentham. *An Introduction to the Principles of Morals and Legislation*, em *Utilitarianism*. Londres: Fount Paperbacks, 1979, p. 46.
3. *Annual Register*, 10 de maio de 1773.
4. Ver Russell Sparkes. *From Mortmain to Adam Smith: Historical Insights on the Problem of Corporate Social Responsibility*. Londres: 2005.
5. Ver P.B. Buchan. "Origins of the Knowledge Based Corporation", EBHA Conference, julho de 2001.
6. Philip Francis, carta a William Ellis, janeiro de 1777, citada em Ranajit Guha. *A Rule of Property for Bengal*, p. 93.
7. Corte de Diretores, 8 de dezembro de 1732, citado em Chaudhury. *From Prosperity to Decline*, p. 37.
8. Sinha, citado em Furber. "Rival Empires of Trade 1600-1800", p. 177; e Datta. *Society, Economy and the Market*, p. 357.
9. Dutt. *The Economic History of India under Early British Rule (1757-1837)*, p. 400.
10. "Em 2002, 723.997.917 libras de 1838 valiam 43.231.809.693,82 libras, usando o índice de preços no varejo". Ver http://www.eh.net [última consulta em 31/10/2005].
11. Alexander Dow. *History of Hindostan*, vol. III, citado em Guha. *A Rule of Property for Bengal*, pp. 31-2.

12. Brooks Adams. *The Law of Civilisation and Decay* [1895], citado em Palme Dutt. *India Today*, p. 119.
13. Prakash. *European Commercial Enterprise in Pre-Colonial India*, p. 349.
14. Utsa Patnaik. "New Estimates of 18th Century British Trade and Their Relation to Transfers from Tropical Colonies", em K.N. Panikkar; Terence J. Byres; Utsa Patnaik. *The Making of History*. Londres: Anthem South Asian Studies, 2002. Ver Tabela B.5, p. 397.
15. Ibid., Tabela 5, p. 389.
16. Nehru. *The Discovery of India*, p. 247.
17. Maddison. *The World Economy*, p. 112.
18. Citado em Cornelius Walford. "Famine through History", p. 519.
19. Edmund Burke. Discurso sobre o *Impeachment* de Warren Hastings, fevereiro de 1788.
20. Marjorie Kelly. *The Divine Right of Capital*. São Francisco: Berrett-Koelher, 2001, p. 4.
21. Russell Sparkes. "Through a Glass Darkly — Some Thoughts on the Ethics of Investment", The Beckley Lecture, 1998.
22. Ver http://www.corporate-responsibility.org.
23. Ver Nick Robbins. "Downsizing the Corporation", em *Return to Scale*. Londres: New Economics Foundation, 2003.
24. Citado em Ian Hargreaves. "The threat to democracy", *Financial Times*, 21 de maio de 2002.
25. Oko-Institut e.V., "Power Generation Market Concentration in Europe 1996-2000. Uma análise empírica", Freiburg, maio de 2002, disponível em http://www.oeko.de.
26. Bill Vorley. *Food Inc. — Corporate Concentration from Farm to Consumer*. Londres: UK Food Group, 2003.
27. Jean Ziegler. "The Right to Food", Relatório apresentado pelo Relator Especial, Comissão para os Direitos Humanos, Conselho Econômico e Social da ONU, 9 de fevereiro de 2004.
28. Mark Townsend. "Tesco in row over foreign workers", *Observer*, 10 de abril de 2005.
29. Citado em John Christensen; Richard Murphy. "The Social Irresponsibility of Corporate Tax Avoidance", *Development Journal*, vol. 47, n. 3, 2004.
30. Galbraith. *A History of Economics*, p. 163.

290   A Corporação que Mudou o Mundo

31. John Kenneth Galbraith; Nicole Salinger. *Almost Everyone's Guide to Economics*. Harmondsworth: Penguin, 1981, p. 53.

32. A ATCA especificou que "os tribunais distritais terão jurisdição original sobre qualquer ação cível impetrada por um estrangeiro, para agravo somente, cometido em violação à lei das nações ou um tratado dos Estados Unidos".

33. Ver http://www.earthrights.org.

34. Nehru. *The Discovery of India*, p. 452.

35. Edward Thompson. *The Other Side of the Medal*. Londres: The Hogarth Press, 1925, p. 131.

36. Ver http://www.museumofthecorporation.org/homePage.htm.

37. Ben Okri, citado em Bhiku Parekh. *The Future of the Multi-Ethnic Britain*. Londres: The Runnymede Trust, 2000, p. 103.

38. Edmund Burke. *Correspondence*, citado em Uday Singh Mehta. *Liberalisation and Empire*. Chicago: University of Chicago Press, 1999, p. 169.

Bibliografia Selecionada

Alborn Thimothy. *Conceiving Companies*. Londres: Routledge, 1998.

Ali, Shahid. *The Half-Inch Himalayas*. Middletown: Wesleyan University Press, 1987.

Allen, Robert J. Allen (org.). *Addison and Steele*. Orlando: Rinehart, 1974.

Anistia Internacional. *Clouds of Injustice — Bhopal disaster 20 years on*. Londres: Amnesty International Publications, 2004.

Ayling, Stanley. *Edmund Burke*. Londres: Cassell, 1988.

Baron, Archie. *An Indian Affair*. Londres: Channel 4 Books, 2001.

Bentham, Jeremy. *An Introduction to the Principles of Morals and Legislation, in Utilitarianism*. Londres: Fount Paperbacks, 1979.

Bernstein, Jeremy. *Dawning of the Raj: The Life and Trials of Warren Hastings*. Londres: Aurum Press, 2000.

Blake, Robert. *Jardine Matheson — Traders of the Far East*. Londres: Weidenfeld & Nicolson, 1999.

Bolts, William. *Considerations on Idian Affairs*. Londres: [1772], em Patrick Tuck (org.). *The East India Company: 1600-1858*. Londres: Routledge, 1998.

Bose, Sugata. *Peasant Labour and Colonial Capital: Rural Bengal since 1770*. Cambridge, Nova York: Cambridge University Press, 1993.

Bowen, Huw. *Revenue and Reform*. Cambridge: Cambridge University Press, 1991.

_____. *The Business of Empire*. Cambridge: Cambridge University Press, 2005.

Bowen, Huw; Margarette Lincoln; Nigel Rigby (ed.). *The Worlds of the East India Company*. Woodbridge: Boydell, 2002.

Braudel, Fernand. *Civilization and Capitalism*, vol. 2: *The Wheels of Commerce*. Londres: Collins, 1982.

_____. *Civilization and Capitalism*, vol. 3: *The Perspective of the World*. Londres: Collins, 1984.

Campbell, Olwen. *Thomas Love Peacock*. Londres: Arthur Barker, 1953.

292   A Corporação que Mudou o Mundo

Capper, John. *The Three Presidencies of India*. Nova Délhi: Asian Educational Services, 1997 [1853].

Chancellor, Edward. *Devil Take the Hindmost*. Londres: Macmillan, 1999.

Chatterji, Bankim Chandra. *Anandamath*. Nova Délhi: Orient Paperbacks, 2000 [1882].

Chaudhuri, Kirti N. *The Trading World of Asia and the East India Company 1660-1760*. Cambridge: Cambridge University Press, 1978.

Chaudhury, Sushil. *From Prosperity to Decline: 18th Century Bengal*. Nova Délhi: Manohar, 1999.

_____. *The Prelude to Empire: Plassey Revolution of 1757*. Nova Délhi: Manohar, 2000.

Crouzet, François. *The Victorian Economy*. Londres: Methuen, 1982.

Dalrymple, William. *White Mughals*. Londres: HarperCollins, 2003.

Das, Gurcharan. *India Unbound*. Nova Délhi: Penguin India, 2002.

Datta, Rajat. *Society, Economy and the Market: Commercialisation in Rural Bengal c.1760-1800*. Nova Délhi: Manohar, 2000.

Davis, Mike. *Late Victorian Holocausts*. Londres: Verso, 2002.

Dutt, Romesh Chunder. *The Economic History of India under Early British Rule (1757-1837)*. Londres: Kegan Paul, Trench, Trubner & Co., 1908.

Dutta, Krishna. *Calcutta*. Northampton: Interlink Books, 2003.

Edwardes, Michael. *History of India*. Londres: Thames & Hudson, 1961.

Evans, John. *The Gentleman Usher: the Life & Times of George Dempster, 1732-1818*. Barnsley: Pen & Sword, 2005.

Farrington, Antony. *Trading Places*. Londres: The British Library, 2002.

Forrest, Denys. *Tea for the British*. Londres: Chatto & Windus, 1975.

Foster, William. *Catalogue of Paintings, Statues etc. in the India Office*. Londres: 1921.

_____. *The East India House*. Londres: 1924.

Fry, Michael. *The Dundas Despotism*. Edimburgo: Edinburgh University Press, 1992.

Furber, Holden. *John Company at Work: a Study of European Expansion in the Late Eighteenth Century*. Nova York: Octagon, 1970.

_____. "Rival Empires of Trade 1600-1800", em *Maritime India*. Nova Délhi: Oxford University Press, 2004 [1976].

Galbraith, John Kenneth. *A History of Economics*. Londres: Hamish Hamilton, 1987.

Galbraith, John Kenneth; Nicole Salinger. *Almost Everyone's Guide to Economics*. Harmondsworth: Penguin, 1981.

Gardner, Brian. *East India Company*. Londres: Rupert Hart-Davis, 1971.

Griffiths, Percival. *A Licence to Trade*. Londres: Ernest Benn, 1974.

Guha, Ranajit. *A Rule of Property for Bengal*. Nova Délhi: Orient Longman, 1981.

Habib, Irfan. *Resistance and Modernisation under Haidar Ali & Tipu Sultan*. Nova Délhi: Tulika, 1999.

Hall, Richard. *Empires of the Monsoon*. Londres: HarperCollins, 1996.

Hanes, W. Travis; Frank Sanello. *The Opium Wars*. Londres: Robson Books, 2003.

Hartmann, Thon. *Unequal Protection: The Rise of Corporate Dominance and the Theft of Human Rights*. Emmaus, PA: Rodak, 2004.

Harvey, Robert. *Clive: Life and Death of a British Emperor*. Londres: Hodder & Stoughton, 1998.

Heilbroner, Robert. *The Worldly Philosophers*. Nova York: Touchstone, 1999.

Hobhouse, Henry. *Seeds of Change: Six Plants that Transformed Mankind*. Londres: Papermac, 1999.

Huberman, Leo. *We, the People*. Londres: Victor Gollancz, 1940.

Hunting, Penelope. *Cutlers Gardens*. Londres: Standard Life, 1984.

Inglis, Brian. *The Opium War*. Londres: Hodder & Stoughton, 1976.

Jacobs, Els M. *In Pursuit of Pepper and Tea, The Story of the Dutch East India Company*. Amsterdã: Netherlands Maritime Museum, 1991.

James, Lawrence. *The Iron Duke*. Londres: Weidenfeld & Nicolson, 1992.

_____. *Raj — The Making and Unmaking of British India*. Londres: Little, Brown & Company, 1999.

Jeeninga, Willke. *The East Indies House and St. Jorishof*. Utrecht: Wanders Uitgevers, 1995.

Kaviraj, Narahari. *A Peasant Uprising in Bengal —1783*. Nova Délhi: People's Publishing House, 1972.

Keay, John. *The Honourable Company*. Londres: HarperCollins, 1993.

Kelly, Marjorie. *The Divine Right of Capital*. São Francisco: Barrett-Koelher, 2001.

Kindleberger, Charles. *Manias, Panics and Crashes — A History of Financial Crises*. Nova York: John Wiley & Sons, 2000.

Korten, David. *When Corporations Rule the World*. Londres: Earthscan, 1996.

Kuiters, Willem. *The British in Bengal 1756-1773*. Paris: Les Indes Savantes, 2002.

Labaree, Benjamin Woods. *The Boston Tea Party*. Nova York: Oxford University Press, 1964.

Landes, David. *The Wealth and Poverty of Nations*. Londres: Little, Brown & Company, 1998.

Lawson, Philip. *The East India Company*. Londres: Longman, 1993.

Litvin, Daniel. *Empires of Profit: Commerce, Conquest and Corporate Responsibility*. Londres: Texere, 2003.

294 A Corporação que Mudou o Mundo

Logan, William. *Malabar Manual*. Nova Délhi: Asian Educational Services, 2000 [1887].

Macaulay, Thomas Babington. "Essay on Lord Clive", janeiro de 1840.

_____. *Hastings*. Nova York: Chautauqua Press, 1886 [1841].

_____. *History of England from the Accession of James II*. Londres, 1848-60.

_____. *A History of England in the 18th Century* [1849]. Londres: Folio Society, 1980.

Maddison, Angus. *The World Economy — A Millenial Perspective*. Paris: OECD, 2001.

Mahomet, Dean. *The Travels of Dean Mahomet* [1794]. Michael H. Fraser (ed.). Berkeley: University of California Press, 1997.

Marshall, P.J. *The Impeachment of Warren Hastings*. Oxford: Oxford University Press, 1965.

_____. *Problems of Empire: Britain and India 1757-1813*. Londres: George Allen & Unwin, 1968.

_____. *East Indian Fortunes: The British in Bengal in the Eighteenth Century*. Oxford: Clarendon Press, 1976.

_____ (org.). *Writings and Speeches of Edmund Burke*, vol. V. Oxford: Clarendon Press, 1981.

_____. *Bengal: the British Bridgehead: Eastern India 1740-1828*. Cambridge: Cambridge University Press, 1987.

Mason, Philip. *The Men Who Ruled India*. Londres: Jonathan Cape, 1985.

Mehta, Uday Singh. *Liberalism and Empire*. Chicago: University of Chicago Press, 1999.

Mickelthwait, John e Adrian Wooldridge. *The Company: A Short History of a Revolutionary Idea*. Londres: Weidenfeld & Nicolson, 2003.

Mill, James. *History of British India* [edição de 1858, com notas e continuação de Horace Hayman-Wilson]. 10 vols. Londres: Routledge/Thoemes Press, 1997.

Mill, John Stuart. *Representative Government*. Oxford: Oxford University Press, 1940 [1861].

Milton, Giles. *Nathaniel's Nutmeg*. Londres: Hodder & Stoughton, 1999.

Mitra, Debendra. *The Cotton Weavers of Bengal 1757-1833*. Calcutá: Firma KLM, 1978.

Moir, M.; D. Peers; Lynn Zastoupil. *John Stuart Mill's Encounter with India*. Toronto: University of Toronto Press, 1999.

Morley, John. *Burke*. Londres: Macmillan, 1892.

Morris, Jane Anne. "Corporations for the Seventh Generation", em Ruiz, Dean (org.). *Defying Corporations, Defining Democracy*. Nova York: The Apex Press, 2001.

Moxham, Roy. *The Great Hedge of India*. Londres: Constable, 2001.

Mui, Hoh-cheung; Lorna H. Mui. *The Management of Monopoly: a Study of the English East India Company's Conduct of its Tea Trade, 1784-1833*. Vancouver: University of British Columbia Press, 1984.

Mukherjee, Ramkhrishna. *The Rise and Fall of the East India Company*. Nova York: Monthly Review Press, 1974.

Nehru, Jawaharlal. *The Discovery of India*. Londres: Meridian Books, 1946.

Norfolk, Lawrence. *Lemprière's Dictionary*. Londres: Minerva, 1996.

Palme Dutt. R. *India Today*. Londres: Victor Golancz, 1940.

Panikar, K.N. *Against Lord and State: Religion and Peasant Uprisings in Malabar, 1836-1921*. Nova Délhi: Oxford University Press, 1992.

Panikkar, K.N.; Terence J. Byres; Utsa Patnaik (eds.). *The Making of History*. Londres: Anthem South Asian Studies, 2002.

Parekh, Bhiku. *The Future of the Multi-Ethnic Britain*. Londres: The Runnymede Trust, 2000.

Parkes, Joseph; Herman Merivale. *Memoirs of Sir Philip Francis*. Londres: Longman, Green & Co., 1867.

Parthasarathi, Prasannan. *The Transition to a Colonial Economy: Weavers, Merchants and Kings in South India, 1720-1800*. Cambridge: Cambridge University Press, 2001.

Partnoy, Frank. *Infectious Greed, How Deceit and Risk Corrupted the Financial Markets*. Londres: Profile Books, 2004.

Philips, C.H. *The East India Company 1784-1834*. Manchester: Manchester University Press, 1940.

Plumb, J.H. *England in the 18th Century*. Harmondsworth: Penguin, 1990.

Polanyi, Karl. *Origins of our Times — The Great Transformation*. Londres: Victor Gollancz, 1945.

Prakash, Om. *European Commercial Enterprise in Pre-Colonial India*. Nova Délhi: Cambridge University Press, 2000.

Robbins, Nick. "Downsizing the Corporation", em *Return to Scale*. Londres: New Economics Foundation, 2003.

Ross, Ian Simpson. *The Life of Adam Smith*. Oxford: Clarendon Press, 1995.

Roy, Arundhati. *The Algebra of Infinite Justice*. Londres: Flamingo, 2002.

Roy, Tirthankar. *The Economic History of India, 1857-1947*. Nova Délhi: Oxford University Press, 2000.

Said, Edward. *Culture and Imperialism*. Londres: Chatto & Windus, 1993.

_____. *Orientalism*. Harmondsworth: Penguin, 2003.

Sampson, Anthony. *Company Man: The Rise and Fall of Corporate Life*. Londres: HarperCollins, 1996.

Schama, Simon. *A History of Britain*, vol. 2: *The British Wars 1603-1776*. Londres: BBC Books, 2001.

Sen, Amartya. *Poverty and Famines: An Essay on Entitlement and Deprivation.* Oxford: Oxford University Press, 1997.

Sen, Sudipta. *Empire of Free Trade: the East India Company and the Making of the Colonial Marketplace.* Filadélfia: University of Pennsylvania Press, 1998.

Sheridan, Richard Brinsley. *The Rivals.* Londres: Samuel French.

Sinha, Chandra Prakash N. *From Decline to Destruction: Agriculture in Bihar during Early British Rule.* Nova Délhi: Manohar, 1997.

Smith, Adam. *Inquiry into the Wealth of Nations.* Nova York: The Modern Library, 1994 [1776].

Sparkes, Russel. *From Mortmain to Adam Smith: Historical Insights on the Problem of Corporate Social Responsability.* Londres: 2005.

Spear, Percival. *A History of India*, vol. 2. Harmondsworth: Penguin, 1968.

Sutherland, Lucy. *The East India Company in Eighteenth-Century Politics.* Oxford: Clarendon Press, 1952.

Taifoor, Syed Muhammed. *Glimpses of Old Dhaka.* Daca: S.M. Perwej, 1956.

Thompson, Edward. *The Other Side of the Medal.* Londres: The Hogarth Press, 1925.

Thompson, E.P. *Customs in Common.* Harmondsworth: Penguin, 1993.

Uzramma. *A Brief History of Cotton in India.* Hyderabad: Independent Handloom Research Group, 2002.

Verelst, Harry. *A View of the Rise, Progress and Present State of the English Government in Bengal.* Londres: [1772], em Patrick Tuck (org.). *The East India Company: 1600-1858.* Londres: Routledge, 1998.

Visram, Rozina. *Asians in Britain: 400 Years of History.* Londres: Pluto Press, 2002.

Vorley, Bill. *Food Inc. — Corporate Concentration from Farm to Consumer.* Londres: UK Food Group, 2003.

Waller, Maureen. *1700: Scenes from London Life.* Londres: Hodder & Stoughton, 2000.

Weller, Jac. *Wellington in India.* Londres: Greenhill Books, 1993.

Weitzman, Sophia. *Warren Hastings & Philip Francis.* Manchester: Manchester University Press, 1929.

Wheen, Francis. *Marx.* Londres: Fourth Estate, 2000.

Wild Anthony. *The East India Company: Trade and Conquest from 1600.* Londres: HarperCollins, 1999.

Wills, John E. *1688 — A Global History.* Londres: Granta, 2002.

Zandvliet, Kees. *The Dutch Encounter with Asia, 1600-1650.* Amsterdã: Rijksmuseum, 2002.

Índice

Adam, Brooks, 289
Addison, Joseph 95
Agra 79, 115, 212, 299
Ahmedabad 79, 93, 299
Alam II, xá (imperador mogol) 26, 119, 121
Aldrich, William 77
Ali, Karim 142
Ali, Shahid 12, 125, 291
Alinagar, Tratado de (1757) 114
Alipur 175
Alivardi Khan 107, 109, 110, 111, 112, 133
Allahabad 179
Allborn, Timothy 66, 274
Ambon (Amboina) 19, 22, 78
América (ver também Estados Unidos) 28. 71, 75, 78, 150, 153, 164, 165, 167, 170, 185, 186, 205, 255
Amir Chand 107, 114, 115, 116, 117, 120, 181, 243
An Indian Affair (série de documentários para a TV) 42, 273, 280, 281, 291
Anjarakandi, fazenda de especiarias 211, 212
Arcot 20, 111, 188, 192, 195, 241, 245, cerco de 20, 86, 245
Armazém de Bengala 129, 130, 131, 244
armênios, comerciantes (ver também Cojamaul; Estephan; Philip; Rafael) 168, 169, 264, 265, 266, 282
arroz 42, 120, 142, 173
ATCA 264, 265, 266, 293
Aungier, Gerald 59
Aurangzeb (imperador mogol) 86, 93, 97, 103, 109, 186

Aurora 159
Awadh 20, 119, 179, 182, 183, 196, 198, 199, 226, 235
Ayr Bank (Douglas, Heron & Co) 148, 151

Bahadur, xá (imperador mogol) 235
Baiganbari 119
Banco da Inglaterra 13, 33, 149, 206
Bantam 22, 64, 78
Barre, Israel 139
Basra 22, 29
Batavia (Jacarta) 22
BBC, companhia por Carta Real 56, 286, 296
Becher, Richard 112, 141
Beckford, William 156
Bell, Robert 79, 80
Belvedere 175, 177, 180, 182, 205, 267
Benfield, Paul 195
Bengala 7, 16, 20, 25, 26, 27, 28, 34, 36, 37, 38, 43, 45, 49, 64
fome 16, 20, 28, 90, 114, 140, 141, 142, 143, 145, 147, 155, 167, 173, 174, 183, 201, 256
riqueza 21, 23, 67, 151, 153, 170, 172, 173, 252
Benn, John 182, 293
Bentham, Jeremy 34, 246, 288, 291
Bentink, William 216, 226
Bernstein, Jeremy 281, 291
Betsy 182, 219
Bhagavad Gita 45
Bhopal, desastre de 274, 291
Biblioteca Britânica 12, 41, 42, 238, 273
Bihar 116, 121, 179, 202, 207, 218, 240, 251, 255, 280, 296

Bijapur 86
Birbhum 143
Blackwall, Docas de 27, 48
Boger, Deeble 239
Bohun, Thomas 91
bolha da Mares do Sul 101, 138, 160, 249
bolha de Bengala 20, 159, 183, 249
Bolsa de Valores de Londres 54, 63
Bolts, William 98, 145, 148, 168, 274, 277, 279, 280, 281, 282, 291
Bombaim (Mumbai) 19, 30, 33, 59, 64, 80, 82, 86, 104, 111, 132, 163, 186
Boston Evening Post 166
Boston, Festa do Chá de 20, 167
Bourke, John 176
Bowen, Huw 11, 134, 274, 279, 286
Braudel, Fernand 101, 273, 277
Brown, Murdoch 211
Brunswick, Docas de 48
Buckingham, James Silk 222
Budhmal, rajá 144
Burgoyne, John 159, 160, 161, 195
Burke, Edmund 16, 21, 28, 38, 139, 177, 186, 187, 188, 189, 190, 191, 194, 195, 197
   impeachment de Hastings 21, 283, 284, 285, 289, 294
Burke, Richard 139
Burke, William 139, 188, 284
Burma 213, 265
Bush, governo 266
Buxar, batalha de 119
Cais Legal 48
Calcutá (Kolkata) 20, 25, 30
   estátua de Clive 244
Calicute (Kozikhode) 75
Cantão (Guangzhou) 27
Capper, John 285, 292
Carey, Maria 234
Carnático, invasão de Haidar Ali 185
Carta, Carta Real, ver também 29, 56, 59, 63
   Companhias privilegiadas; 16
   Companhia das Índias Orientais 28, 29, 31, 33, 35, 38, 39, 40, 41, 43, 45, 47, 49, 52, 53, 55, 60, 61, 62, 65, 69, 74
Casa das Índias Orientais, Leadenhall Street 13, 19, 27, 32, 54, 83, 122, 133, 156, 191, 206, 210, 238, 245
Casa do Escrevente 37

Catarina de Bragança 80
chá 20, 22, 24, 27, 28, 30, 42, 51, 65, 82, 122, 129, 130, 141, 148, 150, 164, 165, 1655, 167, 193, 207, 208, 217, 218, 221
   comércio 32, 63, 74, 76, 77, 135, 136, 163, 189, 251, 264
Chandernagore 108, 110, 114, 120
Charles II 19, 80, 81, 85
Charmock, Job 36, 37, 86
Chattopadhyaya, Bankim Chandra 183
Chaudhury, K.N. 12, 251, 271, 276, 277, 278, 292
Chesney, George 256, 280
Chevron 265
Child, sir Josiah 83, 84, 85, 86, 93, 101, 132, 253, 276
China 9, 21, 30, 43, 45, 47, 51, 68, 73, 119, 164, 182, 207, 208, 214, 217, 218, 219, 220, 222, 228, 233, 240, 251, 254
   importações de ópio 20, 228
Churchill, Caryl 157
Cingapura 20, 233
civilização hindu 224
Clarke, Richard 45, 46, 273
Clavering, general John, 180, 181
Clive, Robert 117
   direitos de *diwani* 127
   jagir 121, 133, 134
   Nabakrishna 99, 100, 101
   propriedades 251
   tomada de Bengala 16, 25, 27, 102, 125
   tratado com Amir Chand 181
coceira do Malabar 212
Coen, Jan Pieterszoon 74, 84
Co-Hong 218
Cojamaul, Gregore 168, 169, 264, 265, 282, 299
Coleridge, Samuel Taylor 34
Colombo, Cristóvão 75
comércio de chá 251
comércio de especiarias 76
Compagnie des Indes 25
Compagnie van Verre 19, 73
Companhia da Baía de Hudson, 247
   ver também Hudson Bay Company 52
Companhia das Índias Orientais
   Escocesa 14, 16, 23, 26, 27, 28, 31, 34, 35, 38, 39, 40, 41, 44, 60, 88

Companhia das Índias Orientais 65, 68, 79
  acionistas em conflito 4, 144, 211
  acionistas, papel 16, 35, 37, 38, 39, 42, 44, 59, 69, 77, 98, 11, 127, 131, 138, 143, 153, 165
  arquivos 244
  comércio de especiarias 76
  Corte de Diretores 62, 63, 162, 190, 230, 239, 251, 288
  crises financeiras 281, 293
  dissolução 21
  fusão da Velha e Nova Companhias 20
  intervenção do Estado 157
  modelo de sociedade anônima por ações 19, 29, 53, 78, 81, 96
  Nova Companhia 20, 87, 88, 91, 92, 95
  preço das ações 9, 54, 55, 58, 95, 96, 114, 130, 136, 137, 138, 139, 147, 149, 159, 165, 250
  ver também *diwani* 252
Companhia do Levante 77, 248
Companhia Mares do Sul 20, 33, 84, 95, 248
Companhia Unificada, 73, 92, 247
  comércio com as Índias Orientais 61, 62, 63, 64, 65, 66, 67, 68, 69, 71, 73, 78, 79, 82, 83, 84, 85, 87, 88, 91, 92, 93, 94, 128, 131, 133, 135, 139, 145, 149, 151, 153, 154, 170, 171, 172, 173, 187, 188, 190, 193, 201, 203, 206, 215, 225, 233, 236, 272
Company of Royal Adventurers 52
concorrência 261, 263
Conrad, Joseph 236
Cooke, sir Thomas 89, 276
Coote, Eyre 246
Cornwallis, Charles, 1º. marquês de Coromandel 33, 201, 210, 280
corporações 84, 153
  abusos/irregularidades 154
  corporativas 152
  e ética 16, 64, 101, 126, 131, 177, 207, 250, 258, 260, 270
  fusões e aquisições 261
Corporate Responsibility (CORE), 260
Corpus Christi College 239
Courteen Association 81
Cowper, William 184, 284
cristianismo, conversão forçada ao

Cromwell, Oliver 81, 83
Crosby Hall 32

Dabhol, usinas elétricas de 39
Daca 26, 103, 104, 105, 109, 118, 213, 215, 216, 268, 286, 296
  terremoto (1812) 215
Darlymple, William 42, 273
Das, Gurcharan 39, 272
Datta, Rajat 292
Daud, Juiz 39
Debates in the Asiatic Assembly 156
Defoe, Daniel 84, 94, 276
Délhi (Shahjahanabad) 97
Dempstar, George 204, 285, 292
Dickens, Charles 288
Disraeli, Benjamin 208
diwani 252
Dobree, Joseph 239
Docas das Índias Orientais 21, 48, 49, 50
Dow, Alexander 26, 254, 271, 288
Drake, Roger 112
Dundas, Henry 186, 187, 194, 196
Dupleix, Joseph François 108, 110
Dutch United East India Company (VOC) 19, 21, 24, 61
Dutt, Romesh Chunder 38, 240, 272, 277

Earl of Abergavenny 34
"East Indiamen", navios 48, 56, 159
  ver também *Aurora; Betsy; Earl of Abergavenny; Nonsuch; Valentine*
Eddington, Rod 41, 273
Elizabeth I 32
Ellenborough, Edward Law, 1º. Conde de 228
"Encounters", exposição, Museu Victoria and Albert
Enron 35, 41, 210, 268
especiarias 64, 76, 77, 78, 79
  Companhia das Índias Orientais 237, 239, 244, 246, 247, 249, 261, 267
  violência 144
Estado da Índia 76
Estados Unidos 28, 49, 68, 70, 172, 257, 263, 265, 274, 290, 299
  Declaração da Independência 170
  taxas de importação 65
  e as corporações 84
Estephan, Wuscan 168, 169

Evelyn, John 93
Exxon 265

Farrukhsiyar (imperador mogol) 93,
106
Firebrace, sir Basil 89, 90, 92, 276
fome 20, 28, 90, 140, 141, 142, 143,
144, 145, 147, 167, 173, 174, 183,
201, 256, 299
Foote, Samuel 157
Fordyce, Alexander 148
Forte Ahmadnagar 266
Forte St. David 111
Forte St. George 19, 36, 86, 276
Forte William 36, 37, 112, 113
Fox, Charles James 21, 187, 190, 191,
192, 203, 204
França 74, 90, 97, 108, 110, 112, 179, 187
Compagnie des Indes 25
Francis, Philip ('Junius') 176, 179, 181,
182, 188, 195, 201, 204, 205, 267,
277, 283, 288
Freeport 265
Friedman, Thomas 59, 273
Fry, William Storr 227, 284, 285

Galbraith, John Kenneth 172, 163,
283, 289, 290, 293
Gama, Vasco da 19, 75, 76, 275
gasoduto Yadana 265
Gent, Christopher 118
Gentleman's Magazine 44, 71, 136, 141,
147, 156, 163, 273, 274, 276, 280,
281, 282, 284, 288
George III 33, 176, 185, 199, 241
Ghalib, Asadullah Khan 46
Gladstone, William 228, 229
Goa 76, 80, 85
Gombroon (Bandar Abbas) 29
Grande Rebelião, A (Motim da Índia)
(1857-8) 234
Greeley, Horace 230
Guerra da Independência Americana
159
Guerra da Sucessão Austríaca (1740-8)
110
Guerra da Sucessão Espanhola (1701-
14) 110
Guerra dos Sete Anos (1756-63) 158
Guha, Ranajit 279, 293
Gulbenkian, Calouste 116
Guzerate 79, 82, 86, 93, 104, 105, 212

Harvey, Robert 293
Hastings, Warren 20, 21, 28, 44, 100,
139, 143, 144, 146, 159, 163, 175,
198, 235, 246, 279, 281, 283, 284,
285, 289, 291, 297
comércio do ópio 9, 115, 207, 219,
220, 221, 225, 227, 229, 233
fome de Bengala 20, 144, 145, 155,
173, 256
impeachment 21, 283, 284, 285,
289, 294
Havel, Vaclav 262
Hawkins, William 79
Hickey, Thomas 98
Hong Kong 206, 208, 228
Hornby, William 186
Hossain, Hammeeda 12, 124, 279
Hudson Bay Company, 52, 248, 287,
292
ver também Companhia da
Baía de Hudson
Hume, David 151
Hume, Joseph 213
Hunet, Leigh 34
Hyder, Ali 293
Hyderabad 93, 97, 111, 113, 226, 277,
297

Igreja de St. Matthias 244
Impey, Elijah 181
Imposto da Janela 193
Índia 222, 223, 225, 255, 257, 266,
270, 299
atitudes da Grã-Bretanha 12, 15,
16, 21
independência 21, 28, 49, 159, 170
India Office 238, 241, 256
Indonésia 19, 59, 64, 73, 77, 265
Inglis, Brian 293
Iraque, invasão do 257
Isaacz, Pieter 24

Jackson, Randle 13
Jagat Seths 107, 114, 118
Jahangir (imperador mogol) 59, 79
James II 87, 276, 294
James, Robert 71
James, sir William 191
Japão 30
Jardine Matheson 206, 207, 208, 221,
227, 239, 285, 291
Jardine William 207, 208, 228
Jefferson, Thomas 172

Jenkinson, Charles 149
Jhansi 226, 235
Johnson, dr. Samuel 161
Jones, Williams 45, 225
Junius, ver também Francis, Philip
   155, 176

Kanpur 235
Karadzic, Radovan 265
Kelly, Marjorie 258, 289, 293
Keswick, família 208
Kora 179
Kurichiar, tribos 212

Lamb, Charles 34, 48
Lawrence, Stringer 33
Lei da Bolha (1720) 60, 96, 248
Lei da Carta (1793) 203
Lei da Carta (1813) 214
Lei da Carta (1833) 233
Lei da companhia (1862) 248
Lei da Índia (1754) 21
Lei da Índia (1858) 30
Lei da Reforma, Projeto de (1832) 21
Lei das Sociedades por Ações (1844)
   248
Lei de Comutação (1784) 21
Lei de Indenizações por Agravos no
   Estrangeiro (1789) 264
Lei de Resgate das Ações das Índias
   Orientais (1874) 264
Lei do Chá (1773) 20
Lei dos Dividendos (1767) 138
Lei Reguladora (1773) 162, 163, 177,
   180, 185, 188, 190
Lemon, John e Elizabeth 49
Lewis, George Cornewall 208, 236
Lin Tse-hsu 227
List, Friedrich 216
livre comércio 43, 75, 76, 81, 156,
   170, 171, 207, 208, 216, 224, 225,
   227, 233, 258

Macaulay, Thomas Babington 83, 276
   sobre Child 19, 83, 84, 85, 86, 87,
   88, 89, 93, 101, 276
   sobre Clive 9, 20, 26, 37, 67, 99,
   100, 109, 111, 113, 114, 116, 117,
   118, 119, 121, 122, 125, 126, 127
   sobre o *impeachment* de Hastings
   283, 284, 285, 289, 294
Mackenzie, John 179
Macrabie, Alexander 181

Madras (Chennai) 30, 33, 64, 80, 82,
   83, 86, 110, 111, 113, 125, 163,
   183, 186, 188, 210, 228, 234
Mahomet, Dean 144, 280, 294
Malabar 19, 104, 210, 211, 212, 275,
   285, 294
Malásia 41
Malda 143
Malthus, Thomas 174
Mannesmann 118
mão invisível 152, 172
maratas 110, 125, 212
Marcos, Ferdinand 265
Marinha Real 83, 113, 211, 227, 248
marinheiros indianos, ver *lascars*
Martin, Montgomery 254
Marx, Karl 15, 71, 173, 198, 229, 232,
   233, 252, 271, 274, 283, 286, 287,
   288, 296
Masefield, John 129, 150
Masulipatam 79
Meerut 235
Meredith, William 161
Mill, James 34, 122, 223, 224, 225,
   232, 279, 280, 286, 287, 295
Mill, John Grote 34
Mill, John Stuart 34, 48, 81, 198, 231,
   232, 236, 238, 287, 295
Mir Jafar 25, 37, 114, 116, 118, 119,
   121, 133, 134
Mir Kasim 118, 119, 121, 133, 201
Monson, George 180, 181
Morley, John 198, 243, 284, 285, 295
Morris, Jane Anne 167, 282, 295
Motim da Índia ver Grande Rebelião,
   A (1857-58) 234
Mowbray, John 98, 99
Munju, xá 145, 183
Munro, Thomas 225
Murhid Quli 109
Murshidabad 99, 109, 112, 141, 143,
   168, 178
Musa, xá 183
Muscovy Company 52
Museu da Corporação 11, 267
Museu Victoria and Albert 35, 41, 210,
   268
Mysore 21, 35, 125, 130, 183, 210

Nabakrishna, Deb, rajá 99
Nadir, xá 97
Nagpur 226
Najim-ud-Daula 119, 134

Nankumar, rajá 181
Nanquim, Tratado de 228, 233
Napier, sir Charles 228
National Portrait Gallery 205
Nehru, Jawaharlal 38, 45, 255, 266, 272, 273, 289, 290, 295
New York Daily Tribune 229, 271, 286, 287, 288
Nonsuch 182, 219
Noorthouck, James 33, 272
Norfolk, Lawrence 295
North, Frederick, lorde 160, 162, 165, 166, 177, 182, 185, 186, 188, 190, 191, 192
  coalizão com fox 190
  Lei do Chá 20, 164, 166, 193
  Lei Reguladora 162, 163, 177, 180, 185, 188, 190

Okri, Ben 269, 290
Oostindisch Huis 72
ópio, 9, 20, 21, 31, 43, 45, 98, 107, 115, 178, 179, 182, 200, 207, 208, 218, 219, 220, 221, 226, 227, 228, 233, 239
  China 9, 21, 30, 31, 45, 68, 51, 119, 207, 208, 217, 218, 219, 220, 221, 227, 228, 233, 250, 251, 252, 254
  comércio 32, 63, 74, 76, 77, 91, 92, 135, 136, 163, 170, 189, 21, 220
  de Malwa
  Grupo de Patna 30, 107, 118, 120, 178, 218
  guerras 4, 21, 28, 30, 51, 110, 136, 159, 176, 179, 204, 235, 240, 241
  VOC 19, 21, 24, 25, 61, 65, 72, 73, 74, 82, 112, 120, 133, 250
Organização Mundial do Comércio (OMC) 264
Organização das Nações Unidas (ONU), Comissão de Direitos Humanos 262, 289
Orme, Robert 109
Ormuz 80
Osborne, Thomas 90
Overend & Gurney 249

Paine, Tom 197
Palácio do Governo (Calcutá) 37
Papillon, Thomas 83, 85, 88, 132
Parthasarathi, Prasannan 11, 123, 279, 295
Patna, Grupo de Comerciantes de 120

Patnaik, Utsa 255, 289, 295
Pazhassi, rajá 211
Peacock, Thomas, Love 34, 272, 292
Penang 30
Pequim, Convenção de 240
Philip, Melcomb 168
pimenta 22
Pitt, William, o Moço 186, 192
Pitt, William, o Velho 156, 158, 241
Plassey (Palashi) 25
  250º. aniversário da batalha 159
tecelões de Bengala 123
Platform 11, 267
Polanyi, Karl 173, 283, 296
Polilur 183
Pollexfen, John 90
Poonamallee 111
Poplar 47, 48, 267
Portugal 76, 77, 80, 81
  comércio de especiarias 76
prata 22, 25, 26, 30, 31, 75, 82, 99, 105, 106, 128, 141, 212, 218
Projeto de Lei da Índia (1783) 21
Pultenay, William 151
Punch 9, 12, 228, 236, 237
Purnea 143

Qing, dinastia 233, 252

Rafael, Johannes Padre 282
Raj Bhavan37
Raj britânico 255
Rajshahi 143
Rangpur 183
Red Sea Telegraph Company 238
Revolução Gloriosa 54, 86, 87, 92, 187
Revolução Francesa 187, 199, 270
Revolução Americana 205
Revolução Industrial, financiamento da 254
Reynolds, Joshua 205
Roe, Sir Thomas 79
Rohilkhand 179
Rohillas 196
Roy, Arundhati 39, 272, 296
Roy, Ram Mohun 255
Royal African Company 52, 83
Royal Exchange 13, 54, 206
Rumbold, Thomas 186, 187
Run Island 78
Russell, John 229
Rusticus 167

Rysbrack, Michael 25

Said, Edward 232, 287, 296
sal 45, 105, 107, 133, 135, 178, 211, 239, 240
    comércio 32, 63, 74, 76, 77, 91, 92, 135, 136, 163, 170, 178, 189, 251, 252, 264
Salim, Gulam Husain 94
salitre 22
Sandys, sir Edwyn 80
Santa Helena 29, 33
Savarkar, Veer 235
Sayers, James 191
Scrafton, Luke 119, 278
seda 22, 78, 82, 90, 94, 103, 124, 129, 207, 226
Seringapatam 210
Shelburne, William Petty, conde de 133, 139, 187
Shell 116, 265
Sheridan, Richard Brinsley 196, 198, 199, 284, 285, 296
Shujauddin 109, 110
Sind, conquista de 213
Singh, Debi 183
Singh, Narayan 112
Sinha, Chandra Prakash 178, 280, 296
Sinha, N.K. 253
Siraj-ud-Daula 99, 106, 110, 111, 112, 113, 114, 115, 116, 175
sistema mogol 141
    fomes 16, 141
Smith, Adam 15, 16, 21, 28, 67, 92, 96, 102, 151, 170, 173, 174, 204, 216, 249, 256, 259, 263
    e o poder monopolista 26
Smith, Nathaniel 193
Smythe, sir Thomas 32
Sociedade de Comércio 135, 136, 163, 178
Sociedade do Ópio 120
Sociedade por Ações Unificada 81
sociedades anônimas por ações, ver sociedades por ações 248
sociedades por ações 248
Sovabazar 98, 99, 100
Spiridione Roma 9, 21, 23, 24, 27, 29, 31, 71
Standard Chartered Bank 41
Steengaard, Niels 76
Stepney Green 27
Strahan, William 170

Styche Hall, Shropshire 111
Sulivan, Lawrence 127, 132, 182, 256
Sulivan, Stephen 139, 182, 256
Surat 59, 64, 79, 80, 82, 86

Taifoor, Syed Muhammed 216, 286, 296
Taiping, Rebelião de 233
Tanjore, rajá de 140, 188
tapete da Girdler's 79
The East Offering Her Riches to Britannia (Spiridione Roma) 9, 23, 24, 27
Thompson, Edward 266, 285, 290, 296, 297
Thurlow, Edward 247
Tipu Sahib 35
Townsend, Charles 165
Trading Places, exposição, 41, 42, 43
    Biblioteca Britânica 12, 41, 42, 175, 238, 244, 267, 273
Transferência, Lei da (1784)
Trichinopoli 111

Union Carbide 14, 70
Unocal 265

Valentine 139
Varanasi (Benares) 179
Verelst, Harry 168, 169, 264, 266, 281, 297
Victoria, rainha 37
Virmani, Arvind 40, 272
Vodafone 278
Vondel, Joost van den 73

Wajid, Khwaja 107
Walford, Cornellius 141, 280, 289
Wal-Mart 14, 68, 274
Walpole, Horace 33, 147
Walsh, John 134
Waterloo, Batalha de 110, 213
Watson, almirante Charles 113, 116, 246
Wellesley, Arthur (mais tarde duque de Wellington) 33, 211
Wellesley, Richard 37, 210
Wilberforce, William 214
Wilkes, John 155
Wilson, Henry 215, 286
Wood, Charles 229
Wordsworth, William 34

Young, William 182

Ziegler, Jean 262, 289

markgraph

Rua Aguiar Moreira, 386 - Bonsucesso
Tel.: (21) 3868-5802   Fax: (21) 2270-9656
e-mail: markgraph@domain.com.br
Rio de Janeiro - RJ